陈印陶◎编著

厦门成长之诗

——蝈研生长的人口学本

中山大学出版社

·广州·

图书在版编目（CIP）数据

奋斗成长之路：编研兼长的人口学者/陈印陶编著 . —广州：中山大学出版社，2015.6
ISBN 978 - 7 - 306 - 05281 - 0

Ⅰ. ①奋…　Ⅱ. ①陈…　Ⅲ. ①陈印陶—自传 ②人口学—文集
Ⅳ. ①K825.1 ②C92 - 53

中国版本图书馆 CIP 数据核字（2015）第 131318 号

出 版 人：徐　劲
策划编辑：潘　隆
责任编辑：杨文泉
封面设计：傅清祥
版式设计：曾　斌
责任校对：王　璞
责任技编：何雅涛
出版发行：中山大学出版社
电　　话：编辑部 020 - 84111996，84113349，84111997，84110779
　　　　　发行部 020 - 84111998，84111981，84111160
地　　址：广州市新港西路 135 号
邮　　编：510275　　　　传　真：020 - 84036565
网　　址：http://www.zsup.com.cn　E-mail：zdcbs@ mail. sysu. edu. cn
印 刷 者：广州家联印刷有限公司
规　　格：850mm×1168mm　1/16　19.25 印张　371 千字
版次印次：2015 年 6 月第 1 版　2015 年 6 月第 1 次印刷
定　　价：89.00 元

序　言

　　陈印陶老师是我在中山大学人口研究所《南方人口》编辑部工作时的师长。1988年7月至1993年8月，我是《南方人口》的助理编辑，陈印陶老师是编辑部主任。她工作认真负责，勇于承担，积极开拓，使《南方人口》从广东的内部人口刊物成为全国公开发行的学术专业期刊，她已成为人口国际迁移和女性人口研究方面的专家。非常幸运，陈印陶老师在2014年春节期间告诉我，她计划编写自传，在2015年80岁时出版，让我协助她来整理资料、排印文稿等。

　　在一年的自传编写过程中，我更加全面地认识了陈老师，更加敬佩陈老师。

　　陈老师自小自强自立，从不懈怠，努力奋斗。陈老师出身于富裕商人家庭，随父亲和后妈生活。为离开后妈的管束，陈老师不依靠家庭，考到南岳国师附中读中学；15岁就参军到人民解放军大熔炉中锻炼，追求知识；从部队转业后已有良好工作安排，还努力补习，考上东北师范大学；在年近50岁时，仍然不惧困难开创新的工作，全身心投入到《南方人口》的办刊和人口学研究，深入社会调查，发表20多篇论文，获得学界肯定。

　　陈老师为人友善热情，心胸宽广。陈老师的朋友有中学的同窗好友、部队战友，至今都是80岁的老人，一直联系互相关心。陈老师在长春市第十二中学当了几年高中的班主任，与同学们结下深厚情谊，离开20年后再回长春，同学们回到学校与陈老师相聚，写诗留念，师生之情令人感动。对一起工作的同事，陈老师都非常关心他们的成长、生活，尽力给予帮助。我离开《南方人口》编辑部后，陈老师仍在工作、生活上给予了很多的指导和支持。

　　陈老师生活从容豁达，不急不躁。虽然她自幼体弱多病，但平和对待疾病，不被疾病吓倒困扰，也不放松对疾病的诊治，配合医生认真治疗。她细心安排全家的生活，爱护孩子但宽严有度，培养孩子独立自主精神。让人羡慕的是，她有从中学开始相知相识的伴侣李岳生老师幸福美满的家庭，从1955年结婚到2015年已是60年，风雨相伴始终如一。在自传编写中，那些写在稿纸上的文字、改在草稿上的修订、相片的收集编排，凝结了陈老师的辛勤汗水，也有陈老师另一半的贡献。

　　衷心祝福陈老师、李老师健康长寿！

张　蓉
于2015年3月3日

目　　录

下编　人口科学文选与年谱、证件

厦门成长之诗
——解读生长的人口学本

上编

我的成长与家庭

一、我的成长

（一）不幸的童年

1. 我的父亲陈芸田

父亲陈芸田出身于佃农家庭。他的生母谭氏是他父亲陈振树的继妻，而且是二嫁。因此常受家族的欺凌。我父亲陈芸田5岁时母亲病故。他父亲为不受家族欺压，将一点积蓄置田自耕。送我父亲入学识字，父亲聪慧努力，学业优秀，25岁就当了小学校长。不幸的是，他的父亲陈振树在芸田15岁就病逝了。孤独的父亲看到了教书和做生意发展前途差别太大了，于是他决定弃教从商，开始与人合股经营进入商业界。由于他家境贫寒，他的许多亲属、朋友、同学多是贫苦家庭子弟；后来不少是党地下工作者，如一起在湘乡中学读书的彭少彭等人。父亲既是商人，又是共产党事业最忠诚的战士，一直战斗到生命的最后一刻。

朝气蓬勃青年时代的父亲——陈芸田

父亲已年过70岁，还在为党的工作到深夜

2. 我的出生与多灾多难相随

1927年父亲20岁与我母亲王月萼结婚。母亲家中贫寒，没有读过书，但为人十分忠厚善良，善于家务和田间劳动。结婚第二年生我姐姐赏文。父亲则在小学教书，并逐渐进入商界：如到上海市工会讲习所学习并任文书职务，寄居邵阳泰福绸布店，到开设聚丰绸店任经理。

20世纪50年代初，我和姐姐赏文在一起

1935年农历三月初三，我出生在湖南省双峰县拓塘乡大码头安吉堂。那时正是桃花盛开的时候，就取名应桃。等我长大一些，觉得这个名字俗气，就自己改为"印陶"。

参军后看望最想念的母亲

父亲的故居——双峰县龙田乡大码村安吉堂，这也是我的出生地

第二年父亲当选为邵阳商会理事长。从此时起，父亲忙于他的商务活动不回家，而且见多识广了，觉得我母亲没有文化，无助于他的事业发展，就提出要和我母亲离婚。使我母亲无奈，曾上吊、跳鱼塘，都被邻居救起。但还是被迫办了离婚。从此时起也就开始了我多灾多难的童年。

记得在我两岁时，我的左腰长了一个包，很痛。母亲整天急得没有办法，只有哭。幸好我叔伯家有一个在军队当外科医生的儿子回家来度假，我母亲把我抱给他看要怎么办。他一看马上说，幸亏我回来，不然这孩子再过两三天脓包在腹内破裂，就没得救了。他立即叫我母亲给我洗澡后抱过来，说要开刀！开刀时母亲抱着，另一个哥哥捉住我的手脚不准动。医生大哥用刀对准我腰上的红包就捅了进去，立即有脓血飚了出来。他不管我又动又骂，把红包内脓血清理干净，塞上纱布。以后每天都换药直到伤口长好。

3. 令我终生难忘的"娘娘"

那时我还只有两三岁，不懂事，只看见母亲抱着我哭哭啼啼。有一天，有一个表哥把我从妈妈手中强抢了去，送到要我叫姑妈的人家，让我在那儿住了两年多。1940 年父亲与黄友华结婚，才将我和姐姐接去和他们住在一起，父亲要姐姐和我叫她"娘娘"。从这时起，就开始了我不幸的生活。

从抗日战争时期到湖南解放，父亲逐步进入工商界：从与人合股经营布头、炼油、纺织、钱庄等工商企业；到逐步任邵阳绸布业同业公会理事长、邵阳商会常务理事；湖南省商联常务理事、理事长。到 1948 年当选为国民政府立法委员、全国商业联合会常务理事。从这时起，父亲生意越做越大，在商界所担任的职位也越来越高。我们家生活也越来越好，家里雇请工人、奶妈、车夫等佣人。只有我的生活却越来越受罪！

（1）**我是"小姐"，实际是丫头**。虽然大家都叫我"小姐"，实际上如同一个"丫头"。记得我从小吃饭就是在厨房和工人一起吃。每天早晨 6 点钟，工人去市场买菜就叫醒我和她一起去。娘娘嘱咐我要看着她，是不是把钱放到她自己的口袋里，或者买零食吃了。下午放学了，还要帮着干零活。我因两岁多患一场大病，身体一直很瘦弱，经不起生活中的这种折磨。姐姐比我大 5 岁，她又离家到对河去读书了，没人关心我。尤其是遇到娘娘生气惩罚我，叫我实在难以忍受。有几次我直到现在几十年了，我一想起来就痛苦得很！

（2）**在厕所被关三天**。有一次我还只有五六岁，她认为我不听话，把我关在厕所里不准出来。这个厕所是靠路边的，过路的人都看得见。每天只给一次饭吃；关到第三天，我实在很饿了，就哭了起来，叫着"放我出去啊！"有一个路过年轻的大哥问我为什么不出来，我说是我娘娘说我不听话，已经关了两天多了，我实在饿得很，我要出去。这位大哥生气地说："哪有这样教育孩子的？"他就敲厕所旁我家的门，周围一些行人也聚集了不少。其中一个人说，这个孩子娘娘是后妈，我看见她从前门跑了。那位大哥说，跑了和尚跑不了庙，她再要这样对待孩子，一定好好教训她一顿！他从背包里拿出一个包子要我吃。他说："我就住这附近，你可以随时来找我。""谢谢叔叔"，我非常感谢他救了我！

（3）**说真话挨了巴掌**。还有一次，我永远也忘不了。我们家工人吃饭只有初一、十五中午才有一个荤菜。有一次是初一，娘娘上午就对工人说："我今天准备好给大家买肉吃的钱放在桌上，不见了，大家谁看见了，有谁拿了？"大家都说没有拿，也没有看见。娘娘就说，没有拿，敢跟我到庙里在菩萨面前发誓吗？大家都说可以啊。就开始朝庙走。我以为不会怀疑我就没有动，娘娘见了就朝我说，你怎么不动？啊，我啊了一声，原来也怀疑了我。我好伤心，马上跟大家一起走到庙里。大家都跪在菩萨面前发誓自己没有拿，要是拿了没有好下场！到我发誓，我说："菩萨老爷我绝对没有拿。大家都没拿，这钱在哪儿呢？我想这钱现在谁的手里，菩萨一定知道，大家放心，菩萨一定会罚他，让他的手烂掉！"我的话刚落音，娘娘一个巴掌重重地落在我的脸上，"谁叫你胡说八道！"大家却说，陈小姐说得对，现在钱在谁手里，菩萨会显灵，就叫他的手烂掉。这时只听得娘娘说，谁的手里也没钱，大家都回去等着吃肉吧！

（4）**从小得病却没人主动管**。我从小缺少父母的关爱，因此小小年纪身体很弱，常常疾病缠身，而且一病就是很重的。记得那时我和一个工人住在楼上，我已经全身时冷时热两三天，很难受。但没人管，直到我走不动出去小便，楼下的人才上来一看，我已晕倒在地板上。他们才把我送到医院去看，竟是得了伤寒病。医生说你们也太大意了，这孩子至少已经发病几天了，再晚两天就没命了。也许我命大，这次我竟也捱过来了。

我的右手腕上现在看得很清楚有一大块六七个绿豆大的瘢痕，这块长瘢痕的肌肉凹了下去，穿短袖衣就很难看。当时烂了十来天，住进医院，医生说是长了传染的皮肤病，这孩子算命大了！

4. 一定要远离家庭

娘娘折磨我的事发生过不少了，我开始想这个家我不能再呆下去了。我就要小学毕业了，上中学一定选一个离这个家远的学校去读。

（1）**国师附中是最理想的**。我的小学班主任很喜欢我，我想他一定会帮我选个好学校。果然他告诉我，最好的中学离长沙很远的有一所，就是南岳的国师附中。这所学校的课堂就在南岳庙的走廊上，是湖南国立师范大学的附属中学，有些重点课有国师的老师来上，水平高、要求严，而且是公立学校，学费、住宿费较便宜。不过想要考上这所学校，考生成绩要在被取录的百名以内。只有半年时间了，只要你下决心努力，会是有希望的。我当即对老师表了决心，一定争取考上！老师说那你想办法要你的父母支持你，创造条件，挤出所有时间保证你的学习时间。我想来想去要想娘娘和父亲都同意，只有当着他们俩的面提出考所好学校，不过我不敢向他们提出来。但我想起了有个李玉珍同学，她的父亲是和我的父亲一起做生意的，她决定考附中，她父亲还替她聘请了辅导老师。我请她一起和我去说服父亲和娘娘，成功的希望一定很大。只是一定要成绩好，考上前一百名才有录取的希望，还有半年时间准备，只要家里不让我干其他的活，专门保证时间让我学习，我就有信心考上。父亲一听立即就答应了，娘娘也没有反对。真是幸运，结果真的考上了国师附中，我高兴极了！从此到南岳去读书，终于可以甩开家庭的枷锁了！

这就是我在国师附中读书的南岳大庙

这石碑走廊，当年就是我们国师附中学生上课的课室

2010 年 8 月南岳大庙两侧通道

（2）**终生难忘张妈的送别**。平日在家我和张妈等三个女工住在一个房里，盖的被子也是打了补丁的；只有奶妈盖的是新被子，因为她喂奶的少爷和她一起睡。平时跟着张妈去买菜的都是我，她对我很好，这次到火车站送我去国师附中的也是她。要走的时候，她告诉我，她正好有点事要做，要我先走一下，她提着行李马上追过来。

我在车站等着她，不一会儿她就跑过来了。但是眼睛红红的，我问她怎么啦？她拉着我的手说："陈小姐，你要争气啊，在学校一定好好读书，将来你有出息才不会受你娘娘的气。我晚来一会，是给你挑一床好的被子去盖，回去要是让娘娘知道了，要我来换，我就说我到车站车已经开动了，来不及换了。"

我的亲娘已几年不在我身边，平时张妈总是护着我，我心里就把她当我亲娘。这次上中学，她对我送别的情景，现在回忆起来就像是发生在昨天一样，终生难忘！

（二）迎接新中国成立的新生活

国师附中是湖南国立师范大学的附属中学，校舍设在南岳山脚下的南岳大庙两侧长廊上，这是湖南最好的一所中学之一。幸运的是，我考上了国师附中！而且南岳已面临解放，因此十分高兴，除了学校好，我还可以离开娘娘的看管了。

在中学时的我与岳生

读到初中二年级，内战时局紧迫，学校应由政府支付的经费不能按时到位，到第二年只好被迫在新中国成立前解散，学生各奔东西，可回家也可留校。我决定留校迎接新中国成立。

1. 丰富的学校活动

学校为了管理和互相照顾保护，让高、初中男女同学可由互相认识的自由按比例组织学习、活动小组，进行各种迎接解放的活动。如组织同学提高警惕，站岗放哨、防止敌人破坏；组织学习解放区的新人新事、准备解放，如扭秧歌、演活报剧和各种不同内容和形式的活动。记得我还演了一个装扮成抽着长烟袋的保长抓壮丁的短剧。当时学校生活十分活跃。学校还特地办了一间阅览室，可以看到许多如《钢铁是怎样炼成的》、《中国往何处去》，以及解放区的新人新事等从来未看到过的新书。后来才知道领导学校这些有序的活动是地下党邓立基老师组织管理的。前两年我和我们当年小组的同学张之炯、李岳生一起去看望邓老师。邓老师已 90 多岁，我们也 80 岁上下了，身体还很健康，大家说起这些事都开怀大笑不已。

2012 年，在长沙拜访带领我们迎接新中国成立的邓立基老师

2. 新中国成立前夕的动乱

新中国成立前夕，时局很乱。有一天一大早，就有一个连的国民党兵把所有同学赶到操场上。他们到教室、寝室去翻箱倒柜，由于活动小组已打过招呼，所以他们顶多找到了几页进步歌曲和同学们的鞋子、钢笔之类小物件，但还是抓走了 20 多个人。山上国师损失惨重，被抓了不少人投入监狱。没有几天传来

可怕的消息，我们学校派往衡阳为师生争取一笔生活费的五位老师，在回校的路上遭到绑架，钱被抢了；五位老师也被杀了。大家沉浸在悲伤之中。后来才知道幸亏有地下党的组织和安排，否则损失会更大。国民党兵到处抓人替他们挑东西、抢东西，使我们十分害怕。幸好这种日子不长。

3. 解放军来了

直到有一天早晨起来，听到有同学在欢呼，同学们快来啊，解放军来了，解放了啊！解放军万岁！大家涌向南岳街头看到许多解放军战士露宿在街头，真的解放了。不久就有不少群众敲锣打鼓前来欢迎解放军，我们也加入了这个欢迎的队伍，也一起拥着解放军又蹦又跳地往前走，真是兴奋极了。

国师附中同班好友张之炯

从此刻起，我们在共产党的领导下开始了全新的生活。学校也从南岳国师附中并入了衡山中学。在我们迎新中国成立组织学习、生活小组里，大家都亲如兄弟姐妹，十分融洽。时间虽然不长，但由于在一起活动多，而且是非常时期，彼此了解较深，不少男女同学之间也建立了深厚的情谊；有好些还成了终身伴侣，我和李岳生就是其中幸福的一对；张之炯则是我们六七十年的老朋友。他们两个是我最要好的同学，张之炯只比我大一点，真像亲姐姐一样；我常身体不好，她就帮我打饭、端水，旧瘢痕痛的地方还帮我按摩。她是湖南湘雅医学院的医生，去年我做手术住院，她还从长沙到广州来看我（她已80岁了，还在湖南湘雅医学院看特诊）。我们从小至今联系不断。

新中国成立了，大家见了解放军觉得非常亲切，有时还特地走到解放军营地去玩。有一次，我在营地里看见了竟有十三四岁的孩子也穿着军装，难道他们也是解放军？我立即上去问他们，他们骄傲地点头说，是啊！再过两三年就是正式的了！听了他们的回答，我高兴极了，我也可以当解放军了，可以离开家了！

4. 我要去参军

1950 年冬，抗美援朝运动在学校里掀起热潮，不少同学报名参军，我认为这是我离开家庭的最好机会了。我把想去参军抗美援朝的事就跟李岳生和张之炯他们俩说了，他们都很赞成。但是也担心我还不到 15 岁，年龄太小，恐怕军队不会收，家里也不一定同意。但我决定试一试。我先找学校领导，他们见是女同学年纪又太小，果然不答应。我把我为什么要参军的理由一一摆出：我参军可以离开家庭不再受后母的摆布了，我父亲是湖南省工商联合会的理事长、湖南省人民政府委员，等等。新中国成立前夕我还看见在家有一台与共产党联系和发布消息的收音机，管这台收音机的我还认识叫黄时美，我姐姐当时还和她在一起给她帮忙。现在我要参军抗美援朝，父亲应该不会反对。招兵的同志说，如果是这样，只要你父亲同意，我们就接收你。我回家跟父亲一说，父亲很高兴说："你有此大义，是我的光荣，我支持！"第二天就宴请了亲朋好友为我饯行，还送了我一只手表。大家都祝贺父亲送女儿援朝，慷慨为国家作贡献，也为工商界带了一个好头。但我当时心里却认为他高兴主要是少了一个包袱。第二天一早我离开家时去向他辞行，他和娘娘躺在床上竟动也没动，只是说："到部队好好干，给弟妹们带个好头！"我心想，我这一走也许再也没有机会回来了，竟不起来送一下。我心里难过极了。我想我一定努力奋斗，做出个样子来给你们看看，再也不认你这个娘娘和父亲！

和我一起参军直到现在还是好友的刘美珠

转业后我和刘美珠在北京留影

（三）参军抗美援朝

1. 要求去前线没被批准

1950 年末我参军，经过一个多月的培训后被分配到了武汉第四军械学校。到学校报到，因为是女同志，年龄又小，不适合搞军械，改分配到了在武汉江汉关里的中南军区后勤部。因为有中学两年的文化，开始做整理文件、评选军衔等材料工作。领导还满意，我非常希望到朝鲜边境去工作，因为年纪太小没有被批准。因为我在武汉已做一段这种工作，领导检查很满意，又派我到广州做类似工作。不料有天半夜，突然肚子痛得厉害，送到医院诊断是阑尾炎，立即住院进行了手术。我本来体质较弱，工作不堪重负，只好回到武汉到文化学校当教师。想到前线去的愿望只好作罢，实在遗憾。

20 世纪 50 年代初，在部队期间留影（下右：前排右边第一人是我）

2. 爸爸来部队看我

在部队，若有亲属来访都是接待非常热情的，有的还留下住一两天。有一天，教导员突然叫我，说我父亲来看我了。我十分惊讶，他有什么事，怎么会来看我呢？见面以后，他说他是要到朝鲜前线去慰问志愿军，路经这里来看看你。教导员请他进去吃了饭再走，他说时间来不及了。他嘱咐我要好好听首长的教导，好好在部队学习锻炼。父亲走时，我也没说什么。教导员批评我为什么对父亲这样冷淡，你父亲虽然是工商界人士，能代表全国人民去朝鲜慰问志愿军，一定是他的工作很出色，这是人民对他的信任，你应该感到光荣才对。以后不能这样对待你爸爸了！我答应说：是！但我心里却认为，我妈妈那么好，那么老实，你却不要她了。我永远也不会原谅你！要这种感情上转变谈何容易！

3. 战争结束转业到地方工作

在部队期间，还因腰椎骨增生到部队咸宁疗养院住了近六个月的医院，病好后还是回到学校搞教学。1953 年抗美援朝战争结束，部队多余人员进行回乡或者由地方安排转业，排以上的干部直接由地方安排工作。1955 年我从部队转业已是副排级干部，因为我和岳生的恋爱关系已确定，他已在吉林大学当教师，我就直接转业到吉林大学。由于我在部队搞过人事工作，就被分配到人事处工作。

当年五一前夕，因为第二天要参加五一游行，我们和同学加老乡好友伍卓群、唐奉怡一起，买了花生瓜子和糖果，告知老师同学，我们要一起举行婚礼，请大家来参加、热闹一番。当年学校团委书记、数学系领导和许多老师出席了我们的婚礼，给予热情的祝贺与亲切的勉励。我们也没做新衣服，我还是穿着军装，但是我们大家都很开心！

1955 年五一前夕与岳生在长春市吉林大学结婚

（四）我一定要读书！

1. 文化知识越高，对人民的贡献才能越大

我从部队转业是副排级，工资比大学毕业当了教师的岳生还高一些，我十分高兴自己没有被比下去。但是我看到周围同志大学毕了业，工资一年以后就高过文化低的同志，年数越长，差距越大。我领悟到了提高文化的重要性。在部队虽然我年纪很小，由于我念过两年初中，就要我整理材料、当文化教员。转业到吉林大学，也把我安排在人事处工作。如果我的文化程度不赶快提高，

要想逐步提高工作职务对人民多作贡献是绝对不可能的。现在人事处工作的同志，除了处长不是大学毕业之外，就是我！我立即决定一定要读书，要上夜校和自修，利用一切时间，尽快地考上大学。过去喜爱和朋友交往、唱歌跳舞爬山等一切活动，我一概取消了。

但是不巧结婚的第二年，我竟要做妈妈了。这会占去我许多时间，我十分无奈！结婚第二年，我生下了女儿——晓黎，生产的时候得了"产褥热"，发高烧不能出院。结果出院后也没奶喂孩子，只好喂牛奶（我后来生的两个孩子也都没有奶喂）。这时幸好我母亲已和我们住在一起帮我，她很理解我要读书的心情，什么事都不要我干。但家务是还是有很多，我要全力尽早准备好高考，只能利用工作多余时间。岳生很理解我的心情，一有空就帮我复习。我们的一些好朋友、同学、老乡也主动帮助我们。如岳生的同班同学王师，又是湖南家乡人，那时他是吉林大学党委纪检会的干部，还没有结婚，特别乐于助人。我的女儿晓黎若有病，只要他有空就抱着去看医生，下班也带着她玩，孩子喜欢他，还胜过我们。由于大家的帮助，使我能全心全意准备考试。

晓黎一岁时

2. 艰苦努力获得了丰硕的成果

（1）**取得了全国名校之一的大学毕业证书**。经过五年准备考大学的日夜时光，我终于在 1958 年考上了全国有名的四大师范大学之一的东北师范大学中文系。在大学学习期间，由于我在部队做过整理文字材料和文化教员工作，比刚入大学的同学文化修养要高一些，同学们都把我看成大姐，有事就找我。当时班上有几个朝鲜族同学，男同学就很高傲，甚至蛮横，同学们都不敢惹他们。朝鲜族女同学则十分温顺谦让。他们和汉族同学发生争吵解不开，经常找我为他们评理。我从不偏护任何一方，只根据事实讲理。因此，我的威信比较高，和同学的关系很融洽和谐。虽然我没有系统地读过初中三年级和整个高中课程，但我有在部队工作的经验，经过学习，1963 年毕业成绩优秀，被分配到长春市当时唯一的一所独立高级中学——长春市第十二中学教书。

与岳生的同班同学、几十年老友王师在吉林大学合影

在吉林大学内全家合影

（2）**任高三的班主任**。由于是从部队转业来的，被认为有一定工作经验，就把当时学校最混乱的一个班，也是后来"文革"时期吉林省造反派头头较多的一个班交给我，叫我教该班语文课并当班主任。做这样一个造反人才聚集的班主任，任务实在艰巨。我通过加倍努力，没有辜负众望。

我首先考察了班团干部情况，择优选拔了班干部，通过他们再用部队教育战士的严格要求和耐心引导相结合的办法教育学生，经过一年多时间，终于把这个原来落后的班级转变成了毕业班中先进集体。我和不少同学成了知心朋友，到现在有些同学我们还有联系。

我教过的班级学生在毕业 20 年后在合影，准备把合影送给我

（3）**难割难舍的师生情谊**。由于岳生的哮喘病在北方生活实在不行了，1974 年经组织同意调往广州中山大学工作。走的那天，他还是从医院出来去坐火车的。当时不少老师和同学前来相送，真是难舍难离，有的还哭了。

（4）**李联合同学的送别诗作**。当年班级的班干部李联合在我调离长春前往广州时，他和清智同学到车站去送我："带着一身热汗，匆匆赶到车站"，不想"列车喘气远去"，他们只好"祝您一路平安！"这首送别的长诗已收编在他的诗集《江沫石》中，直到现在我一读起来都心潮澎湃。现忆收录，作为纪念。

诗作：送陈老师

送陈老师
带着一身热汗
匆匆赶到车站
列车喘气远去
祝您一路平安
您走了——
没听到您的嘱咐啊
没看见您的尊颜
我们扑来了——
您没看见
列车抛下的白烟
也没听到
路轨发出的呼唤
怀着喜悦去了——
去到南方的花市
那儿总是春天
带着欣慰走了——
走开多感的长春
这里时值春寒
我们怅惘相视
默默无言……
别振感情的翅膀去追随哟
莫发情感的电波去追赶
不忍告别
老师对学生的感情太厚
期望太满
不曾告别
弟子对先生的回报太少
恩知太浅
看着——车远、人去
　　　　人去、车远——
苦啊——
拖病体与家长促膝长谈
辣啊——
使调皮学生能刻苦钻研
咸啊——

为得意门生填高考志愿
甜啊——
让学生们终生铭刻纪念
啊——
诗人哪能不爱自己的诗稿
画家怎能厌弃心爱的画卷
园丁的心血皆倾注于园圃
教师最自豪的是桃李满天
哦——
您走了
默默的走了
诗稿不在手中
画卷不在身边
——带着惋惜
　　带着幽怨
哦——
您走了
悄悄的走了
园圃欣荣
桃李再见
——呼出释重的长吁
　　发出难忘的短叹
您走了——
带着希冀
留下辛酸
不知您是何滋味在心间
只知我们是思念一串串
您走了——
近在心中
远在天边
您在那里莫把我们挂牵
我在心中向您祝福祝愿
怀着一颗诚心
感念表达不全
借此为师祈祷
祝您一切如愿

（注：老师调到中山大学工作，我和清智同学到火车站送行。跑进站台，虽是匆匆而至，却是憾然顿足，铁龙长啸而去……怅然之感难以言喻。记此以抒怀。）

（5）**离别20年后再相逢**。在我离开长春20年后的1995年，我因去哈尔滨开会，路过长春，我特地在长春停留了一周看望以前的同学和老朋友。没想到抵达长春车站已有不少同学在等候；而且我实在想不到全班同学除在外地的以外，全部聚集在原来的教室里欢迎，使我感动得热泪盈眶。这种真诚情谊和奖赏只有教师才有可能获得。

离开长春20年后的1995年路过长春，李联合夫妇已在等候我的到来

实在使我想不到是记得20年前的"文化大革命"中，长春市学生中的造反派头头就在我的班中。有一次，造反派批斗全校的领导和一些教工，要求全校8个班的班主任，不是要斗的，也都要去陪斗。不巧那天我的孩子因急病在住院治疗，医生不让我离开，说"现在孩子更需要妈陪！"因此我在"文革"中，虽然有些同学对我有些意见，但保护我的占多数。所以，我连下乡都没有去。这次全班同学只要是在长春的都来了，使我十分惊讶，也十分感动。在长春仅仅一周，同学们组织了丰富多彩的游览和各种活动。此处引的李联合写的《记陈老师回长组诗》中的两组《欢迎》、《游览》就是写照。今天我写这些回忆时已近80岁高龄，但也是边写边动情不已，这是做教师无价的报偿！

1995 年回长春时捧着班级同学送的鲜花一起照的合影

诗作：陈老师回长组诗

迎候

迎接老师无所献
陈叙往昔事相联
老朋旧友皆投合
师生情谊不尽言

联欢

同窗忆往有感联
学友惜今无限欢
自演人生清白戏
愿到老时自慰言

欢迎

欢待师来早恭请
迎敬语拙谅笑听
印象铭刻悟后学
陶冶情操谢先生
老友新聚慢慢述
师生别情细细倾
访问弟子久苦心
长愧无为空叹声

游览

游兴浓浓伴师行
净波粼粼映船影
月落林海成佳境
潭卧山中避世声
游江览山兴致高
吉日祥时风景好
林森树叠真山水
市容城貌凭江岛

游哉悠然山水情
松翠草绿欣荣景
花缀两岸水域纵
湖阔四碧坝高横
丰水浩浩盈名湖
满山青青茂碧树
电力源源供城乡
站坝巍巍泻飞瀑

道别
准备饯行愿未遂
想请做客家贫微
应携眷属单拜会
谨献祝福伴师归

影集
一天
团圆
揽回了①
三十年

那是
第一个班
一周
欢聚
挽住了
二十年②
这是
难忘一段
瞬间
承接了
先前
镜头
定格了
永远
澎湃着的
是
……回忆
汹涌起的
是
纪念……

（注：①指30年前老师第一次做班主任；②指20年前老师离开长春去广州）

（五）调到中山大学工作

1. 遵医生建议南调工作

1974 年我丈夫李岳生因抗旱遇大雨，未及时换湿衣服，从此患上了严重的哮喘病。经过治疗，仍是每到 8 月上旬立秋时节就发作，影响工作。医生认为不适宜在东北严寒地区生活，易地治疗或可治愈该病。经当时单位的主管工宣队领导批准，可调往地处热带的单位。联系结果，我随岳生一起全家迁到了广州的中山大学。

1974 年在中山大学数学系大楼（哲生堂）前全家合影

根据我在文科方面的工作知识经历，被分配到学校图书馆搞编目分类工作，这项工作历时 10 年，使我在文史哲等类的知识海洋里开阔了眼界，增长了智慧。1981 年 8 月，我在广东图书馆学刊上发表了《关于马列主义经典著作列类问题的探讨——学习〈关于建国以来党的若干历史问题的决议〉》一文，此文被下载达 30 余次。此文的发表引起了领导和同事对我是中文系毕业，又在部队锻炼过和做过文字方面的工作，生活阅历与知识、中文修养比较高的注意。

调到中山大学图书馆搞编目分类工作了
10 年

到中山大学住在东北区 32 号（站在岳生旁边是他
的大哥）

2. 进入人口学研究领域

（1）**出版《南方人口》人口科学杂志**。也就在此时大家开始注意到了计划
生育，人口学研究杂志在中南地区还没有一份公开发行的期刊，只有一份内部
发行的《广东人口》，由广东省人口学会、广东省计划生育委员会和中山大学
人口研究所联合主办的。但具体组织杂志文稿、出版发行都是由中大人口所负
责的。为了改变这种被动的局面，加强《广东人口》杂志的力量，1984 年我和
潘隆等同志调到了人口所，配合主编具体负责杂志的编辑出版工作。也就是从
此时开始，我正式进入了人口科学领域。

开始正式进入人口科学领域（在家中书房）

到编辑部后，我们发行了一期《广东人口》，多数是赠送给相关单位，订阅的很少。针对这种状况，我认为首先是《广东人口》的名称太局限，只限于广东省范围，不利于扩大到外省，更不用发行到国外了。我提出应该更名。讨论结果，决定改为《南方人口》，为中国南方地区的人口科学杂志。当时我虽只差一岁就年届五十了，但对于办杂志还是外行。最优秀的杂志编辑主编还应该是专家学者，才有可能把杂志办好，办出特色！为了尽快入行并尽可能快地成为内行，我下定决心要在尽快的时间内走出一条出色的创业之路。

1990 年前后我与《南方人口》张蓉、潘隆在一起　　2015 年 1 月与张蓉、潘隆一起讨论文稿

（2）**虚心考察学习，逐渐进入内行角色**。为了尽快熟悉办刊业务，我专门到校内外几个知名的杂志考察学习。有的同志以前就认识，现在就成了老师和朋友。他们都很热情地给我指点，使我很快就初步形成了《南方人口》要突出南方地区人文地理特点、如何控制人口数量提高人口质量，以及国家、政府的人口政策措施等宣传，争取杂志能尽可能地扩大读者群，使读者喜欢看，作者投稿多。特别重要的是编辑部的主要负责人员应该逐渐扩大知识领域，逐渐使自己成为人口学方面的学者、专家与作家，这样办出的杂志才能站得住，走得出省外甚至国外。我既已被正式任命为《南方人口》的常务副主编兼编辑部主任，具体负责杂志的编辑发行等工作，经过编辑部大家的努力，很快就使编辑部成为一个工作关系和谐、个人关系融洽、能够发挥集体智慧的团结战斗的集体，使《南方人口》在很短的时间内出版质量不断提高，影响逐步扩大。

（3）**实践中提出了自我培养的成功模式**。1987 年，我从事人口研究和承办《南方人口》三年多，从实践中提出了"编辑、学者、公关"三位一体相辅相成的专业编辑自我培养模式。实践证明这是一条专业编辑人员成功之路，也是《南方人口》经验的总结，从而更加坚定了我办好《南方人口》和成为一个人口学者的决心和信心。1988 年，在全国首届人口社会学研讨会上宣读的我与张

1990 年潘隆同志和我在顺德进行自梳女的访问调查

蓉合作撰写的《广东省台山、顺德两县女性人口国际迁移的比较研究》论文，是中国人口学会负责人在会议上点名表扬的唯一论文。1989 年在全国不少杂志被整顿的情况下，《南方人口》却被上级批准向国外发行；1992 年被评为全国哲学社会科学核心期刊，成为全国具有一定地位和影响的人口科学杂志。实践告诉我，不管做什么，只要能全心全意干，真心实意向同行虚心学习，功夫不负苦心人，就一定能干出成绩，得到同行的认可。

在三水市，与广东人口专家在一起

二、甘为人口科学研究的铺路石

　　原来的内部刊物《广东人口》易名为《南方人口》公开发行，1989 年而且在全国有不少杂志被整顿的情况下，被上级批准向国外发行；1992 年进而被评为全国哲学社会科学核心期刊，成为全国具有一定地位和影响的学术杂志。《南方人口》的成功使我受到了中共广东省委宣传部、广东省新闻出版局等单位联合通报表扬，并被推选为中国人口学会专业期刊委员会委员、广东省人口学会常务理事，并被晋升为研究员。业绩已被收入《中国人口科学》、《中国人口年鉴》、《中国当代人口科学者辞典》、《中国教育专家名典》、《中国当代学者大辞典》。

1998 年和周光复教授在台湾访问讲学

　　我只差一岁就年届五十才进入人口学界，经过十余年的努力学习与艰苦奋斗，与人口研究所同志一道已变外行为内行，且业有所成，直到 67 岁才停止这方面的工作。

1996 年参加全国人口学研讨会

在国内，除西藏因怕高原反应不适未去外，和计生委、人口科学研究等方面的同志一起对许多城市和地区进行过调查研究，有的还写出研究报告。此外，还对香港、澳门和台湾等地进行过学术交流和访问。

到国外去过的国家有英国、美国、墨西哥、加拿大、俄罗斯、芬兰、德国、瑞典、丹麦、挪威、印度、朝鲜、韩国、日本、新加坡等。这些国家有的也只是旅游和了解其人口与生活特征。美国因有儿孙们在那儿居住和工作，去得较多。1994 年到 1995 年一年时间，曾赴美调查研究在美国的中国女性的社会地位、婚姻家庭等方面问题，以及研究东南亚的华人社区和侨乡的婚姻形态与生育率等问题。我为人民服务和作为一名共产党员的责任，甘为勇登人口科学高峰的铺路石一辈子！

1992 年在美国北达科他大学门口（许跃生教授所在学校）

在莫斯科红场

在日本穿着和服欣赏樱花

一起在日本

在美国大峡谷

在美国旧金山海边

　　我从小至今，一直体弱多病。现已年近 80 岁，我要感谢组织对我的爱护和老伴岳生对我的细心呵护和亲朋好友们的关怀；特别是孩子们的可爱情深，使我的晚年生活充满了情爱和乐趣，越活越年轻！

三、独自承担与主要参与的 科研项目和调查报告

（1）1987年11月至12月，台湾大学人口研究所邀请讲学。

到台湾大学讲学

（2）1989年，由联合国人口基金驻华代表处主任拉奎恩博士邀请并资助项目："200户侨户、非侨户调查与研究"，《中国人口科学》曾报道。该项目的成果参见文选中"改革开放以来广东省人口国际迁移的特征及其发展趋势"。1989年在"中国人口迁移与城市国际学术研讨会"上宣读后，被选入英文版论文集。

（3）1989年，独自承担联合国人口基金P04项目"中国改革开放中出现的最新人口问题的调查研究"：《广东高校出国人员的调查》[见文选"（10）"]，被收入《改革开放与人口发展》文集；在上海召开的联合国人口基金P04项目研讨会上宣读后，朱楚珠教授评价"是一篇非常有创见的论文……提出了科学的极有分量的决策建议"；张志良教授认为"对人力资源的理论探讨与实证研究，在我国人口学界是一个新的研究领域；所提出的决策建议，在当时的环境下需要有很大的理论勇气"。后被国家教委编写为"内参"。

（4）1993年，与美国商业部人口普查局中国科合作项目"不同经济发展地

区农村家庭户的调查研究"，《中国人口年鉴》曾报道。

（5）1995年，应上海复旦大学郑桂珍等教授之邀，参加世界妇女大会，在会上作《中国农村妇女运动的一股激流》报告；并获大会中国组织委员会嘉奖证书。被《中国妇女报》、《南方都市报》转载。

我在世界妇女大会论坛上作报告　　　　　上图右前第二位为复旦大学郑桂珍教授

1995年参加世界妇女大会的群众场景

（6）1995—1996年，主要参与"广州市地铁工程拆迁安置与综合管理调查研究"委托项目。

（7）1995—1996年，参加国家计生委委托项目"农村剩余劳动力转移战略与政策研究"，《中国人口科学》曾报道。

（8）1997年，日本国际大学山岸猛教授特地来广州就中国人口国际迁移问题找"陈"讨论；他认为在他所见到的这方面的见解、数据最为丰富；他准备带回去给学生讲解、研究。

（9）1998年3月，与周光复教授应台湾海峡两岸学校文化交流协会邀请访问台湾与讲学。周光复演讲题目为"广东社会养老保险模式探讨"，主持人为姜兰虹教授；陈印陶演讲题目为"改革开放与广东省的人口国际迁移"，主持人是丁一倪教授。

（10）1999 年 1 月，参加广州市劳动力转移委托项目。

（11）1999 年 2 月—2002 年，参加广州市内环路工程调查与建设第一期、第二期委托项目。

（12）1999 年 10 月至 11 月，与周光复教授应英国莱斯特大学社会学系劳动力市场研究中心邀请，讨论进行人口资源研究合作开发具体项目和前景。

在台湾大学作学术报告　　　　　　　　与周光复教授在英国访问讲学

四、志在编研兼长的追求

（一）中山大学专家小传·陈印陶[①]

陈印陶，女，1935 年 4 月生，湖南双峰县人。1951 年参军抗美援朝。1954 年转业到吉林大学工作。1963 年毕业于东北师范大学中文系。同年分配至长春市第十二中学任教。1974 年调中山大学图书馆任中文编目。1984 年在人口研究所任《南方人口》常务副主编兼编辑部主任，同时从事人口科学研究工作。

年近半百转入编辑与人口研究两个新的领域，知难而进，执着奋斗，终于成为中国人口学界编研兼长的代表人物之一。由馆员提升为副编审到研究员。曾任中国人口学会专业期刊委员会委员、广东省妇女学会理事、广东省人口学会常务理事、广东省计划生育委员会专家委员会委员等职。被收入《中国当代人口科学研究者辞典》、《中国当代学者辞典》。主持和参与领导的科研项目 8 项。主编、参编的著作 8 部，撰写论文和调查报告 20 余篇（核心期刊 15 篇）。主持编辑《南方人口》杂志 57 期共 540 余万字。

探索编辑、科研结合之路。任编辑一年后，从实践中提出了"编辑、学者、公关"三位一体相辅相成的专业编辑人员自我培养模式。实践证明这是一条成功之路，是《南方人口》编辑部成员成长的写照和经验总结。

人口研究主要涉及老年人口、女性人口、人口迁移、家庭与婚姻等方面。在人口国际迁移研究上，依据史料和深入社会调查，从不同历史时期、不同性别、文化层次的迁移分类、模式特征等多方面研究，丰富了人口国际迁移史和推拉理论内涵，做出了有创见和开拓意义的工作。尤其是对广东 5 所高校 12 年出国人员整体样本的调查分析后所作的"调整政策"、"来去自由"、"土洋博士一视同仁"等政策建议，被认为"是一篇非常有创见的论文，提出了科学的极有分量的决策建议"，"在 1989 年提出，在当时的环境下需要有很大的理论勇气"。后被国家教委缩写为"内参"。这一方向的研究，也引起了国内外的兴趣，日本国际大学教授、美国驻广州领事等专门来交流讨论，还在台湾大学、英国莱斯特大学做过演讲和交流。

[①] 本文原载易汉文主编《中山大学专家小传》，中山大学出版社 2004 年版。

　　在女性人口研究方面，通过对大量文献分析和对广州、深圳等四市抽样调查与实地考察（美国一年）写出的关于在东南亚、美国等地的海外中国女性的社会地位、婚姻状态与观念的变迁，被认为是独具特色的研究，具有补白的价值。特别是对打工妹群体矛盾心态和婚恋观念的变化及其困扰与期待等问题，进行了全面的、多角度多层次的分析研究，为女性人口与实证研究开辟了新的视角和领域。有的打工妹还写信感谢对她们命运的关怀。在应邀出席第四次世界妇女大会论坛上宣讲后，引起了热烈讨论。被《中国妇女报》、《南方都市报》等转载与报道。

我们希望做人也应像峨嵋山上的大佛

（二）执着追求　志在奉献①
——记编研兼长的陈印陶研究员

刘长茂　潘隆

　　活跃在中国人口学界 50 岁以上的女学者不多，但她们都以显著的业绩向人们展示着卓有特色的人生价值。陈印陶研究员就是其中一个。

　　陈印陶研究员步入人口学领域时已年近半百。要进入一个完全陌生的学科并要做出显著成绩，谈何容易！但是，她硬是凭着一股执着追求的韧劲和志在为社会多作贡献的敬业精神，当然，还有她所具有的研究社会科学的特有素质：丰富的生活阅历、广博的知识基础、敏锐的观察能力以及坦诚开朗、虚心好学的品格，使她能够得到人口学界不同年龄层朋友的真诚帮助和支持，经过十余年的磨炼与奋斗，她终于成为中国人口学界编研兼长的女专家、女学者。

1. 在生活的磨炼中懂得了人生的价值

　　陈印陶，湖南双峰县人，1935 年 4 月 12 日出生在一个湖南有名望的家庭，却是在多难的生活中长大。生活，使她懂得了只有依靠自己的力量去改变；生活，也造就了她自立、自强、刚正不阿的性格。1951 年，15 岁的她便响应国家号召参军抗美援朝，保家卫国。四年严格紧张的部队生活磨炼，生动、具体的爱国主义、国际主义教育，使她对人生的价值在于奉献打上了深深的烙印。1954 年转到东北人民大学。几年的工作实践，增强了她的社会工作能力，也使她认识到必须提高文化科学知识才能为社会多作贡献。1958 年考入东北师范大学中文系学习，她十分珍惜难得的学习机会，饱读了古今中外的文学名著，丰富了她的文学素养，坚实了语言文字功底。1963 年以优异的毕业成绩被选拔到长春市第十二高级中学当语文老师并担任班主任。她用心血和汗水把一个落后的班级转变为毕业班的先进集体。虽经"文化大革命"的风风雨雨，在 22 年后她回到长春时，当年的全部学生除在外地者外，竟全部聚集在原来的教室里欢

---

　　①　本文原载于《南方人口》，1998 年第 2 期。

迎她，使她激动得热泪盈眶。唯有教师才能获得这种最高奖赏，再次净化了她的灵魂、坚定了她为社会多作奉献的执着追求。1974 年调入中山大学，在校图书馆从事分类编目工作，使她有机会在知识的海洋里游弋，增长了智慧、增添了力量。1984 年在中山大学人口研究所负责编辑出版《南方人口》杂志与从事人口研究工作，在她的人生道路上开始了一个新的起点。

2. 两副重担一肩挑

集编辑与科研于一身，是陈印陶工作的一个显著特点，也是中国人口学界编辑、科研同时出硕果的优秀代表人物之一。20 世纪 80 年代初，中南地区没有一份公开发行的人口学期刊，为改变这种滞后局面，决定将内部刊物《广东人口》易名为《南方人口》公开发行，由广东省人口学会、广东省计划生育委员会和中山大学人口研究所联合主办，并任命陈印陶为该刊常务副主编兼编辑部主任，具体主持编辑出版工作。陈印陶知难而上挑起了这两副重担，在有关方面的大力支持和主编的领导下，与编辑部的同志一起，经过艰苦努力和忘我工作，终于使功夫不负苦心人，《南方人口》以其独具特色的栏目；善于发挥编委会的集体智慧，广泛虚心征求办刊意见；不断提高办刊水平，编辑人员自觉提高自身素质等措施，质量不断提高，影响不断扩大。1989 年在全国各地有不少期刊被整顿的情况下，《南方人口》却被上级批准向国外发行，1992 年进而被评为全国哲学社会科学核心期刊，成为全国具有一定地位和影响的学术杂志。这与具体主持刊物的陈印陶勇于开拓、艰苦创业、无私奉献的敬业精神是分不开的。

陈印陶自操办《南方人口》易名开始，从确定办刊宗旨、设立栏目、选题、组稿、编审、版式设计、出版发行到撰写刊头语、工作计划、总结等，无不凝结着她的智慧和心血。整整 12 年（除一年去了美国外）相继编辑、出版了 48 期共 480 多万字，无一不留下她一丝不苟的劳作痕迹。为讨论修改稿件，有时竟与作者书信往返多次，使她和《南方人口》成为作者的良师益友。她常常说，我们这些编辑是作者向科学高峰攀登的铺路石，也是他们的人梯，我们应该为他们铺路作梯。陈印陶参加国际国内学术会议，既以专家学者的身份向会议提交有分量的文章，与同行进行学术交流讨论，为会议开得成功作出积极的贡献。1988 年在全国首届人口社会学研讨会上宣读的与张蓉合作的《广东省台山、顺德两县女性人口国际迁移的比较研究》论文，是这次参加讨论会的中国人口学会负责人唯一点名称道的文章。1995 年她应邀与复旦大学社会发展与公共政策学院的郑桂珍等教授参加了第四次世界妇女大会。她向大会递交《中国农村妇女运动的一股激流》一文并演讲，引起了与会者的极大兴趣。同时，她又以《南方人口》常务副主编的身份，在每次会议期间积极约稿，认真选稿，把最好的文章抢先一步组织到《南方人口》，从而成为该刊水平逐步得到提高的重要途径。

陈印陶同志对自己要求严格；对编辑部的同志有意见能动之以情、晓之以理当面提出；并从政治上、业务上和生活上关心他们，使编辑部成为一个工作关系和谐、个人关系融洽的团结战斗集体。她埋头苦干、任劳任怨、廉洁奉公，起到了一个共产党员的模范带头作用。如她1987年骶骨胫骨骨折和1997年心脏病发作住院，仍坚持在病榻上改稿，念念不忘编辑部的工作。《南方人口》经费紧张，她除了千方百计筹集资金外，还厉行节约，不乱花一分钱。由于她这样精打细算，苦心经营，才使《南方人口》在经费困难、人员少的情况下做出了显著的成绩。

陈印陶两副重担一肩挑，既为《南方人口》能够得到领导支持、同行好评、学者重视、读者喜爱的刊物作出无私的奉献，受到中共广东省委宣传部、广东省新闻出版局等单位的联合通报表扬；并被推选为中国人口学会专业期刊委员会委员。1988年晋升为副编审，成为人口学专业期刊编辑专家。同时《南方人口》也成就了她，使她成为人口学界知名的女学者。

3. 从调查研究中练就出来的人口学家

陈印陶研究员的科研活动主要集中在以下方面：

（1）**承担的科研项目**。由她主持和作为主要成员参与的主要项目有8个。其中主持的有1989年由联合国人口基金驻华代表主任拉奎恩博士邀请并资助项目——"200户侨户非侨户调查与研究"，1993年与美国商业部人口普查局中国科合作项目"不同经济发展地区农村家庭户的调查研究"，独立承担了P04项目中"中国改革开放中出现的最新人口问题调查研究"子课题，主要参与的有1995—1996年国家教委人文社会科学专项研究项目——"广州市地铁工程拆迁安置与综合管理调查研究"，1995—1996年国家计委委托项目——"农村剩余劳动力转移战略与政策研究"，等等。成果有的发表在《中国人口科学》、《中国人口年鉴》等刊物上，有的写出了研究报告或政策建议，均获得了项目单位的认可和称道。

（2）**对人口问题的研究**。十余年来，她主编、参编的专著有8部，撰写并多数发表在核心刊物上的论文、调查报告近30篇，涉及的领域有老年人口、人口素质、人口国际迁移、流动人口、婚姻与家庭、女性人口以及专业编辑理论研究等方面，主要的有：

1）关于人口国际迁移的研究。

在人口国际迁移方面的研究共发表了9篇论文、调查报告。对广东省历史上，改革开放后的不同性别的、不同文化层次的人口国际迁移所作的系统研究，对丰富中国人口国际迁移史，探索人口国际迁移规律，检验与寻求合乎中国实际的人口国际迁移理论作出具有创意的工作。

①推拉模式的运用与丰富。陈印陶运用人口迁移的推拉理论，以中国百余年来人口国际迁移历史为依据，特别是改革开放后通过抽样等社会调查6400余样本数据分析研究，运用三种不同的推拉模式：早期的推大于拉、改革开放的20世纪80年代为拉大于推、90年代的推拉平衡模式，开展了多方面的研究。纵观历史，横观世界，所有的人口国际迁移都可纳入这三种模式，因而具有普遍意义。同时提出"拉因"已由改善生活条件为主转化为追求事业发展，尤其是高素质的不少是以探求振兴中华为目标，老年人口则是为满足"天伦之乐"的感情与心理要求等分析，丰富了推拉理论内涵。

②中国女性人口迁移分类。一类为被迫性迁移，此为早期中国沿海农妇、渔民被骗、抢、卖到国外沦为妓女或家庭奴隶；一类为依附性迁移，如跟父随夫的迁移者；一类为独立自主迁移，如改革开放后大批知识女性通过留学、婚迁等方式迁移国外。根据丰富资料论证的女性国际迁移分类，在国内尚属补白之作。

③对高层次人才外流的评估与决策建议。P04项目研究成果——《广东省高校出国人员调查报告》一文，根据广东省五所高校1978—1989年共12年出国人员整体样本分析，提出了对高层次人才外流的评估和"调整政策、来去自由、土博士洋博士一视同仁"等决策建议，在上海研讨会上宣读后引起强烈反响。朱楚珠教授评价为"是一篇非常有创见的论文，根据事实，提出了科学的、极有分量的决策建议"；张志良教授认为"对人力资源的理论探讨与实证研究在我国人口学界是一个新的研究领域，所提出的决策建议在当时的环境下需要有很大的理论勇气"。1997年日本国际大学山岸猛教授来中山大学人口研究所指名找陈印陶教授讨论人口国际迁移问题。他说根据他所收集到的有关中国人口国际迁移的文章，通过抽样和社会调查大量数据论证的，只有陈教授的文章是最系统、很有价值，准备带回国给学生讲解。最近她还应海峡两岸学术文化交流协会邀请，在台湾大学人口研究中心就人口国际迁移问题进行了演讲。

2）女性流动人口的研究。

以流动人口中的女性心态为研究实体的工作是一个新的领域。陈印陶以其勇于探索的精神，做出了创造性的工作。

①女性流动人口心态论。女性流动人口心态方面的研究极其少见。女民工由于城乡文化思想观念的差异和社会地位的变化引起的种种矛盾心态，从喜、怒、哀、乐四个方面揭示了她们的心态。作者全面、多角度的分析，多层次的描述，为女性流动人口的研究开辟了新的视角。

②打工妹的婚恋问题研究。通过广州、深圳等四市的问卷调查分析，深刻揭示了打工妹进城后婚恋观念变化及其困扰与期待，并为改变其命运提出了很有见地的观点。文章发表后，《中国妇女报》、《南方都市报》进行了转载和报道，有的打工妹还致信作者感谢对她们命运的关心。她的研究显示了善于抓住社会热点进行理论与实证相结合的研究，具有很好的社会效益。

3）对海外华人社会地位与婚姻家庭的研究。

陈印陶通过大量华侨史料、社会调查与到美访问一年的考察所写的《在美国的中国女性的社会地位变迁》、《在美国的中国女性的婚姻家庭》、《迁移东南亚的华人社区和侨乡的婚姻形态与出生率》等文，以丰富的资料、生动的描述，深刻地揭示了海外华人妇女的社会与家庭地位、婚姻形态和观念变迁。这些独具特色的女性迁移研究，丰富了中国人口国际迁移的研究，特别对女性迁移的研究具有填补空白的意义。

4）编辑理论研究。

办好刊物关键是人才。陈印陶根据专业期刊编辑必备素质要求，在1987年就提出了"编辑、学者、公关"三位一体的专业编辑自我培养模式，以最快的速度、最有效的办法，提高自身素质、确定学者地位、提高编辑业务与公关能力三者相辅相成。十年的实践证明这是一条专业编辑人员成功之路，也是《南方人口》经验的总结、理论的概括和她的自我写照。

研究领域里的难点和空白，一般没有现成的资料和成果给予借鉴，除了到现实生活中去调查和访问，别无他路。她的足迹遍及珠江三角洲和粤北山区、东西两翼，由于根植于生活、她的文章落笔有据，言之有物，敢抒己见，提出的决策建议具有实际的社会效益。

陈印陶副编审以其引人注目的学术成就被晋升为研究员；现任广东省人口学会常务理事、广东省妇女学研究会理事；其业绩已被收入《中国当代人口科学研究者辞典》、《中国教育专家名典》、《中国当代学者大辞典》。陈印陶虽年届六旬，但她仍在人口科学的道路上继续执着追求，默默地奉献着。

（作者单位：刘长茂　浙江大学人口与发展研究所

潘　隆　中山大学人口研究所）

（三）访问英国日记①

时间：1999 年 10 月 30 日—11 月 21 日

人员：周光复、陈印陶

主题：到英国莱斯特大学社会学系劳动力市场研究中心，以学术访问学者身份进入英国，讨论进行人口资源研究合作开发的具体项目和前景。

行程：10 月 29—31 日，在伦敦。

11 月 1—12 日，在莱斯特：关于项目座谈、作一次学术演讲、查资料。

11 月 13—16 日，在爱丁堡。

11 月 17—21 日，学校委托谈培训项目，中大与莱大联合培训。

11 月 22—24 日，在伦敦。

1999 年 10 月 28 日星期四

下午 13：50 分，从广州坐直通车到香港九龙；23：50 坐英国航空公司飞机到伦敦。

1999 年 10 月 29 日星期五

飞机在午夜 1 点（英国时间 5：15）到达英国机场（实为早上 6：20）。由于买的地铁票要 9：30 才能使用，等了 3 个小时。坐地铁询问路和中国使馆教育处，到下午 2 点多才到达，大家都非常累了。

3 人 1 间房，每人每天 7 英镑，好在是有热水。买了一个面包充饥，其实，早上 9 点多就肚饿了。

1999 年 10 月 30 日星期六

九点半去乘地铁（也是 9：30 以后才可使用汽车地铁联运，每天 4.5 英镑，可到处坐）。

到了白金汉宫，周边是海德公园、大笨钟、议会大厦。下午下很大雨，中午只吃了一根粉肠夹面包加一点洋葱，2.5 英镑。开始找一个小档，明明有他说卖完了。又找一档，明明只卖 2 英镑，他要我们 2.5 英镑。这些种族歧视到处可见，但无奈没有任何其他东西吃。

到处所见是一个老牌帝国主义殖民主义者的景象，所见人群都冷漠无情，但已无法维持往日的高傲和尊严。所有建筑很结实，但很陈旧了。在地铁主要干道没有升降机，老人上车、旅行者拖着行李实在艰难，而且有的地段地铁的

---

① 本文来源于陈印陶在访问英国期间的日记。

电线都裸露在外面。

只是城市绿化地段多，空气新鲜，灰尘少，皮鞋三天还看不到灰尘，这是广州绝对比不上的。

实在吃不惯他们的饮食，只好到超市买了黄瓜、蒜子、盐、粉丝、包菜、牛奶。自己动手，又便宜，又比在外吃得香多了，特别是拌黄瓜香极了。

晚上七点多才到住所。

我实在累极了，但大家一起不能太强调自己的状况。周老师好像有使不完的精力，我更不好说什么。回家地铁周六很拥挤，我们真怕出事。

1999 年 10 月 31 日星期天

今天为先到中央广场还是先到伦敦塔发生争执。我和黄河希望先去伦敦塔，因可直达，不必中途换车。周老师则说先看监狱。感情上接受不了，也只好接受她的意见。

中央广场有很多鸽子，地方虽小，但游人很多。伦敦塔里有关囚犯的地方，我们看到了英帝国主义权利的象征。但开放的曾囚皇帝的地方，条件当然还可以。其他不开放。参观了皇室宝石和黄金器皿，金碧辉煌。这很像是全世界财富的象征。

要看整个伦敦塔需要爬进去，我怕爬梯未进去，她们俩上去了。我以为顶多半小时会出来，岂知进去一个多小时不见人；大桥上泰晤士河风很大，天也慢慢黑下来，这把我急坏了。找了两次游人询问都摇头，像是全英国都不会中国话。我手中既无地图，也无电话，真是尝到了不会英语的苦处了。幸好后来她们终于出来了。原来她们在上面还有电影看的。

回去的路上，周老师急于上厕所，又吐又拉，急坏了大家。我们又在对面地铁车厢中看到了画着白脸穿黑袍的三 K 党，真把我们吓坏了。

1999 年 11 月 1 日星期一

想买票去巴黎，但希望渺茫。去莱斯特的票又头在下午 4 点，实在失策；后改为 2 点，到莱斯特已经是 6 点，李庆双前来接我们。安排的宿舍每人一间，室内有冷热水设备。还有中大管理学院的硕士生周迅、陈燕，五个人一起做了一顿晚餐。很累，洗了澡就睡了。

1999 年 11 月 2 日星期二

上午李庆双陪同去领了经费、办了图书证；到市场研究中心进行座谈，确定下周二进行演讲，继续合作和新劳动力资源培训分两个问题进行了讨论。

希望这种合作最终有个协议。

周五晚上去看焰火。

中午，市场研究中心的三位老师请我们在中国餐馆怡园吃饭。

1999 年 11 月 3 日星期三

昨晚上半夜我开始发烧浑身难受，几乎未眠。早上周老师来，与黄河、小李来看望，吃了黄河给的百服宁，整天昏昏沉沉的。中午没吃饭，直到下午四点多，幸好发烧已退了，但浑身无力。这是几天来太过劳累的必然结果。我的年龄和体质，年轻人无法理解，周老师也因为她自己健康难以理解。但在我真正病了，她对我还是很关心。我刚可以坐起来，她又要我参加讨论报告，我十分无奈。

1999 年 11 月 4 日星期四

幸而吃了黄河的药，发烧已停止，但头昏昏沉沉。去中心准备报告内容，周老师要我讲广东省人口规划总量，时间为十分钟。

41

1999 年 11 月 5 日星期五

准备报告。

1999 年 11 月 6 日星期六

去市中心购买吃的，很远，回来和黄河坐巴士。周老师一人先走了。

这里的皮大衣很好，一件为 125 英镑。我想给岳生买，但钱被大家借去买爱丁堡的票了，三点前付钱可便宜 20 英镑，但身上没带钱。

晚上周老师向我大发脾气，说年轻人看不起她是受我的影响。若是在校内我根本无法容忍，但为顾全大局，我没有跟她吵。此次出来由于语言不通，我十分被动，已是心理压力难以承受，没想到还要忍受此委屈。我怎么会故意使她受辱呢？但她自己自尊心太强，处处要显示自己比别人聪明高人一等，年轻人如何受得了；而且平等相处也无不可。说我太骄纵他们，实在只是她自己过于自尊没有得到满足的大发作。这实是她的弱点。虽然拼命工作，却得不到所里同志的认可的主要原因。

1999 年 11 月 7 日星期天，11 月 8 日星期一

为搬家折腾了一天，却未搬成，又回原地住一晚。第二天一直在中心等到十二点半，房子才打扫好。下午三点我们却要报告，而我一直不舒服。真是无巧不成书，英国人这种效率怎能不成为日落帝国呢？来英国所见，所有建筑都非常结实，住几百年都不会塌，表达了他们希望永远统治世界的愿望；但很少新建筑，就说明他们到此为止了。若不再革新突破，日不落的帝国也许将沉没了。

下午演讲 40 分钟，安排是周老师讲 30 分钟、我讲 10 分钟，但她讲了一小时，我则真正是讲了 10 分钟。英国人是最呆板守时的了。反映还不错，由于不舒服，也未拍照。

1999 年 11 月 9 日星期二

上午去市中心买吃的，路虽比上次住地短了一半，但仍需走 20 分钟，我仍觉得很累，虽然主要东西都由周老师拿。

下午三点皮尔逊回来了，接见我们。他对和岭南合作，很满意。但对周老师提出要升级为学校的合作不理解。谈得不理想，也未预约进一步讨论。他请我们下周三吃饭。

1999 年 11 月 10 日星期三

上午我在住所休息。我这间房面临大街，日夜车流不断、震耳欲聋，无法入睡，加上全身仍痒，实在难受。

准备明天去牛津一天。

1999 年 11 月 11 日星期四

牛津，这是一个以石头建筑占堡、教堂为特点的书院。虽无围墙，是座大学城，但不能进去，每个书院都要买票。

1999 年 11 月 12 日星期五

晚上发烧，我提出不去爱丁堡了，但大家不放心我一个在此，只好勉强答应去。

1999 年 11 月 13—16 日星期六至星期二

由于是坐火车算休息了一下。坐了五个小时车，中间转车。

爱丁堡是苏格兰的政治文化中心，是首府，街道房屋也是用结实石头砌成。爱丁堡城堡显示了他的古老历史。穿着花格呢裙子的男士，在街上吹着风笛，前面放一个乞钱的盒。昔日的民族风情，今天只能在大街头卖艺者身上才能看到。两地货币也不通用，和英格兰并未实行真正的联合。

第二天去高地一天，苏格兰北方，说是有山，但却和我们家乡的丘陵差不多。虽有北方的朔风野草，马在吃草远看以为是塑像，一动也不动，它大概耐不住这里的寒冷。

参观了爱丁堡大学，徐志斌（中大管理学院毕业，在此自费读硕士）在此就读。这所学校不要门票，我们到里面参观了。

到苏格兰王宫，看到了昔日王室的生活，包括糜烂的风流韵事。当年和玛丽皇后通奸的侍人被砍头，解说员指着皇后寝室的地下，就在这儿当着皇后的面杀的。后来玛丽和她生的儿子也被杀了。古今中外皇室都是这样过来的。

在这里我买了 6 双袜子，送了 1 双给古平，3 双给岳生，表达一点心意。

想发一封信，找不到邮局，只好作罢。

1999 年 11 月 17 日星期三

今天中心主任和外办主任请吃中饭。刚才打电话，岳生去吃饭了，说明他身体还好，我也就放心了。只好下午再打电话。因为明天要去剑桥，后天他们休息。

此次到英国来，使我大开眼界。既看到了往日帝国犹存的风采威严，也看到了他们那几百年来养成的办事严谨但死板，处事认真但无革新精神，已不是当年的大英帝国了。有这样一个机会了解英国的历史，也就更深地理解了邓小平的改革开放的伟大意义和胆略了。历史将永远记住他对中国和世界的贡献。旅游也真正提供了一个各方面都了解的绝好机会。

该给小安夫妇买点纪念品，他们一直对我很好。

小李买的苏格兰穿裤的小人很好玩。有机会也要买几个送人。

1999 年 11 月 18 日星期四

昨天外办主任、中心主任、副主任和学校副校长请我们中午吃西餐，完全不合口味。

4 点多和周老师去中国城购物，出来后走错了路。结果转来转去又冷又累又怕，因为 4 点多天已完全黑了，到 6 点才由热心的人指点回到家。半夜开始我又发烧，这是第四次了。不知为什么这么频繁地发烧，我的身体实在太差。幸好躺一上午就好多了。

1999 年 11 月 19 日星期五

今天 6 点起来做饭准备去剑桥。昨夜三点半醒就基本未睡，但也得打起精神去参观欧洲第一流的学府。

剑桥与牛津大不相似，有生气、明快，但又有学府的宁静和宏伟，而且任人参观。我们参观了皇仁学院、皇后学院等五所，印象最深的是他们学府的后面，全部是由一座小桥跨过一条小河到一座特大的大花园，真是美景如画，人间天堂。能在此读书应是一种幸福！

但天不作美，时晴时阴时细雨霏霏，真是一天数变。我觉得天气很冷，不到 4 点天就暗了下来，又冷又头晕，十分难受。到火车站休息喝了一杯热牛奶才好受些。

1999 年 11 月 20 日星期六

上午去市中心，想起岳生就要七十大寿，应该买点东西祝贺他。想来想去他很喜欢那件仿皮夹克，决定给他买件真正皮的，还买了一双运动鞋，我希望他能很快走上网球场。尽管我提起来很累，但还是买了回来。周老师也给老林和小安各买了一件休闲衣服。为了给女儿买，她又跑步回去拿钱，真正难得她这份母亲的情意。

在莱斯特 21 天，明天终于可以去伦敦了。25 日可以飞香港，争取 26 日下机到达就坐直通车回家。但也许时间不允许，就 27 日一定回家。

1999 年 11 月 21 日星期天

今天离开莱斯特去伦敦，李庆双与我们同行，到伦敦有中大外语系的访问学者康老师在车站接。幸亏有他们，不然行李无法拿得动。到达教育部驻英大使馆教育处招待所已是下午 6 点。

李庆双和康老师专门到机场为我们的机票办了确认。

招待所梁先生一定要我们住双人房，每晚每人 10 英镑，多出 12 英镑。

1999 年 11 月 22 日星期一

今天去参观了大英博物馆，这是作为世界头号殖民主义者的历史见证。世界各地文物都有，我们专门参观了 33 号馆——中国，连清朝乾隆的巨大青铜鼎也在这儿看到了，还有许多中国的古瓷、皇室器具和金饰，真是一个十足的收藏者。

1999 年 11 月 23 日星期二

去具有神秘传说的温莎堡，这座城很美，整个城堡占去城市的一半面积。爱德华不爱江山爱美人，也真不容易。问题是开放的仅是其中一个单元，整个展示给观众的宫廷的豪华，比苏格兰的王宫其规模、装修、摆设都强多了。其中仅宴会厅就有许多个，真是看尽人间富贵。现在给人印象，他们只有靠回忆来生活了。可惜我不会英语，听不懂他们解说。

1999 年 11 月 24 日星期三

补记：22 日那天我所有的钱被偷了！手提包两层拉链被拉开，我都不曾有所感觉，真佩服小偷手段的高明。钱全部被偷，除了英镑放在身上外已一无所有。"雾都孤儿"训练出来的小偷今天依然存在。这次真正损失巨大，是一年的工资！

今天参观了国家美术馆，很多是基督的画。

去"伦敦华埠"，很小。到"福记"吃饭，1.8 英镑蛋炒饭看不见蛋，2 英镑的汤，如果在广州那是一毛钱的成本。无奈又要了一份豆腐，共花费 9.2 英镑。周老师不想要豆腐，我说请她吃，她也只好吃了。

昨晚发烧，前晚也发烧，再多待几天我实在受不了。这里任何条件不提供，只好吃方便面等等，真正之酸甜苦辣都尝到了。这次英国行真是给了我们一个很真实而具体的帝国主义是个怎么样的"幸福！"

五、我的父亲陈芸田

（一）深深怀念我的父亲陈芸田①

最近接到湖南省政协文史委员会与双峰县政协文史委员会联合发出的《陈芸田同志纪念集》（初稿），仔细阅读之后，我十分惊讶，父亲竟为革命做了那么多好事，为振兴湖南经济竟付出了那么多心血，尤其是在新中国成立前后，有的是我从未听说过，有的虽听人家叙说过，但曾有过怀疑。这是由于自我父母离婚后，我便寄养在姑母家。7 岁进城虽和父亲住在一起，但我幼小的心灵受到了创伤。我非常害怕父亲，甚至不敢和他讲话。上初中是在远离长沙的南岳国师附中，不到 15 岁便参军离开了家，所以对家庭和父亲了解很少。现在面对这众多翔实的记叙和赞誉，我的心情久久不能平静，也深深感到内疚。

父亲 70 岁时留影

---

① 本文原载政协双峰县委员会《陈芸田同志纪念集》，1992 年，第 196－201 页。

过去，我对父亲的了解太少了，理解太少了，因而对父亲事业上的支持、生活上的关心和感情上的给予太不够了。回想起来，羞愧难禁。自我从东北至广州工作这10多年，虽然和父亲接触多了些，但毕竟了解不够。在1987年湖南省委统战部、民建湖南省委委员会和省工商联为父亲举行的八旬寿庆会，这本来是一个对父亲了解的最好机会，但不巧当时我因脚骨折住院错过了机会。若是在父亲生前我能如读到的纪念集这样了解，我会竭尽全力支持和关心父亲的，尽到一个女儿应尽的责任，以安慰父亲辛劳疲惫而又艰难清苦的晚年。如果时光能够倒流，给我一个补偿的机会，该有多好啊！现在我只有握着这只无力的笔，让回忆的潮水洗刷我痛苦的心，化悲痛为力量，更好地为党工作，作为我对父亲最好的纪念。

记得在我小学一年级的时候，我们住在邵阳，那时下雨是穿木屐的。我的一双木屐找不到了，晚上我正在洗澡，父亲拿着竹条一边抽打我，一边问："你以后还知道爱惜东西不？"当时我很恨他，认为反正父亲不喜欢我的母亲，一辈子也不会喜欢我。但是，要爱惜东西这一点，我一直没有忘记，这对我后来在艰苦环境中抚养三个孩子是最好的教诲。

1950年抗美援朝，保家卫国的参军参干热潮在全国掀起，当时我还不满15岁，不够参军年龄，但是民族的仇恨，姐姐参加革命打土匪的榜样，以及内心深处希望离开家庭的愿望，使我说服了学校的领导和征兵的同志，但需要得到家长的允许。我害怕父亲不会答应，但回到家里父亲却高兴地说："你有如此大义，是我的光荣，我支持！"第二天宴请了亲朋好友为我饯行，并且送给我一只手表。大家都祝贺父亲送女儿抗美援朝，慷慨为国家作贡献，也为工商界带了一个好头。但当时我却认为父亲送我走，主要是少了一个包袱而高兴，光荣则是次要的。但是，随着我在解放军大熔炉里锻炼成长，直至成为一名共产党员和陈家最早的大学生；并且能为革命做点工作，我才逐渐领悟到父亲当时的决定，实是一个父亲有远见的严爱。父亲有一次给我来信说："要不是你决然走上独立奋斗的革命道路，你就不会有今天的成长。你应该心安理得了。"直到现在，我才真正领悟到父亲这种"道是无情却有情"的父爱，但这种领悟竟然经过了近40年的漫长岁月。

1953年，父亲参加赴朝慰问团去朝鲜，路过武汉到部队驻地来看我。当时部队对来访家属接待是十分热情的，但我竟连饭也没有留父亲吃一顿。我仍羞于有一个资本家的父亲。事后部队首长教育我："你父亲是统战对象，能代表祖国人民去慰问志愿军，这是对革命的贡献。你这样对待你的父亲，别人会说共产党教育的人连父亲都不认，那怎么行？应该跟父亲恢复联系，也好做他的团结工作。"当时在中南党校学习的熊邵安伯伯也劝导我，对旧社会造成的家庭悲剧应该正确对待，对父亲应该谅解。从那时起，我虽然和父亲每年有一两次通信，但感情上仍有鸿沟。到1960年冬，父亲去北京社会主义学院学习期间，赴东北等地参观访问到长春，提出要到我家看看。当时我母亲还健在，和我住在一起，她不愿见他。我和我爱人为父亲做了一顿丰盛的午餐，但缺少亲人应有的热情。父亲感觉到了，含着泪对我说："我一生做错了三件事：一是对不住你母亲，二是对不起你和你姐姐，三是……"，听到父亲发出心底的肺腑之言，我被深深地感动了。至此，才真正解开了我们父女几十年的情结。我们开始了父女正常感情的交流。可惜从1966年起开始的人人自危的"文化大革命"的灾难，使我与父亲的联系中断了，一直到我调到广州工作，"四人帮"被打倒后，才恢复了联系。

1974年，我调到广州中山大学工作，与长沙的距离近了，和父亲的联系也多了起来，对他的工作、生活有了一定的了解。但我去长沙家是去外地开会路过，来去匆匆，父亲也很少和我深谈。不过，我常看到他住在医院，说话都上不来气，但仍然不断与人商谈工作，有时一边吸氧一边接待客人。这种为革命

中国人民第三届赴朝慰问团湖南代表团全体代表合影

（前排左起第二位为我父亲陈芸田）

工作呕心沥血的拼命精神，不能不使我肃然起敬。看到他紧随改革开放的步伐，没要国家一分钱，创办了湖南省国际信托投资公司，为振兴湖南经济对海外的交往的局面逐渐打开所付出的心血，这对一个长期以医院为家年近八旬的老人来说是多么艰难；尤其是我回忆起，在新中国成立前夕，有一个共产党地下收音机就设在我们家里，我姐姐还参加过收音机信息的传送。这些事如果被国民党政府知道，真是会被杀头的。如果不是有一颗为人民的赤胆忠心，何来这样巨大的力量？父亲的形象在我心中逐渐高大起来了。我有这样一位为革命竭尽心身工作的父亲为之骄傲。

双峰县县长禹寿全（中）、县政协主席曹若梅（左一）陪同陈芸田（左二）参观曾国藩故居。（1988年秋）

1988年省委副书记刘正（左二）、副省长陈邦柱（左一）、陈芸田（右一）与法籍华人成之凡女士（右二）交谈

尤其难忘的是1987年我亲自接待并参与安排的父亲广州之行。那次，父亲为发展与开放广东的交往，进一步开拓深圳和海外的渠道，不顾体弱多病带领一个代表团到广州。下火车，上楼住宿都只能用椅子抬着，随身还带着氧气袋；但精神却很振奋，兴高采烈。看到此情此景，我既敬佩又心痛，这真是以生命为代价在为发展湖南经济铺路。白天他要接待老朋友，走访新朋友；晚上还要召集代表团成员开会商讨下一步开展的活动。有一个晚上，讨论工商经济开发公司扩大业务的问题，我也应邀参加。会一直开到深夜，当时我都觉得很劳累，但父亲却一直坚持把方案确定下来后才休息。父亲对工作的认真精神使我深为感动。在父亲的努力之下，工商经济开发公司业务很快发展，并通过和部队的合作，使公司获得了显著的经济效益。那次父亲还抱病走访了深圳等地。他当时还雄心勃勃地打算先在广州开分公司，第二年要亲自赴广州抓业务。不想这竟是一个遗憾了。就在父亲逝世前不久，还写信告诉我，为打开和苏联贸易的渠道，准备亲自去新疆一趟。我当即写信劝父亲不要去，因为我想新疆的气候

和长途跋涉，他的身体是承受不了的。但是如果他的生命还能延长的话，他是真会去的。父亲不止一次说过："正因为我活着的时间不长了，就更要抓紧时间为湖南多办点事。"在他活着的最后一刻，还在想着如何为老少边区人民多办点实事。我为有这样一位为人民鞠躬尽瘁、死而后已的父亲感到光荣。

父亲从事工商经济工作一辈子，和钱打交道一辈子，但他从来不把钱放在心上。新中国成立前，他不断援助过困难中的地下党的同志；新中国成立后，他把自己所有的企业献给了政府；他是湖南省工商界上层唯一不拿定息靠自己工作工资生活的人。新中国成立后的十年，以父亲所任职务和工作环境，既有权也有可能为自己积攒钱，但他从不为自己和自己的家庭打算。真正是常在河边不湿鞋，公私分明。外宾送给他的一支钢笔都要上交。不少人跟我说，你父亲生活清苦，两手空空，有时为你继母治病还要借债；家里更是四面陡壁，连起码的生活设置也没有。我为证实这些叙说，曾一个人亲自去了一趟古稻田旧居。几十年的风雨变迁，昔日宁静的"祥园"已面目全非。屋内不说电视机、冰箱、洗衣机之类的现代用品全无，连可以接待客人像样的桌子椅子也没有。当年的客厅房顶竟见天光。家庭清贫如此，若不是亲眼所见，我是绝对不会相信的。我不能不想逢年过节，父亲是如何在家中度过的。更令我震惊的是，有次父亲洗澡，我替他准备衣服，怎么也找不到内裤；问父亲，他说有一条洗了还没干呢！父亲竟然只有两条内裤！我当时不觉潸然泪下。回到广州我亲自为他做了4条内裤。父亲逝世后有一副挽联赞誉他："只把一肩担道义，唯留两袖舞清风。""一身正气"、"两袖清风"的盖棺论定，父亲确是当之无愧的。

父亲在医院带病工作

1988 年秋，陈芸田（右六）回故乡参观，与县委、县人大、县政府、县政协的领导同志合影

　　父亲走了，他一生执着追随革命，与党风雨同舟，为革命艰苦拼搏晚霞满天，湖南人民不会忘记他；作为子女，我们将铭记心中，并将父亲这些激动人心的革命业绩告诉儿孙们，让他们向可敬爱的外祖父学习，激励自己奋进！

　　亲爱的父亲，您可以含笑九泉了！

女儿：印陶

1989 年 12 月 19 日

（二）对岳父陈芸田先生的点滴感怀

李岳生

　　我对岳父的点滴了解，最早来自印陶对她童年的回忆。在 1949 年夏天，我们同时留校迎接新中国成立时，编在同一个小组活动。曾听她说起她童年的不幸：亲生父母已经分离，后妈很虐待她。父亲却工作很忙，常不在家，没有保护好她，对她缺少关爱。她很想早点离开这个家。还说起：他父亲是工商界的头面人物，1948 年竞选上国民党的立法委员。不过在长沙解放前夕，他为湖南的和平解放出了大力，我党地下工作收音机就设在他们家里；他还有与不少共产党朋友常来常往……但印陶当时才十多岁，对父亲的这些工作的意义不够清楚。她从小个性倔强独立、宁折不屈，不以有一个有钱有地位的父亲为荣，而是希望与他脱离关系。正因为如此，1950 年末，她就自愿报名强烈要求参军了。1954 年冬，印陶转业到长春东北人民大学（现吉林大学）。1955 年我们结婚时，她也没有提出要请父亲到场。我也连信都没有给他写一封，介绍一下我的情况，听听他的意见。当时觉得我们的终身大事，完全由我们自主，与他没有任何关系。

岳父和他的女儿女婿

　　我第一次和岳父相见，是在吉林大学我们的家里。他当时作为工商联和民建的代表人士，参加完社会主义学院学习以后，要到各处走走和实地看看。到了长春后，他向印陶提出要到家里来看看。当时，印陶的生母正和我们住在一起，安享她的幸福晚年。她老不想见，我们经过细心的说服，还是把岳父第一次请到了家里。她老还帮助做了几个菜，但主动走开了，没有相陪。这顿晚餐我们诚心以礼相待，谈了很多，包括他的学习考察和我们的工作，以及我准备次年到苏联留学等情，并不尴尬。但印陶还是提不起父女的亲情。岳父一定感觉到了，我记得他有表示自责的言语！但没有半句夸耀自己和为自己辩解的话。他当时身体还好，谈吐也很清楚，虽然湘乡口音难懂一点！不过，仅凭一次交谈，我对他丰富的人生阅历，仍然是知之甚少。

　　以后我们又是多年不见，音信全无。直到1966年"文革"开始后，在个别批评我的大字报中，作为我不好的社会关系，把岳父扯了进来。不过实在无可挖掘，群众并未纠缠。我当时已是吉林大学的党委委员，是理科教师的唯一代表，沾一点当权派的边。看到这种大字报，我并不感到十分惊讶！更何况在那一场暴风骤雨的运动中，岳父的历史也曾遭到不明真相者的怀疑，他受到了严重的冲击。不过，这些都是在他离世后的纪念文集中，我才知道的。

　　再后来的相遇，是在实行改革开放政策以后的20世纪80年代。1985年，我从日本参加大学校长会议后归来时，湖南省委的领导同志，要我在长沙停留一下，与兄弟院校的同事交流教改的动态。这一次在省委大院蓉园，见到了正在养病的岳父大人。这时他已年近八旬，身体大不如前，说话上气难接下气，氧气袋已不离左右。但精神和情绪很好，大有要甩掉氧气袋、为振兴家乡经济、重出江湖大干一场的气概！他当时正在运筹的一个好点子，就是利用他过去的人脉和经验，为湖南办一间国际信托投资公司。后来他为此亲自南下广州。那次我正在北京出席党的十三大，未能亲自迎接，是印陶陪伴其左右。这一次，他应该感受到了，女儿对他的进一步亲近与关心。后来，我的孩子怀东，也曾到蓉园看望过老人，还给他洗过脚，穿过衣服，这一定也给老人带来了一些温馨。

　　1987年，我专程去长沙祝贺了他的八十华诞。那是一个由中共湖南省委统战部、省民建和工商联为党的挚友、传奇老人专门办的一个寿庆盛典。从此，我对岳父不平凡的一生，开始了解得更多、更具体一些。当时到场的还有他众多儿女和亲友，但除了印陶的亲姐姐一家外，我几乎全不认识。可惜的是，这一次印陶正因车祸骨折，未能同往庆贺！

　　1989年12月5日，老人走完了他的人生最后历程，驾鹤西去了！湖南省会

1987年6月，陈芸田八十寿辰座谈会全家合影，前排坐者右起为赏文姐、岳生、守仁姐夫
（印陶因车祸骨折未能前去庆贺）

各界人士，向老人遗体举行了隆重的告别仪式。省委书记和省长等都出席了追悼会。悼词对他一生追随革命，与党风雨同舟、不同历史时期都为党和人民的事业做出了独特贡献，受到毛主席和周总理的同席接待等，进行了高度概括和肯定。一幅挽词描绘了他一生风范：

潇湘传噩耗，商界巨星殒。

两袖清风，一缕忠魂，亮节高风万古存。

生命有尽，功德无尽，荐一瓣心香，在乎后继有人。

随着老人的离去，对他传奇一生的纪念和回忆文章，不时见诸报端。印陶深感对她父亲的经历知之太少、误会太深；以致长期在感情上无法亲近他，使他直到晚年还处在自责与隐痛之中，一想起来就心里难过。她的这种感情，在她的纪念文章"深深怀念我的父亲陈芸田"中，完全表露了出来，读来感人泪下！近年来，她努力收集关于父亲的资料，一是因为怀念，也是为了弥补自己的缺失、宁静自己的心灵。我也跟她一起补上了对岳父生前了解太少这一课。

由政协双峰县委会编印的《陈芸田同志纪念集》是我重点阅读的材料。该书由"风雨同舟"、"商界沉浮"、"赤子心声"和"风范长存"共四部分组成，材料翔实。通过阅读这本书，岳父具体、生动感人的立体形象，才在我头脑中形成，使我心生敬佩，不禁感怀于心。

岳父出身贫困，一生跟党走。1927 年前后的大革命时期，他就冒险救同志，掩护和赞助党的地下活动。1948 年由于和党的忠诚关系，回到长沙，利用自己合法的国民党立委身份和优越条件，把党的地下收音机设在他自己的私人公馆内，为长沙的和平解放，冒着生命危险，周旋于各方。新中国成立后，他独自将个人所办一切企业交给国家，成为最早只靠工资生活的唯一的"资本家"；努力团结和稳定工商界的朋友。为湖南的解放事业和国民经济的恢复，都作出了独特的重要贡献。后来好长一段时间，由于"左"的路线的影响，使他无用武之地，抱负无法实现。曾自叹：报国无门，坐伤老大。"文革"期间，他还受到严重冲击与摧残。但他始终与党风雨同舟，矢志不渝地相信党的领导，坚信"阴霾必将过去，曙光就在前头"。他真的等来了改革开放的新时代。他坚决拥护党的改革开放政策。这时他虽已年近八十高龄，但老骥伏枥、壮心不已；不用扬鞭自奋蹄，背负着氧气袋，南北奔波，运筹谋划湖南国际信托投资公司。以他的诚信为本和合作共赢的精神，很快赢得了各方信赖，打开了局面。为搞活湖南经济，拓展外贸渠道，下了一步先手好棋，为后来者留下了宝贵的遗产。他赢得的则是党对他健康的精心照顾，和在湖南老区和人民中间的两袖清风的美名。

对照今天党内外贪腐分子的丑恶行径，一位党外民主人士的这种清廉奉献的精神，尤为令人敬佩。我将下面的词献给逝去的岳父，以慰藉他的灵魂，激励我们后来者：

一生诚心跟党走，救同志谋和平；改革开放重伏枥，何分党内外、根本为人民。

商界沉浮行大道，本诚信靠智慧；国际信托立新功，两袖清风去、精神激后人。

女婿：李岳生

2014 年 7 月

（三）传奇式人物——陈芸田[①]

汤正华　梁而源

在湖南工商界，有一位海内外知名的老人。从 1927 年大革命到湖南解放，他在湘乡（今双峰）家乡，后辗转上海、邵阳以及长沙等地的寓所，都成了地下党隐蔽活动的地点。他与我党长期合作，并保持着密切联系，他的神秘事迹早在三湘传为美谈，他不愧为我党的一位忠诚朋友。

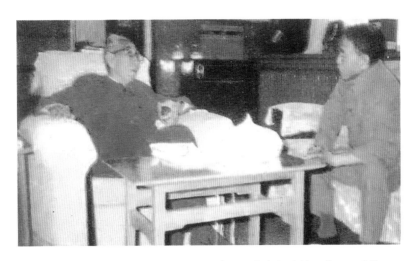

国家副主席王震向湖南省国际信托投资公司董事长陈芸田询问公司情况

1. 神秘的陈公馆

40 年前，长沙解放前夕。白崇禧 20 余万军队窜入三湘，军警横行，特务盯梢，古城白色恐怖笼罩。然而，在天心阁城楼下的古稻田小巷深处，却有一个安静的"绿洲"，这就是陈公馆。白天大门紧闭，晚上灯火通亮。隔壁住着长沙警备司令部稽查处长毛健钧，他手下的特务路过陈公馆总要探头探脑，但谁也不敢越雷池一步，因陈公馆大门上贴着盖有警备司令部大印的通告："立法委员住宅，不得滋扰。"

陈公馆的主人就是当时国民党中央商业立法委员、湖南省商会理事长。广

---

① 本文原载《湖南老年》1990 年 2 月，政协双峰县委员会编《陈芸田同志纪念集》，1992 年。

州国民党政府曾三次派专机来长沙接他去广州，他都推托，说："我还有许多善后工作要处理。"其实这"善后工作"不是别的，而是掩护中共地下党员，免遭桂系特务的毒手。

一天晚上，地下党员熊绍安用暗号敲开了陈公馆的大门，同时来的一位李先生，就是中共地下党员刘寿祺。时隔几日，又有一位唐先生来访，他就是中共湖南省工委周里书记。后来，李先生又介绍了一位年轻的"女教师"，她就是省工委专干黄时美。长沙市工商界上层人士中的老一辈，大概还记得新中国成立前夕曾收到一封关于保护工商业政策及解放军三大纪律八项注意的信，这就是黄时美当时在陈公馆用湖南商会的油印机印刷和散发出去的。她还用陈公馆的美国短波收音机收听与抄录中共中央的广播，使党的声音从陈公馆迅速传到长沙市民中去。

陈公馆当时成了省工委团结工商界迎接解放的工作地点。为防不测，公馆主人在后院设有三个暗门，同时又以立法委员身份借用保安队的一个班的番号与装备，雇用了 10 名湘乡（今双峰）籍士兵，全副武装，驻在附近的修业小学，日夜在陈公馆周围巡逻放哨。

这位陈公馆的主人，在这里曾受我党省工委所托，以商会理事长名义把地下党员任陵池介绍到中州棉织厂（即现在长沙毛巾厂的前身）去发展工人运动；他又为地下游击队筹集资金购买武器；他赴湘乡，设法控制了中里地区（今双峰县）有 300 余人和枪支的地主武装，保护了湘乡地下党。同时，在地主武装的围困下，设法为湘乡地下党县工委书记刘资生同志送情报。他还从陈公馆深夜奔赴湘西，深入宋营，说服宋希濂不当省主席，支持程潜主湘；在程潜筹备起义遇到财源枯竭时，他与长沙市商会会长左益斋等在大行业中筹措"应变"经费 6 万银元。

往事如烟。40 年后的今天，在长沙街头巷尾很难寻找到那往日的陈迹，坐落在古稻田那经历过风风雨雨的陈公馆也早已不是旧时面貌了。

这座神秘的陈公馆的主人就是原湖南省人大常委会副主任、省工商联主委陈芸田老先生。

2. 血雨腥风　同舟共济

1987 年孟夏，湖南宾馆礼堂红烛高烧，宾朋满座，气氛热烈。此时，省委统战部、省民建、省工商联等单位正在为陈老举行 80 寿辰祝寿座谈会。有一位远在滇池之畔的 80 多岁的老共产党员向陈老鸿函祝贺，他就是陈老在大革命时期的挚友、原云南省文化厅厅长彭少彭同志。彭少彭在贺信中写道："……记得孙中山在广州准备出师北伐之时，你以一个中学生的身份，辍学奔赴广东，寻求革命之路，终以身体不适，又折返湖南，时值"马日事变"之后，形势恶化，在乡下以教师的身份为掩护，不畏艰难，协力工作，作了一个非党的布尔什维克……"战友来信，情深意切，勾起了老人的回忆。1926 年，他奔赴汕头投考潮州黄埔军校第二分校；中山舰事件发生，该校停招，他因病辗转回乡。在汕头期间，他非常幸运地寄食在周恩来同志所主持的政治部，耳濡目染，受到革命思想的熏陶。1927 年 5 月，陈芸田投身湖南农民运动，担任湘乡（今双峰）县革命运动红五月宣传周德龙田地区宣传队队长。正值"马日事变"时，陈芸田冒着生命危险，机智地救护乡农会负责人王桂堂等 7 人脱险。"马日事变"后，他在嘉谟镇姚家桥小学教书，共产党员彭少彭在划船塘振华小学教书。1928 年，陈芸田得知反动派要抓彭少彭，冒着危险立即给彭送信，使彭从后山逃离险境。彭少彭在外几十年为革命奔波，其父兄生活贫困，陈芸田及时周济。

1930 年，陈芸田到上海报考劳动大学不成，在一个区产业工会当文书。他开办了一间名为"莫愁"的小酒店，掩护共产党从事地下活动。通过彭少彭的介绍，陈芸田结识了中共江苏军委书记杨子庄和党员熊绍安、熊启凡等人。熊绍安在上海被捕入狱，陈芸田冒险探监，传递信息，设法救助。

抗日战争中，陈芸田在邵阳经商，已是湖南工商界声名显赫的人物。这时，共产党人熊绍安获释后，与彭少彭、杨子庄、王介生等人相继回湘，从事抗日救亡运动。八路军办事处从长沙迁至邵阳后，杨子庄、彭少彭把陈芸田介绍给八路军办事处负责人徐特立、王凌波、郑伯翔等。陈芸田鼎力支持了八路军办事处的工作，掩护地下党的活动，并设法为办事处垫借活动经费。

3. "请您坐第一席"

1956 年，陈芸田列席了全国政协会议。会议期间，毛主席在中南海怀仁堂设国宴招待来自全国的委员和列席代表。陈芸田收到参加国宴的请帖中，还有一张请帖上面写着："请您坐第一席。"省委领导同志告诉他："第一席是毛主席和周总理坐的。"陈芸田闻此受宠若惊，心情激动，彻夜未眠。席间有人询问陈芸田，毛主席风趣地介绍说："他呀是曾国藩的同乡……"周总理笑着说："他是湘乡'嗯呀'。俗话说：长沙里手湘潭漂，湘乡嗯呀做牛叫。"总理的幽默引得全桌大笑不已。宴罢陈芸田深有感慨地说："我能享此殊荣，欣幸终生。"

陈老在革命战争中与党风雨同舟，肝胆相照。新中国成立初期，他带头积极贯彻党在国民经济恢复时期和社会主义改造时期的方针政策，作出了很大贡献。陈芸田带头把自己的企业及生产资料捐献给人民政府，成为全省工商界上层人物中唯一不靠定息和存款，而靠工资生活的人。1950 年，他被选为省人民政府委员并担任省救济院长，后又兼唯善救济院院长。当时救济院既无钱又无粮，全院有孤寡和残废五六百人，弃婴三四百人，盲哑学校盲生三百人，少年孤儿二百人，加上几百名员工共两千多人。在当时政府无经费下拨的困难条件下，陈芸田组织孤寡残废人员实行生产自救，从 1950 年至 1952 年，除付出职工工资和各项开支外，还上交国家 100 多万斤粮食；此外还创办了长沙印染厂、砖瓦厂、长沙火柴厂、惠民电池厂等企业。在全国第一次救济工作会议上，湖南的社会救济工作受到了宋庆龄、董必武的称赞。

　　党的十一届三中全会以后，陈老虽年逾古稀，但他没有因年老和身心在"文革"中受到极大摧残而丧失对党的赤诚之心。他坚持四项基本原则，积极拥护党的方针政策。在党中央提出的对外开放、对内搞活方针的指引下，决心为振兴湖南经济贡献自己的力量。1980 年陈老利用自己与海内外同仁的关系，广泛开拓国际市场，与 90 多家外商企业建立了业务联系。1985 年，他和周里、罗其南等革命老同志一道，筹建了湖南省革命老根据地经济开发促进会，并担任副理事长，为积极开发老区与边远穷区作贡献。前不久，陈老还在积极筹划疏通湖南与新疆的经济交往渠道，利用湖南资源，尤其是老少边穷的土特产品打入中苏边界贸易市场。

熊清泉（中）、陈邦柱（左一）等领导同志和陈芸田（左二）接见外商

1987 年原湖南省政协主席程星龄（中）、副省长王向天（右）和陈芸田在一起

　　正当他为促进中外贸易，为支援老区、边区经济发展贡献力量的时候，因操劳过度，于 1989 年 12 月 5 日与世长辞了！我党失去了一位好朋友，他的事业、他的忠诚，我们将永远铭记。

湖南省各界人士向陈芸田遗体告别

与省委书记熊清泉握手的是印陶，与省长陈邦柱（左一）握手的是赏文姐

六、我们的儿孙们

我们有三个孩子，都出生在长春吉林大学。大的是女儿，1956年生于破晓时刻，当时新中国也处在黎明时刻，我们给她取名晓黎。她有两个弟弟，大弟弟叫华刚，生于1964年，我们希望他长得刚强一些，不要成为一个文弱书生。小弟弟生于1968年，名叫怀东，表示对东北的怀念。东北严寒下生长的孩子，对在冰雪上玩耍和北国风光，有一种特有的留恋。小东的名字正好反映了我们对长春和吉林大学的怀念和那个时代的烙印。前两个孩子年龄相差八岁，说明那段时间我们自身正处在成长中，主要精力放在工作和学习上。

1968年至1974年我们在长春吉林大学全家的合影

三个孩子虽然都出生在国家相对封闭贫困的20世纪五六十年代，但他们的大学教育以至部分中学教育，是在国家实行改革开放政策初期——20世纪80

年代完成的。因此他们身上都刻上了国家两个不同发展阶段的印记。从他们的成长过程到今天各自不同的工作特色，我们可以触摸到这些印记。

我们对孩子们的教育，概括起来是"严字当头，三多三少"：物质上给予的比较少，精神上鼓励比较多；言语教育比较少，行为示范比较多；自由放飞比较少，严格管束比较多。严就是爱，道是无情却有情，是我们两人始终坚持的共同一致的教育孩子的理念。

我们对孩子们的要求很简单，就是要他们懂得靠自己的努力独立成长、有志气，向上走、行得正，走得直。一到周末，大家一起干家务劳动。有的拖地，有的擦窗台桌椅，我则带晓黎做点好吃的，改善一周生活。大家快快乐乐，效率很高。对孩子们的功课成绩，作业完成得如何，几乎很少操心，全靠他们自己主动学习。

所谓物有本末，事有始终。在抓培养孩子的根本，在尽可能促他们德智体全面发展上，我们问心无愧。但由于我们自身受教育的局限，也加上条件的限制，使我们未能做得更好一些！特别是约束过多，妨碍了孩子们更放胆地飞翔，有一个更快乐幸福的童年！

和三个孩子在珠海情侣路海滨

　　岳生于 1974 年调入中山大学。在南方温暖的气候条件下，折磨岳生多年的哮喘病，逐渐完全根治了。我们这个两代人的小家也壮大成了今日三代的幸福家族。

　　在中大开始时，我们住在西南区 76 乙的夫妻宿舍的一个单间，约 20 平方米。全家五口是用布帘隔开来住的。孩子们睡的是双层落架床，靠近门的走廊还隔出一块烧蜂窝煤做饭。虽然挤一点，而且烧火时煤气往室内灌，通风不畅，感到呼吸紧促不爽，诱发轻度气喘。但终因气候相宜，岳生的哮喘未再发作过，直到几年后竟奇迹般地完全根治。孩子们则很快适应了新的环境，和邻居的同年孩子们玩耍打闹，有的成了同班同学和好朋友，在国外也一直保持密切联系。

　　在 76 乙住了近两年后，学校将我们调配到东北区 32 号（后编号为 329号），这是一座包括顶层和地下室在内的四层独居的大屋，结构极佳，据说可防九级地震。当时我们搬进去时一共住八户人家，有的已是著名老教授，多数是中青年教师，还有普通工友。厨房也是合用的，但大家相处很融洽。记得有一次我在厨房昏倒了，邓永禄老师立即将我抱起送到我家。当时供应还很紧缺，校园内容许养鸡，我们每家都在地下室有一个小鸡笼。几乎每天早上，家家都有人去地下室摸鸡屁股，看会不会有新收获。做饭的厨房也是走廊过道改的，紧靠在一起，那真是低头不见抬头见。尤其到做饭的时候，热闹异常，嘻嘻哈哈，相互切磋，互通有无，邻居犹如一家。那个年代，各家吃什么，好像没有隐私这个概念。那时中大各家各户室内只有生活用水可用，饮用水要到各食堂门口公用水龙头处去挑，离我们家约 200 米距离，这也是我家晓黎、小刚每天必做的功课。有时还要拾些干柴，以备生火之需。孩子们的娱乐活动也很少，只有到周末，自己带着小板凳，到中区草地广场看电影，是最热闹受欢迎的项目。后来王起教授家首先有了一台 14 英寸的小电视机，同楼住的孩子们高兴极了，都把他家当成了自己家，有时王老师家吃完晚饭还没有收拾好，孩子们就聚集到了他家大客厅的小电视机前，等待观看精彩的节目。那个年代，生活虽然艰苦一些，但邻里之间的亲近和谐，值得永久珍惜。

　　孩子们为了使我们老年生活更安全和幸福，也为了和儿孙们一起享受天伦之乐，他们极力主张我们移民美国和他们生活在一起，而且由小东为我们申办了移民。但考虑到我们从长春到广州已 40 年了，有不少朋友和学生在中大康乐园和国内，我们的全部心血和努力都献给了自己的祖国，还是在康乐园里度过晚年比较心安理得些。而且，如果如此年高体弱和孩子们住一起，给他们负担太重了。因此，给三个孩子说清楚了，2009 年我们去美国探望他们回来，就不再去了。以后孩子和孙儿们可以分别或是一起回广州来看望我们。而且我们每周都可以在视频图像上见面，享受亲情的欢乐。

2015 年我就 80 岁了，所有的儿孙们都会回来，那该是多么幸福快乐的时光啊！还有不少亲朋好友和我们一些相交甚密的学生也会从各地来相聚，这也是我们期望已久的聚会。

和儿孙们在珠海

和儿孙们在康乐园园西区 747 号家中

一起游览长城

游览湛江雷州半岛青年运河

（一）勤俭刻苦的女儿——晓黎

两岁时可爱的晓黎

1. 晓黎的出生

我 1954 年冬从部队转业到岳生工作的长春东北人民大学人事处工作。同时也把我母亲接来同住。1955 年五一节前夕，我们举行了婚礼，1956 年就生了晓黎。女儿出生时有 7 斤，眼睛大大的，特别漂亮可爱。因为是第一个孩子，哺育她是初次学习，因此特别精心。生怕有小的差错伤害了她，连洗澡盆每次都要用热水或开水冲洗，以防沾有细菌。但即便如此小心，晓黎未满周岁时还是患了一次肺炎，高烧不退，十分危险。在别无办法的时候，只好找学校总务处长求情，用点好药，救救孩子。在处长的关心下，批准用上了青霉素注射液，孩子的烧很快退下，逐渐痊愈了。可见在那个年代，药物是多么紧缺，连重要的国产消炎药还控制使用。

晓黎成长得很快，转眼就可以坐在婴儿小座车上，自己在屋子里穿来穿去。在两个房子之间有一低矮的门槛，居然拦不住她！经过几次试探之后，她自己用手把车一提，肚子一挺，脚用力一蹬，人和车就一起越过了门槛。那个聪明灵巧劲，逗得她自己和我们一起哈哈大笑。刚满周岁时，我们第一次带她到长春市人民公园，看看外面的世界。她充满好奇，瞪着一双又大又亮的眼睛，到处张望，见生人一点也不害怕，高兴极了。其活泼可爱的形象至今犹在眼前。只可惜当时没有照相机拍下来！

晓黎一生下来就由我妈妈照顾，成长是比较顺利的，没有影响我上夜大学，也没有耽误岳生那两年跟苏联专家学习兼专业翻译的工作。我们还很高兴地请梅索夫斯赫专家到家作客，吃我妈妈做的湖南家乡菜和包的饺子。专家十分喜欢这种中式家庭便餐和温馨气氛。

2. 在艰苦的年代成长

但晓黎两岁到六岁期间，也遇到过一些困难。为了孩子的健康成长，也为了方便我们的工作，我们把她白天送到托儿所（幼儿园），晚上再接回家。那时候粮食供应比较紧张，想不到幼儿园的管理员，竟动起了贪念，居然有不短的一段时间，克扣孩子们的粮食，使他们吃不饱，自然伤害了孩子们的正常成长！（后来被查出以后判了刑）接着进入国家三年困难时期（1959—1961 年），粮食人均定量由每月 30 斤降至 27 斤，布匹、肉蛋供应等凭票。我又正在读大学（1958—1963 年），岳生去苏联留学（1961—1963 年），我妈妈带着晓黎过得很不容易。但这些困难对我们家来说还相对比较小些。因为我们的饭量比较小，妈妈还在阳台弄个小鸡笼养鸡，吃过的白菜头留下种到地里还可以再长出来吃。那时吉林大学家家都有菜园子，有的还很大，可以种苞米和各种蔬菜。我的同班同学侯恩林和岳生的同班毕业同学一起留系工作的好友王师，到周末来帮我们挖菜地、带孩子玩，孩子有病立即帮送医院。有一次晓黎得了中毒性痢疾，若不是王师及时送医院，恐怕她的小命难保！我的同班还有很多同学，如女同学刘士瑞等，都把我当大姐，体谅我带着一个孩子读大学不容易，而且我自己身体一直比较弱，所以总是尽可能地帮助我，照顾我。就是在这些亲密朋友同学的帮助下，使我顺利完成了大学学业，晓黎也得到了保护和健康成长。

3. 妈妈一生中的幸福时光与遗憾

我妈妈感到在长春和我们一起生活的六七年，是她一生中最幸福的一段时光。她来时满口一颗牙也不剩，后来我们帮她镶好了牙齿，本来塌陷的脸又丰满起来了，体重也增加了。家里还添了收音机，她的那种满足感和幸福感是难以言状的！

可惜的是，她老这段幸福日子不长。在没有多少征兆的情况下，1962 年她因胃痛在长春住院检查，医生摸到她胃里有一个很大的硬包，诊断她得了胃癌，说时日无多，要我好好准备老人的后事。这对我真是晴天霹雳，岳生又不在身边。在走投无路的情况下，大家帮我到处打听偏方。一位名老中医告诉我，用南方的壁虎泡酒喝可以救命。又是王师托朋友从广州弄到几只壁虎，以最快速度寄过来，泡成药酒让我妈喝了。没过多久，奇迹出现了，医生再检查时，竟摸不到包块了，胃也不痛了，医生说病好了。医生问我究竟服了什么灵丹妙药，如此神奇，我如实说了。但我也心有疑问，光靠摸是否诊断不准？不过妈妈感觉好了，包块没有了，这是最好的现实，其他留待专家去研究。

妈妈感到胃病好了以后，我还在大学读书。为了我更好地学习，不让她和晓黎分心，也为了她更好恢复健康，她提出要到长沙我姐姐家住一段时间。我姐夫张守仁在省委工作，住在省委大院内，条件相对比我这边无人照顾老人要好，我姐姐也很乐意。就这样，我妈妈带着晓黎，在岳生一位吉大数学系的张明权老师陪同护送下，到了长沙我姐姐家。在长沙住不到一年的时间，不幸的事发生了，妈妈淋了雨感冒引起发烧不治，永远地离开了我们！这时岳生还在苏联。

我只好将妈妈安葬在家乡湖南双峰安吉堂的后山上，委托附近亲人看管；我和岳生也带着孩子时去拜祭。

我们已经约好 2015 年秋天，我和岳生将带领从美国回来的三家儿女、媳妇、女婿和全体孙儿们去湖南家乡双方父母的坟地拜谒他们的亡灵，让孩子们知道他（她）们的根在哪里。

1999 年安吉堂后山上与岳生拜祭生母王月萼　　　　2013 年带怀东拜祭外祖母

4. 学习勤奋努力、热爱家人

岳生从苏联回来以后，才把晓黎从长沙接回长春。晓黎八岁时有了一个弟弟华刚，她便成了家庭的主要帮手。记得她才九岁就站在小板凳上煮饭、炒菜。她很爱带弟弟，冬天还背着弟弟去吉大礼堂——鸣放宫看电影。等她十二岁时，又有了一个小弟弟怀东。怀东出生在"文革"年代，没有老人帮忙，更要帮助照顾。当年我们收入微薄，全靠固定工资生活，所以她从小就跟我们养成了勤俭节约、刻苦耐劳的良好习惯。她独立生活能力很强，手脚快，直到她成家立业后的今天，仍保持着当年的本色。

三姐弟在长春时

晓黎从小学到中学学习都很努力，成绩优秀，不要我们操心。她的中学在"文革"年代度过的。当时她是红卫兵，又是班级和团支部干部，课外活动很多，刻苦学习时间少了，正常上课也得不到保证。有一次，她参加红卫兵武装横渡南湖活动，她因个子较小，又背着枪，因此游到湖中时体力不支，险些不测；幸好身边同学大声呼救，才把她及时救上了岸。她很快恢复了平静，继续投入到同学们的活动中去。晚上她回得较晚，我们也很担心，可她回来若无其事，还瞒着我们有惊无险的事故。后来我们从同学处得知情况，说她还得到了表扬。

1969、1970年间，在东北地区，以备战的名义，喊出了"藏干于民"的口号，将大批干部、教师和知识分子送到农村去锻炼，接受再教育。吉林大学大批教师奔赴广大农村，有的双职工家庭全家一起下去，长达一年以上。岳生因哮喘病严重，工宣队也了解实情，特别予以照顾，未曾下放农村，而且同意联系调去南方工作。这时孩子们也无学可上，只好安排一些他们自学的科目。

1974年春，晓黎离别了她快毕业的中学同学，和我们一起调到了广州。转学到广州中学短暂过渡毕业后，她便面临上山下乡的选择。但当时政策容许留一个孩子在身边，我们也需要她在身边帮忙，因此很自然地把她留在了广州，被分配到广州农机所工作。

后来她参加了1977年恢复的高考，由于准备得不是很充分，离中山大学的录取线差 2 分，被录取到暨南大学化学系。大学毕业后，分配到广州南海海洋研究所工作，直到去美国留学。

5. 独自勇闯美国

80 年代中期，晓黎有机会去美国。那时她爸爸刚刚被公派美国访问研究一年回来，因此不把年轻人去美国看成一件很稀罕的事情，需要多给她一些关心和指导。她爸爸照样忙他的工作，连行李也没有帮她准备一下。除了一个原有的行李旧皮箱，还用了一个硬纸箱装东西，她爸爸认为这没有什么问题。他自己去美国访问，除了皮箱，也曾用一个硬纸箱装东西，用布带加固捆得好好的，跟他去好几个城市都没有出任何问题。当时我身体不好，孩子就这样带着简单的行李走了。对于一个女孩子第一次出国也没有去机场去送一送。事后想起来，我们对孩子，尤其是一个女孩子，在这件事情上，真的关心太少了，感到有些愧疚！

在美国与晓黎一起

晓黎和女婿哈跃荣结婚后，相互关爱，家庭十分和睦，两人都拥有勤劳朴实的作风，许多改善家庭环境的事情，能自己动手办到的尽量自己做。他家门前庭院中有两棵很高的品种优良的柿子树，秋收季节挂满了黄澄澄的大柿子。毫不夸张地说，比我在他们附近市场上能买到的好吃好看得多。他们将大部分新收获的柿子即时分送给朋友分享，还有许多则加工成柿子干，邮寄给弟弟家和朋友们，包括带回中国给我们和朋友品尝，深受大家喜爱。我们住在她家时，亲自体会过这个收获、烘烤和分送的全过程，其实不仅是快乐，也是十分辛劳的事情。她家后院很宽敞，结有许多佛手瓜，还种了些葱、蒜、韭菜和辣椒；还养了好多只可爱的鸽子，有时我们出门时带出去放飞，往往我们还没有回家，鸽子就先回来了，很是有趣！由于他们的勤快，虽住在离有名的硅谷圣何塞不远的城市圣尼威尔市里，但家庭和周边环境都很有田园风味。

与晓黎、跃荣在海边　　　　　　　　　　　　岳生舒展多自由

　　尤令我们感动的是，2010年去她家时，他们自己动手，把房子粉饰一新，为我们安排好舒适的卧室。饮食尽可能照顾我们的口味，清淡而有营养，甚至连美国市场很少见到的活乌龟，也买回家来享受。周末和节假日，开车陪我们游览了加州及周边许多景观，如旧金山的博物馆、九曲湾；加州附近的蒙特利尔、啤酒城、月亮湾的南瓜节，等等。看到的大南瓜重达数百磅，直径长超过娜娜的个子；娜娜坐在南瓜上面与我们合影，可以说明这南瓜之奇大。这些游览给我们留下了美好回忆。

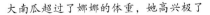

大南瓜超过了娜娜的体重，她高兴极了　　　　在美国与晓黎一家郊游

晓黎一直在硅谷做计算机芯片方面的工作，很受上司的肯定。她的女儿娜娜，从小就注意全面发展，钢琴弹得不错，游泳也不止一次得奖。2013 年又考上了名牌大学；一切都令我们放心和欣慰。2013 年 6 月，在我因结肠手术最需要亲人陪伴的时候，他们姐弟商量，她先请假回来赶到广州医院照顾我，直到手术结果良好，稳定恢复，才返美工作。又一次给我带来了暖心的母女之情。

6. 聪明能干的外孙女——娜娜

娜娜出生只有四个月，就送回家来抚养，请了一个阿姨专门带管她，直到四岁才回美国。她小时候因家门口来来往往的大学生很多，常教她喊哥哥、姐姐，所以她也不害怕，很叫人喜爱。尽管只有三四岁，就显露了她的聪明。有一次，我有意测试她，带她上马岗顶问她，她都能一一回答：这里是马岗顶、这个楼是校长办公楼，因为外公在这里办公，他是校长！那边是医院，我还到这里看过病……她回答这么准确，当时使我十分惊奇！

晓黎在美国的家

晓黎与娜娜近照

后来她还回来过，都使我们认为这个孩子实在是天资聪慧，将来会很有出息。一次是回来做义工，准备考大学，是安绍君和小林给她安排的，她做得很好，单位给予了肯定的评语。更使我们佩服的是，她独自一人，多次去海珠广场附近商场转悠。她能说出许多商品中、美两地的价格差别，挑选了不少她自己和父母、朋友可能适用而喜欢的衣服和小物件买回去。一个中学生就有如此的金融理念，既说明美国中学教育的特色，也说明娜娜从小就不是书呆子，而是很有活动能力的孩子。果然不出所料，她上大学就考上了美国的名校加州大学伯克利分校，主修工商管理；一面读书，一面参加许多课外团队活动，而且干得出色。

晓黎一家近照

全家在瀑布照

（二）刚毅求实的大儿——华刚

1. 希望晓黎有个伴

晓黎快八岁了，岳生也从苏联学习回来了，我们决定再生一个孩子，让她有个伴，而且那个年代还曾一度鼓励多生孩子。怀孕才几个月，就已经猜到是个男孩，因为肚子里的孩子已经有了动静，和怀晓黎的感觉完全不同。肚子里这里鼓一个包，那里鼓一个包，明显是在拳打脚踢。到八九个月动得更厉害，我想这男孩肯定很调皮！

敢闯、脾气倔的大儿子

到临产的时候，可能是他想快点出来，用手脚在拼命往外拱，痛得我实在忍受不了，只有大声喊叫，请医生帮忙。幸好医生很有经验，肚子在她运作下，忽然听到哇的一声，一个又白又胖的孩儿已在她的两手之中。我总算高兴地大声出了一口气，做妈妈真不容易，但也真幸福！这个世界又多了一名开拓者。但要将他培养成有益于国家、社会的人才，做父母的心血和汗水不知将要流淌多少！

孩子生下不久，我们商量给他取个名字。我们俩都工作和生活在大学里比较安静的学术环境中，有求实的精神，也有柔弱的一面，希望孩子长得比我们更刚强一些，因此就决定取名为"华刚"。

74

2. 李奶奶的到来

小刚的祖母和外祖母均已故去，无老人帮我们照看。于是我们想到请岳生名义上的继母来长春。岳生念高中时为解决其部分高中学费，他母亲和大哥作主将他过继一半给邵阳的叔祖父做孙子。虽然岳生从未去过邵阳，没有和他们一起生活过；但知道那家只剩下一个老太太，也就是岳生的名义继母孤独生活在农村（她有两个女儿已出嫁，不一起生活）。如果她愿意来，就是一举两得的事；既帮助我们照看小刚，分担家务、也使老人老年生活有所依靠。经过商量后，她很愿意来，由生产队开介绍信很快到了我们家。老人当时才50多岁，身体很健康；又很勤快，看护小刚很精心；和我们很快熟了，拉近了距离。那时岳生刚从苏联学习回来，重点照顾分得了两室带厨房的新房，老人感到很高兴。

可是这种平静日子不到两年，"文革"爆发了。不久发出号召"我们也有两只手，不在城里吃闲饭"。造反派乘势游行，高呼口号，要城市里的"闲人"回农村去；还新成立造反派的房改委员会，重新为教工分配住房。岳生作为"修正主义苗子"住得算比较好的，也被调到三户挤在一起的日式小房子；没有地方给老人单独住。邵阳那边的生产队也来信催她回去。在不得已的情况下，我们只好让老人仍回邵阳。她回去以后我们在她生活上和过年节的时候，给她一些接济，直到前些年老人故去，寄去一笔送终费。

3. 成长中的小波折

小刚患麻疹，来得很急，烦躁不安，不能入睡。他爸爸一手抱着他想哄他入睡，坐在书桌旁；另一手还在工作。也不知是灯光照射还是抱得太紧，发现孩子颈上脸上很快出现很多红点。于是赶紧去医院急诊，医生说是出麻疹，一定要通风好、不能让灯光照、不能受寒也不能抱得太紧。这次真使我们吓了一跳，也增长了带孩子的经验。幸运的是小刚很快好了，没有大麻烦。

另一次，他因感冒到白求恩医科大学医院门诊，不幸染上了肝炎。从医院回来第二天，他开始全身出现黄疸。我们感到不妙，赶快抱去医院急诊，确诊为急性黄疸肝炎，当即收住传染病医院。因为孩子太小，又是急性传染病，医院要我亲自留院陪住帮助护理。正好在这天下午，十二中造反派同学要斗学校领导中的"走资派"，而且限令所有班主任参加陪斗，我自然也在他们要参加的名单之中。但因我要陪小刚住院，我反而因祸得福，没有参加这次陪斗。以后在整个"文革"过程中，同学们一次也没有斗争过我。但小刚这次病得不轻，对他健康伤害不小，幸而是急性治疗，又有李妈的帮助，不久肝炎就彻底好了。

华刚四岁时就有了一个弟弟怀东。那时全国"文化大革命"已经开始一年多，极"左"思潮泛滥；工厂停工、学校停课"闹革命"。我在长春市第五商店门口，正好碰上一群造反派手里牵着一个个腰捆绳子、头顶写着他们名字的高帽的"牛鬼蛇神"游街。当时看到有大庆油田的劳模王进喜，吉林大学、白求恩医科大学等校的教授等一大群。造反派一边用鞭子抽打着赶着他们往前走，一边还喊着"打倒反动权威"、"打倒牛鬼蛇神"！当时我看到这情景，心里难过极了，感觉到天好像要塌下来似的，不觉热泪直流。好在当时我和岳生还没有挨斗。

"文革"闹到1969年、1970年的时候，我们作为"逍遥派"也不参加大串联，几乎无事可做。于是岳生和我商量，决定回一趟湖南，看望自1950年离开后再未见面的哥哥、姐姐，而且一定要带着小刚一起走走看看。于是岳生独自带着小刚，从长春乘火车到大连，由大连坐船去上海；在复旦大学老同学家稍事停留，再乘火车到长沙；由长沙乘汽车到桃江县马跡塘附近的柞溪水坝（资水之上）；再步行一小段，才到了岳生大哥在乍卜街上的新家。这里离岳生出生成长地车门墩农村还有12华里。

这次长途跋涉，时间超过一个月。小刚虽只有5岁多，也还是有许多新鲜、陌生事，给他留下一些印象。这点我从他以后的作文中感觉到。首先是农村的贫困，住房的黑暗，叫他吓了一跳。在岳生姐姐家，她正躺在病床上；床上挂的是又破又脏的蚊帐，伸进头去黑得看不清他姑姑的脸，小刚吓得后退。他看爸爸几乎要流眼泪。幸亏这次岳生回去，将他姐姐送到了长沙湘雅医学院老同学张之炯的科里住了院。有他姐姐的儿子照顾，很快治好了她的病；以后还活过了90岁。那次乘火车、汽车、轮船，对小刚都是第一次，尤其是从大连去上海的船上，看到许多大鱼跃出水面、来回穿梭，在船的四周寻觅食物，听说小刚看得十分高兴。这次岳生却付出了很大代价，在农村发作了哮喘病，幸亏及时得到了控制。

4. 倔脾气的孩子

1974年我们家从长春的吉林大学调到了广州的中山大学。当时正遇上国家困难时期。凡是有户口的居民吃的粮食、肉类、副食品都是按时定量供应，每个月每人才供应2两猪肉，而且是指定地点和时间的。那时我们家供应猪肉的地方离家有十几条街区。有一次，小刚和邻居的女孩笑梅作伴一起去。因为要排队，晚了就买不着。那次他们早上5点出发的，我和笑梅的妈妈为他们的安全提心吊胆。等到早上快8点才回来。笑梅手里提着几两肉高兴地说："幸亏我排了两个号的队，不然也买不着。"小刚却是低着头，两手空空。他满脸愤怒地说："我明天一定会买回来！"第二天他4点就起床要走。我要他姐姐跟他一起去，他坚决不干。结果不到早上8点，他就提着肉高兴地回来了。他从小就是个倔脾气，但是他是一个很讲理的孩子，我们没有看见过他和左邻右舍的孩子吵过架。家里分配给他做的事他都能保质保量地完成，而且从不在外人面前夸耀。他也从来没有和姐姐、弟弟分抢过东西。

随着1977年大学高考招生的恢复，特别是改革开放后，学校招生规模的扩大和教职工居住条件的改善，许多老师家分得了新房便逐渐搬走，最后只留下两家。一楼住的是中文系的王起教授，二层就是我家。一直住到2000年，按照新的房改方案，我们购得了现在住的产权房——中山大学康乐园内的园西区747号之一1401房，一直住到现在。

高考制度恢复后，对全国适于高考年龄的年轻人和家庭都十分高兴。尽管当时还是实行职工固定工资制度，各家收入有限。但是不少家庭若孩子考上了大学，爸妈就奖励他们出去看外面的世界，给他们一份固定的钱，愿意上哪儿都可以。一个人去或者和同学结伴同行也行，但是钱花完了就要立即回来，不能多花一分钱。华刚考上了大学，我们也给了他这个权利。那次他出去第四天应该回来，但等他到第五天还不见踪影，把家里人急坏了，要找也无处可寻，直到第六天下午才到家。我问他为什么这么晚才回来，他笑着说："你只说了不准多花一分钱，没有说只准玩四天。我晚上睡在火车站的休息室里，饿了就在小摊上吃点东西，省下的钱就多玩了两天。收获还真不少！"我连忙点头说："这样好！好！"

5. 不怕艰难，敢闯

大学毕业后，小刚被留在中大计算机科学系当老师。他在系里教学很认真，和同事关系相处也很好。但是还是话不多。有些和他爸爸严肃求实的作风相似。不久，邹至庄教授向国家教委提出建议：他愿意推荐50名中国学生到国外培养，学习计量经济学，由国家教委在全国高校选拔。华刚决定报考。我当时觉得专业不同，又是在全国招，希望不大；但我没有说什么，让他试试也可增加一些经验。不想他竟在全国考上了第五名。后来被推荐到加拿大皇后大学读完硕士学位后，又到美国洛杉矶加州大学读了博士学位；毕业后在香港科技大学工作了三年后，转到美国金融系统工作至今，已成为这方面的专家、权威！

这孩子有一股不怕困难的劲头，宁肯个人扛着，也不向别人叫苦，特别是有不让我们操心的劲。一次大雪的冬天，他从西雅图搬家到洛杉矶，自己一个人开着车，在途中翻了一次车，幸好没有出大事，仍然安全到达。他一直瞒着我们，连提也没有提起过这件事，仿佛很平常一件事；一想起来我们都后怕。对孩子们在美国，我们最操心的就是他们的安全；而他们最关心我们的，就是让我们放心他们的一切，不让我们感到他们有半点不平安！

还记得他在加州大学读博士学位和工作期间，他踢足球不幸骨折，在几个月的时间内，他每天撑着拐杖，坐公交车往返于住地和学校之间，工作又很繁重，那真是不容易的一段时光，是我们亲眼所见，但他仍是若无其事。

华刚和建建结婚时与双方父母及姥姥在一起

华刚处理问题严肃认真的态度令我十分佩服。如他和妻子曾建建婚前已是大学的同学，又是要好的朋友；而且建建常到我家来玩。在我和她爸妈的心里以及邻居的眼里都认为他们只是还未举行婚礼的一对。但意外的是有一天，华刚给我一封信，竟是向我们征求他想和建建结婚的请求。我们看了以后，对小刚和建建这种严肃认真的态度既高兴又好笑，很快为他们举行婚礼。当时岳生正住在省人民医院，只能请假出来参加婚礼。我们又不懂广东操办婚事的习俗，事先没有为他们周详的安排。虽然也在酒店请了客人，但结婚当天竟没有到建建家迎亲，任两个孩子自己走来的。一提起这件事，我们总觉得对不起两个孩子，也对不起建建的妈妈。她妈妈我们早认识，是广州六中的钟小萍老师，她是一个十分通情达理、乐观开朗的人。后来说起这次婚礼，她开玩笑说："好像我这个女儿嫁不出去似的……"我们都哈哈大笑！我们之间的情谊更加深沉，常常互相牵挂。

华刚骨折时留影

　　2013 年，我住肿瘤医院手术前，建建的妈妈亲手制作了一套反映家庭亲情、相互关爱的图片，送到我的床前，以鼓舞我战胜疾病的斗志，温暖了我的心田。我今天健康能恢复得这样好，亲情友情给我的力量，是怎么估计也不会过分的。

2014 年 3 月，我们祝贺小萍老师八十华诞

6. 聪明淘气的一对孙儿

小刚和建建有一男一女两个孩子，大的女儿叫 Amber，中文名叫欣欣，生于 2001 年 7 月 23 日，就是美国遭 "9·11" 恐怖袭击的那一年。我们次年去纽约他们家看望时，欣欣还是她爸抱着一起去时代广场看塌毁的遗址的。她弟弟生于 2006 年 4 月 2 日，名叫乐乐，长得比较黑，但很灵巧活泼。每次和他们乘车外出时，上车欣欣一开口就 "席百尔"（Seat belt），也就是提醒系好安全带。他们自己当然都捆得好好的。这都是美国长大的孩子从小就养成的交通安全观念。

2009 年 8 月在挪威黎明号游艇之旁

我们一起在游轮上泡水

在小刚家住的时候，我们一起出去旅游的次数不少。特别是 2009 年 8 月 9 日到 8 月 16 日，他一家又陪我们两个共 6 人，乘挪威号游轮（NCL）从纽约出发到百慕大旅游一周，在游轮上饱览了沿途周围的景色；还和两个孩子一起在游轮上泡水、游泳、打乒乓球、听音乐会和参加开发智力的讲座等，和两个孩子变得更加随意和亲近。回到家里虽然住不同房，总要找机会到奶奶和爷爷的床上蹦和跳，玩完了再去学习或睡觉。

在大西洋之滨旅游

　　欣欣有开朗的性格，很喜欢跳舞、打网球。2013 年在中学七年级获得了年级学习全优奖和百米跑第一名证书，是一个发展很全面的孩子。弟弟比较淘气好动，喜欢中国功夫，没人指导自己也比划几下，常在自家后院篮球架下抛球玩耍。他的长相自诩为"奥巴马"，仔细一看还真的很相似，特别是皮肤黑黑的，比较瘦而有活力。他的脾气比较倔，和姐姐争吵起来总不肯相让，直到爸、妈要批评他时，有时他就自己跑到小洗手间里去罚站，一句话也不说，弄得大家觉得好笑。这样站几分钟后就出来了，矛盾也解决了。是一个既机灵又善于看人脸色的淘气包。

　　记得四年前他们一家来广州，我们一起去上街。走到中大西门口时，他就不走了，说他累了，伸出手要他妈妈抱。他妈妈当时身体已经有病，不过还是把他抱了起来，但是很吃力。我就走上前去对他们说："乐乐，你走不动就不要跟我们出去了。你妈妈抱不动你。"他马上眼睛一转，说："妈，我可以下来走。"他马上从她身上遛了下来。以后我再也没看到过他要他妈妈抱过了，而且走得很好。几年前在美国他家中，由于家有一个带大他的保姆，他就不好好吃饭，保姆还要跟着他喂。但是只要听到他爸爸下班回来了，他就立即好好去坐着吃。有一次他没有注意，等他看到爸爸已近在眼前了。他眼睛一转，立即朝平时他犯了错时关他的小房里走去。我看了之后真佩服这孩子的机灵。

欣欣（Amber）喜欢芭蕾舞

在美国自由女神像下

乐乐刚上小学，很喜欢算术，他在 51 秒内加法算得快，得了" +5，100% 神奇数学奖"。老师推荐乐乐代表班级去参加数学竞赛，结果得了第一。更有趣的是，他们社区图书馆于 2015 年 3 月 14 日开展圆周率 π 日活动（因为 3. 1415……有五位数与该月、日、年重合），让小读者们在没有任何准备的情况下背出圆周率的尽可能多的位数。结果乐乐竟连续背出了 32 位，破了小图书馆的记录。回到家里后他再默记了一下，然后一口气背到圆周率的 68 位。可见这个孙子有着很不一般的记忆力，尤其有对数字的奇妙感觉和对数学的自发兴趣，令我们很欣慰。或许他会是一个好的数学苗子。

姐姐常常带着弟弟玩和学习，她的兴趣和爱好也影响了弟弟：比如学汉语、背唐诗，从小双语学习都很不错。姐姐懂得很好地爱护弟弟。在欣欣八九岁的时候，一次傍晚，他们一家陪朋友外出回家时，姐姐和弟弟走在最前面。在直奔二楼时，欣欣突然发现屋内有一个黑影，仔细一看是一个窃贼爬到了他们家。她冷静地将弟弟护在怀里，躲在暗处，故意弄出声响；窃贼不知虚实，不敢直接下楼伤及家里大人，只好跳窗而逃！然后欣欣立即报警。这件事显示出孩子的聪明与无畏。

小刚和建建在美国工作流动比较大，走的地方多，家难以安定下来。最后虽定居在纽约，但纽约城区大；从他们居住地长岛到曼哈顿去上班，早上自己开车去还不如先开一段汽车再换乘城市火车，耗时都要一个小时以上；晚上下班回来也一样。这自然影响到不能有更多时间陪孩子，只好请一位中国阿姨帮助照顾。尽管如此，他们仍努力严而不娇地培养两个孩子，使他们全面健康地成长；所付出的辛劳，也是难以想象的。

7. 感人肺腑的亲情

小刚这孩子刚工作不久，又有两个孩子，自然担子很重。但不管怎么忙，我们每次到他家里，他总要安排时间亲自开车带我们到远处旅游。如从休斯顿到佛罗里达来回一趟，游玩一周；途经坦帕海峡大桥的开阔景观，终抵迈阿密西棕榈滩等大西洋沿岸美景；从纽约到加拿大来回开车又是另外一周；这一趟途经许多著名城堡，去了华刚获得硕士学位的加拿大皇后学院参观。这些旅游，使我们观览了奇特美丽的各色风光，愉悦了我们的心情，增进了我们的健康。在其他两个孩子家，也都或近或远地陪我们一起度过他们的节假日。三个孩子家都不让我们帮他们做任何家务；总要我们休息好，不仅看美国电视，还为了我们而开通了中文电视，使我们尽享和儿孙们在一起的天伦之乐。

华刚在纽约新家门前合影，孙儿们又长高了

怀东和几个亲人在华刚新家做客

在美国，我们还直接应邀或顺访过不少好友，他们都曾是我们在国内的同事或学生，是事业上的成功者。如去过许跃生和玉梅在北达柯达大学的家中，陪同我们参观了密西西比河的源头；去过他们在叙拉古大学家中，路经该地我们去布法罗参观了尼亚加拉大瀑布。

好友许跃生在美国陪我们走过许多地方

小刚陪我们去加拿大时，住在贺交生和小陶家中；小东陪我们去达拉斯时住在朝红阳和陈宏家里。他们都给了我们最亲切的关怀与照顾。

此外，岳生的同行朋友石根华先生邀请我们去夏威夷参加他们的婚礼；谢干权先生在旧金山热情接待我们；欧阳同学在他住处与我们相聚；等等。这一切都使我们留下了美好的记忆，也对这些朋友怀着感激之情。

在加拿大渥太华，与贺交生一家留影

彼得堡大学罗蒙诺朔夫英雄像前　　　　　　　在芬兰访问

（三）聪敏谦让的小儿——怀东

1. 属猴的顽皮孩子

我们最小的孩子怀东，生于 1968 年"文革"时期，属猴，他真像一只机灵活泼淘气的猴子。生下来后主要靠自己哺养，有一段时间请相距几个胡同的老太太带，每个周末接回家。因老太太心地好，又会带孩子，吃住寄养在她家我们也放心。只是周末晚上接回来，周一早晨再送去。因改变了他的生活习惯，有时他半夜醒来哭闹，不肯睡觉，有点妨碍隔壁的同屋邻居休息。我们只好把小家伙抱到屋外，在马路上走来走去，哄他安静下来。好在这段时间很短。

机灵淘气的小儿子怀东

小东长得很健康，从未生过大病。性格好动，喜欢在各种大楼门前阶梯扶手上滑来滑去。在幼儿园睡午觉，有时喜欢用小草之类捅小朋友的鼻子，逗得他不能好好睡觉。

小东六岁，我家从长春迁到广州中山大学后，住在东北区 32 号二楼。下楼时他总是喜欢沿楼梯木护栏滑下，不老老实实走楼梯。有时还做鬼脸，惹得大家发笑。他爱逗邻居家心爱的猫玩耍。中秋或元宵节，有时弄破了和他玩的小朋友的小灯笼等。有时惹得大人追赶，他一面笑一面飞奔逃窜！一次听说要演习预防地震，他竟自己准备了一条长绳索，说是要从三层阁楼滑到一楼，幸被我们发现制止，才未闹出麻烦。总之，他是又淘气又叫人喜欢，人家说他是一个人见人爱的孩子。

有时也叫我们提心吊胆，感到后怕。我们住西南区 76 乙时，附近有一个大鱼塘，水很深。有一次，他浑身上下湿透，满身滴水跑回家，看见我就喊："妈，我掉到池塘里了，自己爬上来了。"我真吓了一大跳，赶紧搂着他说："不要紧，学校水塘多，以后在水边玩耍格外小心就是了。"给他换了衣服，喝了一碗姜汤水，睡一觉，第二天就没事了。事后我们也感到，初来中大，对预防小孩溺水这点，我们事先提醒不够。

他虽淘气，但很懂事讲理。随着他慢慢长大，知道爸爸妈妈工作忙，身体不太好，也能主动跟着帮些家务，帮邻居做些小事。姐姐哥哥都很喜欢他，让着他，带着他玩和学习，有时还背着他去看电影。他小时候的衣服，都是捡姐姐哥哥的。他穿姐姐小时的裙子，在前面剪了一个口子，常惹得小朋友追着笑，他也不在意。他年纪虽小，也知道关心我们。当我肚子痛时，他在厕所陪着我；还学着帮我按足三里穴。到中山大学后，我们带着 3 个孩子在中大康乐园哲生堂数学系门口照的第一张相片，如实反映了当年衣着的特征。

2. 独立自主地学习

我们对孩子的学习，从来很少操心，对小东也是这样。这一方面是那个年代叫孩子分心好玩的事少，也和他们学习成绩确实比较好，让我们放心有关。但由家长会我们了解到，从小学升初中前有一段，小东学习注意力不够集中，数学成绩老师有些担心。我们提醒他要注意。不久，听小东说他班换了一位数学老师，要开展摘取"数学上的皇冠"的学习活动。说明这位老师很懂得激励孩子学习主动性的教学方法。从此，小东对数学的兴趣和学习的主动性，好像换了一个人。我们也高兴，从旁鼓励几句，但也没有陪他去做题。不出半年，他的成绩就跑到前面去了。不久他顺利升入了六中读初中，随后又考上了中学名校华南师范大学附属中学读高中。

报考华师附中是他和哥哥商量的结果，事先没有和我们讨论。他知道我们不会反对。其中有些小插曲，他也未告诉我们，是后来才知道的。六中老师开始不同意他报考华附，希望他留读六中；并且告诉他，如果考不上华附，六中也回不了，只能去差一些的学校。这对他的自信心和独立性是一个小小的考验。但他断然决定考华附，后果由他自己负责。结果真被他考上了。通过这次双倍的考验，真令我们欣慰！这种独立自主性，比学习成绩还重要。在他以后的学习与工作中，继续表现了出来。

3. 满怀信心迎接高考

由高中升大学，他想考中山大学电子系，这点我们表示支持。但在考试前一周，他突然得了重感冒，发高烧，在家晕倒了，还住进了校医院。我当时行走不便，因骑自行车被别人碰倒骨折未痊愈。他爸爸还在外地开会未回来。医生、护士同志们本来就很喜欢这个孩子，听到高考前遇到这种困难，也为我们捏把汗，照顾也更加精心。幸好到高考时，他已经退烧可以参加考试了。但仍比较虚弱，也只能让他往前冲了。他自己仍满怀信心，没有因突然的高烧而显得脆弱娇气。考试的结果，正如我们所料，超过了电子系的录取分数线，他如愿入读了中山大学电子系。

他也和他哥哥一样，在中山大学读书，学生宿舍在东北区，离我们家东北区 32 号只有几百米距离。在家吃、住本来比较方便的。考虑到集体生活对孩子的成长有好处，同时因为我和他爸工作都忙，他们俩都去和同学们一起住集体宿舍，吃、住、玩都在一起。既可让我们俩中午可以休息一下，又可到周末回家来改善一下伙食，一起参加家务劳动。

同学们一般都不知道他爸爸当时是中山大学校长，他们好在都不用我们提醒，没有任何"特殊感"，和同学们都处得很好。在如何做人这些方面，我和他爸爸真的没有操过半点心。这是孩子们给我们带来的幸福。

在电子系入学军训期间，小东表现很好，已经预评通过评他为先进。这时他爸爸作为中山大学校长去郴州军训地看望学生，军训老师才知道他是校长的

在康乐园中区草坪与怀东在一起

儿子。接着老师给小东做工作，要他把名额让出来，评另一个同学为先进。他心里虽然不乐意，但还是答应了。从这件事，他更加意识到，凡事都要靠自己努力。不仅不能靠爸爸妈妈让自己轻松容易些，反而可能要更加努力，才能得到他想要达到的目的。

4. 自主和艰苦奋斗的留学生活

20世纪80年代考上中山大学后，只要肯努力，争取出国的机会比较多。他的姐姐哥哥都到美国学习去了，家中只剩他了。不少朋友都跟他说，小东你可要安心留在中大工作啊！他总是笑笑，既不否定，也不点头。我和他爸爸也知道他肯定也想出去学习。我们不表态，既不反对，也不支持。但是那个时代如果不是国家送出去，或学习特别优秀拿到国外奖学金出去，还是很难的。除非有什么特殊途径，能找到国外的经济担保。

此时小东正好赶上了中山大学体育设施得到了霍英东先生的支持的年代，学校率先有了几个质量一流的网球场，而且请来了著名教练指导学生开展网球运动。小东喜欢上了这项运动，球技进步很快，被教练指定为中山大学网球队队长。通过打网球，他认识了一位来自太平洋路德大学的教外语的女老师，既切磋球技，也相互学习英语和汉语。当该老师知道他想去美国留学，而且哥哥

在达拉斯，朝红阳陪同我们游玩

姐姐都在美国学习时，很乐意为他提供经济担保。等这个难题解决了，其他办成绩单、写申请函等等，都自主完成，也不需我们参谋。就这样，他大学一毕业，便按政策申请留学，顺利去了美国一所普通大学。

他原计划是去西雅图读书的，中间因学校招生的缘故，又是他自己作主转到了休斯顿大学去读电子工程硕士学位。他到该系后，恰巧碰上了他爸爸在中山大学的硕士毕业生陈关荣老师。陈老师当时已取得博士学位正在该系工作，当然都非常高兴。陈老师还问他为什么事先没有告诉他。其实小东也没有事先告诉我们！这件小事使陈老师对小东这孩子的独立自主能力留下了印象，以后对他十分爱护和关照。

我们到休斯顿去看望小东的时候，他还正在攻读硕士学位，和一位中国同学住在靠近黑人区安全相对稍差的地方。当晚小东很快给我们找来了一张床，让我们睡得舒服些。这一段小住，使我们真正感受到了孩子白天学习、晚上打工的辛苦。每晚都是我们睡下很久了，到12点甚至更晚才能回来睡觉，鞋子都不知道磨破了多少双！由此，我们常想到他姐姐和哥哥也都分别经历过打工的辛苦，特别是他姐姐在纽约深夜回家从黑人区经过的情景，对一个女孩子来说是多么紧张和害怕。其实在她们那个年代，最早自费去留学的，差不多都少不了到餐馆打工的经历，都要经过困难艰苦的磨练，才慢慢走上自立和过上较舒适安全的生活。

一个星期天，小东开车陪我们到稍远处游玩，很高兴地告诉我们，昨晚打工有110美元的收入。不巧就在这次的途中，他的汽车一个轮子在高速路上爆胎了，幸亏他开车熟练，慢慢停下来，没有酿成车祸！把车停到安全带，再打电话请将车拖到就近维修站，这一修，他昨夜打工赚的钱全投进去了。我们大家都哈哈一笑，总比出车祸好上何止万倍！

小东和我们游玩加文斯特港湾

与小东、婷婷在休斯顿家中后院种树

小东从到休斯顿学习开始，只要我们在他身边，总要挤时间陪我们到就近景点看看。工作后陪我们走的地方就更多了，如独具特色的圣安东尼奥、德州首府奥斯丁、肯尼迪当年遇刺地达拉斯、德州农工大学所在地大学站，等等。小东和婷婷带着孩子还不只一次陪我们到墨西哥湾的优美景点加尔维斯顿观赏海景，一起逛商店；聪明的小佳佳进出电梯时总要提醒奶奶和爷爷"要小心！"一句简短的话语，传递着暖心的亲情。

5. 一次难忘的国内合家游

2010 年春天，小东和婷婷下了很大决心，把假期累积起来，带着两个孩子一齐回国，要请我们和在北京的亲家共四位老人到国内旅游一次。我们建议一起去云南、四川一线，因为沿线有许多新景点大家没去过；更因为我有一个姨侄黄湘云在昆明工作，早就邀请我们去走走；他既热情又熟悉，还能开车，能给我们出些好主意。在昆明及其附近，他亲自接待和陪同我们，十分周到热情。不到两岁的小宇，特别喜欢他、在昆明总要骑在他的肩膀上，好像早就是认识的亲人一般；我们开玩笑说，因为黄湘云是体育健将，有力气、有肌肉、骑在他身上感到特别舒服。

离开昆明后，我们乘汽车经楚雄去丽江，游玉龙雪山；又从丽江乘飞机到西双版纳、再由西双版纳直飞成都。以成都为据点，继续游乐山大佛和峨眉山等景点，最后由成都回广州。一路上孩子们喜欢看的东西很多，大人也看到了祖国的新变化。如昆明湖上成千上万的白海鸥与游人嬉戏、楚雄世上最大恐龙化石、丽江古城的新姿、玉龙雪山的凛冽景色、西双版纳的大象、乐山大佛的雄伟、峨眉山的新春景色、稀有的乌木雕塑……只可惜一周时间跑的地方太

小东和我们参观休斯顿斗牛场

小东、婷婷和我们的好友杨力华、杨宏奇两家在一起

和小东、婷婷同游广州　　　　　　　　　　　小东陪我们、二伯与好友游南沙

多，在成都停留时间太短，连有名的成都街头小吃都没有时间去逛逛和品尝。这都是我们日程安排不周的地方。这一次可把小东、婷婷累坏了，登雪山，攀石林，小宇要抱着不离手，还要照顾佳佳和老人。听说小东回去后，好长时间才休息过来。但这一次老少八人相依相扶的合家游，真是一次难忘的经历。

小东爱打网球，这种兴趣一直保持到今天。在美国也参加业余网球比赛，既愉悦了身心、增进了健康、又交了不少球友。他哥哥也很喜欢打网球。他们回广州看望我们时，总要和广州的年轻球友甚至老年教师球友玩玩，展示一下球技。网球是一项老少咸宜的运动，小至几岁的孩子，老到80岁以上高龄，都可以培养起兴趣，挥舞几下球拍。所以他们的喜好，加上中大网球设施比较好，也影响他爸爸的喜爱。前些年，孩子们常常带些英文网球杂志或书籍如《可视化网球》（*Visual Tennis*）给他爸爸，传播比较先进的教学网球理念。岳生每天早晨去网球场打球前，总要抽10到20分钟读一点英文网球书刊，他说这帮他扩大了体育英语词汇，又学到了一些打网球的基本功。提高打网球的兴趣，健身又健脑，是一举多得的事。只是近年查出有些疾患，医生认为他不适宜这种比较激烈的运动，才不得不割舍这一爱好，改为通过散步，学八段锦等方式健身。

6. 聪明可爱的孙儿女

小东的妻子张青峰是北京人，平时称呼为婷婷，毕业于成都建筑工程学院。

他们在美国认识结婚，都从事软件工程工作，育有两个十分聪明可爱的女儿和儿子。他们除了工作，就是把心血倾注在两个孩子身上，既爱又严，十分精心，我们自愧不如。

小东和妻子张婷婷结婚照

小东、婷婷抱着佳佳和小宇和双方父母在一起

小东一家在西双版纳

可爱的佳佳和小宇（Kevin）

和孙女佳佳（Rachel）在休斯顿家附近漫步

和佳佳、小宇在一起

　　在 2009 年，我们在他们家住了三个多月，在和两个孙儿相处的那段日子里，给我们留下了幸福难忘的记忆。当时孙女佳怡不满 3 岁，弟弟铭宇不到 1 岁，但他们的独立生活能力，不亲自看见是想象不到的。两个孩子都送到幼儿园的不同班级，早七点左右坐爸妈的车一起去，晚七点左右接回家。

　　早晨起床后这段时间是特别短促急迫的，但他们忙而有序。佳佳单独住二楼，和我俩隔壁相邻，从起床、穿衣、洗漱、吃早餐，全部自己做。弟弟起来后，高高兴兴地在地上爬，弄玩具，有时我们逗一逗；然后很听话地和姐姐一起吃早餐。早餐后，姐姐坐在门口的地上自己更衣、换鞋；弟弟坐在地上也老实地等着换好衣鞋；爸妈一人抱一个，说声和爷爷奶奶再见上车就走了。动作之迅速，时间之准确，不是用心培养成的良好习惯是不可能做到的。他们养育两个孩子，想起来很简单，即使我们在那边，也不要我们帮忙，也不要亲家两老操心（当时他们也在），为的是让我们真正休息好，尽情享受天伦之乐。其实他们俩半夜要起来喂奶，晚餐如果不一起在外面吃，还要亲自做，尽量不让我们插手。周末还要为自家庭院剪草、修花、浇水，只有忙完这些后才能抽些时间一起出去玩玩或打打网球。他们真的紧张而辛苦！

和我们在一起的时候，孙儿们总能叫我们高兴。早上起来后，佳佳总要到我们房间问爷爷奶奶早安；然后手牵手和奶奶一起下楼。从一层到二层的楼梯中间要转一个弯，距离比较长；不论是上楼还是下楼，佳佳总是边走边说："奶奶抱不动，佳佳自己走。"有时她还要边走边爬。为了鼓励她，我们拍着手在楼梯口喊："佳佳真勇敢，加把力，快到了。"等爬上来了，她便高兴地倒在我们怀里大笑说："爬到了。"去商店进出电梯时，看我们动作慢，佳佳总喜欢提醒我们："小心啊！"他们的双语教育真的是从娃娃抓起。在家里总用中文和我们交谈，一点困难都没有；那种亲切的童音，真温暖到我们心底。即使今天不在身边，这种天伦之乐也总是不能忘怀。

2009 年我们在他们三家各住三个月，轮流走一圈回来时，告诉他们："今后我们不再来美国看望你们，等你们回来看我们。"好在视频通话很方便，每周都能听到他们亲切的声音、看到他（她）们迅速成长的形象；尤其是汉语表达能力的进步，更让我们高兴。如一些朗朗上口的唐诗，佳佳已能背很多首了，如"鹅、鹅、鹅……"、"春眠不觉晓……"、"日照香炉生紫烟……"等；更叫我们称奇的是背《三字经》，竟可以一口气从头背到尾，如果不打断她，真可以背完。

佳佳中文英文阅读面广，表达能力强，毫不奇怪她获得 2013—2014 年"最佳读者"奖状。这点我们自己也做不到。

昨天（2014 年 8 月 28 日）不到六岁的小宇，不仅背唐诗，还给我快速地一口气背下了"九九乘法表"。佳佳还告诉我们，弟弟和她在同一个学校学习，上学前班。下午放学后，中文学校再接他们去学习两小时左右，直到爸妈下班时把他们接回来。一切都安排得井然有序，充实而不枯燥。孙儿们总是不断给我们带来令我们开心快乐的好消息。

佳佳去年（2013 年）在电话中，给我们从头到尾一字不差地用准确的中文背诵了《三字经》，实在令我和爷爷十分惊讶和佩服这种记忆和才能！在明年（2015 年）的寿宴上，我想截一段《三字经》起头叫她接着往下背，看她现在的记忆能力如何，我相信她会获得热烈的掌声。

现在每到周六、周日和有休息日的节日，我们都会，也希望能与他们和他们的爸妈通话，也希望看到他们的唱歌、跳舞、运动等表演；讲话和表演是用中文的就更好！这是爷爷奶奶每周期待的与三家儿孙们一起，最为高兴快乐的时刻。

怀东一家近照

这是前两年在我们家客厅中

七、幸福的终身伴侣

（一）相遇在丰富多彩的新中国成立前夕

1. 患难中的少年情谊

在风景优美宁静的南岳大庙西侧，就是当年湖南有名的国立师范大学附属中学。新中国成立前夕南岳的这段生活和平时正常上学完全不同，同学之间有许多闲暇时间相处。也就是在这段时光里，我和岳生增进了相互的了解和情感。在闲谈中他告诉我：他有两个姐姐和两个哥哥，姐姐都已出嫁，二哥出生不久就过继给了邵阳的亲戚。父亲年刚半百，为救抓了壮丁的姐夫，被关了一年多才放回来，回来后就患了痨病，因无力用药医治而去世。只有靠大哥挑着货担做点小生意，和母亲养猪做豆腐、纺纱做鞋等维持生活。母亲虽然不识字，但为人和气善良，和邻里关系很好，常常互相帮助。当只有我一个人在她身边时，母亲常跟我讲一些人穷志不穷、孟母三迁和孝敬父母的故事。家里虽然贫困，但她还是千方百计让我去读书。看到母亲度日艰辛，常无隔夜之粮，只能吃些红薯、南瓜和蔬菜充饥，却常给我多留下一口米饭。每到雨季，草屋到处漏雨，母亲总把我搂在怀里保护。我也常在母亲身边陪伴，端茶送水；冬天还替她温席暖脚，给她带来安慰……每当岳生讲起这些情深义厚的母子之情，总使我激动不已，甚至热泪盈眶。我虽有母亲却不能使母亲在身旁，而要受后妈虐待，使我生活在痛苦之中。我希望快点长大，陪岳生一起去看看他的妈妈，分享她的亲子之爱！

岳生在南岳国师附中宿舍前留影　　　　　　1943—1944 年岳生在信义中学上初中

　　在等待新中国成立的这段时间里，我和岳生的相处已使我们无话不谈，了解也更加全面。尤其是他童年时代的聪明智慧令我十分佩服。他告诉我："他们家乡有算卦、拆字的习俗，他觉得有趣也学会了。"那次有个牛贩子到外乡去买牛，逾期不归，要我帮他拆字。我要他出一个字，他出了一个"午"字。我一想，冰天雪地路上难走，摔断了腿不能走了，只好杀了，牛字只少了头上一笔。会回来的！第二天果真挑着牛肉回来了！还有一次，我家的母猪难产，我哥哥要我拆字，他出了一个"醜"字。我说点灯为酉，今晚有鬼，一定凶多吉少。不久这窝小猪仔几乎全死了。这两件小事叫人称赞，母亲高兴这孩子真聪明！我学习成绩一直不错，数学成绩一直是排在全班第一；但家境实在贫困，有时交不起学费也只好休学一段。老师还到家来鼓励母亲，说你这孩子实在很有培养前途，要想办法让孩子上学。听了老师的话，我母亲下了决心，为了我能继续读书，决定将我过继一半给一个远房亲戚，凑集一些经费让我能够继续读书。"

这半年多的同组活动，我们都生活在期待新中国成立的欢乐中。我和岳生的情感也由较要好的同学逐渐成了产生互相爱慕的朋友。

岳生回益阳一中①（原信义中学）参加校庆活动

2007年10月，在安化的茶马古道上

2. 衡山中学的纯情友谊

新中国成立了，我们在学校的生活在党的领导下生气勃勃，面貌焕然一新。首先是学校由南岳国师附中合并到了衡山中学。学校的领导和老师有不少是共产党员，教学和生活都井然有序。我和张之炯的寝室在二楼，下面大路就直通山下、到山上，路的对面就是宽阔的运动场，可以打篮球、打排球。我们常常在寝室窗口看岳生他们打球。岳生他们高年级的一些男同学，住在离教学区稍远的原是老百姓的住房里。我和之炯还常到他们那儿散步和做饭吃，别有风趣。岳生比我们大四五岁，大家都把他看成是我们的哥哥，使我们的接触非常自然。

---

① 益阳市第一中学（其前身是信义中学——岳生初中就读的学校），1944年因日寇侵略被迫迁校至安化黄沙坪，离东坪五华里。

岳生年轻时　　　　　　　　　　岳生在莫斯科大学门前（1961—1963年）

　　1950年的春天，我们在衡山中学只呆了三四个月，岳生就到了高中毕业前夕。正好有沈阳工学院最早来湖南招生，岳生和不少同学怀着建设东北工业基地的理想，考上了这所新大学。

　　他满怀喜悦准备回家，要把这个好消息告诉他母亲。我本想和他一起去看望他的母亲，但是我要上课不能请假，只好要他带去我们相处的好消息，并向他母亲问好。没想到他的母亲竟在半年前在外劳动时被疯狗咬伤，未能及时救治发病而亡。岳生本来想告诉母亲，他要去上大学了，等他毕业一定让她穿暖吃饱，而且还会有一个好儿媳孝顺她；可是连一句孝顺话她老人家都听不到了！岳生只有把母亲生前对他的叮咛和教导牢记心间，告别了为了家中的生计和他的上学累驼了背的大哥，北上大学去努力读书奋斗。

2011年8月我和岳生重游南岳烈士陵园

2011 年 8 月我们重游当年读书的南岳大庙

我们读书时的大庙，当年没有"有求必应"和围上栏杆

在山嶽廟前

寻找少年时代的足迹

和小刚游滕王阁

（二）幸福的婚后生活

1. 简朴热闹的婚礼

岳生去东北上大学，我在 1950 年的冬天就参加抗美援朝去了武汉。我们虽然天各一方，但心却是连在一起的。1954 年战争结束后，我转业到了岳生工作的长春东北人民大学（后改名为吉林大学）人事处工作。1955 年 4 月 30 日，我们和岳生的同班同学伍卓群、唐奉怡一起，在同一教室同时举行了简朴的婚礼，买了一些花生、瓜子、糖果，不少同事好友和老师在一起热闹了一番。当时我还穿着军装，他们三个也没有穿新衣服，就这样开始了我和岳生在一起的幸福生活。不久以后，我们把我的母亲接来和我们生活在一起，使我和岳生享受着从未有过的亲人相聚的乐趣。我母亲也度过了她人生最幸福的晚年。

母亲与我们在一起的 20 世纪 50 年代

2. 力争实现一起腾飞的愿望

当时岳生已是大学教师，而我虽是人事处的干部，但仅初中二年的文化程度。如果我不学习提高文化是无法进步的，于是我和岳生商量我想利用一切业余时间尽快补上高中课程考大学。他赞成，并说一定帮我补习。但是不巧的是，不久我得知我将要做妈妈！第二年我生下了女儿——晓黎，而且得了"产褥热"，发高烧没奶，只好用牛奶喂。幸好我母亲和岳生都理解我要学习的心情，什么事都不要我干。经过三年的日夜奋战，我终于考上了东北师范大学中文系，实现了我也能和岳生一起腾飞的愿望。

1963 年我大学毕业，被分配到长春市第十二高级中学去教语文，兼任当时最乱的、后来许多造反派头头所在班的班主任。我把这个原来落后的班级变成了毕业班中先进集体，获得了 1971 年长春市第十二中学五好教工荣誉证书。

岳生的进步则更为显著。1953 年入了党。1957 年担任了聘请来的苏联计算数学专家的研究生和专业翻译。前来听课的是清华、北大等重点高校十多名青年教师，这些听课的教师就成了新中国第一代计算数学工作者。1961 年岳生还被派往苏联莫斯科大学进修两年计算数学才回到吉林大学。

3. 易地治疗哮喘调往南方中山大学

在中山大学岳生的哮喘得到了根治

岳生的哮喘越来越厉害，每到立秋时节就开始发作，厉害时不能躺卧，只能张着嘴呼吸。喘得厉害的晚上，我就陪着他，帮他按摩后背，但也无法解除他的痛苦，只有盼着快点天亮。学校领导十分关心他的治疗，还专门让他到北京协和医院去查他的哮喘过敏源，根据不同源进行治疗；还做过胸前"割治"；但也没有大的效果。医生看到他的这种受罪的情况，提出易地治疗，调到南方工作、治疗，或许可以摆脱这种病痛。

岳生觉得离开重点培养他的吉林大学，他开不了口。但我看到邻居患哮喘的老人冬天时的痛苦惨不忍睹，我就下定决心，既然可以易地治疗，就要试试。我当即和非常关心我们的齐东旭老师商量，他立即和我一起去找领导，要求利用寒假时间到广州中山大学去讲学工作一段，看能否适应当地气候，哮喘是否发作，再作决定。1973年秋联系了广州中山大学，向校领导如实讲明因哮喘在北方吉林大学实在难以适应，特来广州你校工作半年，看是否可以适应环境。中大领导十分欢迎，安排了他在这半年的讲课和科研工作。住在当时学校招待所（现在校工会办公处），结果是这个秋冬岳生的哮喘稍有发作，但并未影响工作，医生认为完全可以治愈。学校对他的讲学和科研工作则十分满意，欢迎调来中大工作。于是回到吉大将此情况向领导汇报后，我们提出调到中大去工作。学校有的领导不同意放走，提出还是在吉大工作，但冬天可以到中大去半年；老领导佟冬同志则同意走，他说"只要身体好了，到哪儿还不是为党工作！"领导意见有分歧。我们就直接找了当时学校工作的工宣队领导，向他们汇报了此事的前因后果。他们的回答很干脆："可以调动，中山大学不还是在中国么！"我们非常感谢领导同志对我们的关怀！

说来哮喘病也真难对付，就在1973年冬岳生从中大返回吉大办理南调的时候，不久他的哮喘病又一次严重发作，不得不又住进医院；稍有好转教研室的同志们要欢送他；他也想从医院出来，拜访老师和朋友告别。因室外严寒，他连这点活动也无法坚持完成，又再次住进医院！其间因家里收拾东西，准备南迁，空气不好，他还曾寄住在同学和好友伍卓群同志家里好几天。最后怕出问题，是从医院接送到南下的火车站；当时还有不少老师和同学来到车站相送。好友们形容是"狼狈逃撤！"旅途一路带着药物和针剂。原本计划在长沙停留几天，顺道回家看看，也因怕出现病情反复，只好由我带着三个孩子在长沙停留几天，他一人于1974年元旦来到中山大学康乐园。好在他的病一入山海关，便日见好转，所以我也就放心让他一人先去中大。几天后，我和孩子们从北国的冰天雪地，一入中大北门，看到满园春色，鲜花争艳，心情为之一爽，勾起了我对20世纪50年代曾在解放军广州军区后勤部工作一段的美好回忆，也告诉孩子们惊叹祖国幅员之辽阔，南北气候差异之显著！

1974年岳生和我，带着三个孩子顺利地调到了中山大学工作，不久他的哮喘就彻底好了。

1995 年中山大学工会赠照的结婚四十周年红宝石纪念照

中山大学康乐园北校门

全家在中大珠海校区

与冯大羽、齐东旭、张芳在北方工业大学

2003 年与邵明红、王师等朋友游三亚

逯峰、杨朝霞一家和怀东，我们在一起

北达柯达大学数学系主任梅森夫妇和朝红阳来家作客

岳生与齐东旭、胡日章等好友在一起

羊年邹至庄教授和夫人在我家相聚

我们同在越秀花市游览

与福州大学傅清祥教授一起游览湿地公园

好友朱天庆、李韵萍来我家

（三）战胜疾病尽情共享健康身心的快乐

　　我和岳生这几十年，是在不断与疾病作斗争并战胜病魔走过来的，直到年老的今天，还能享受比较健康的身心快乐，算是较为幸运的。特别是我，从小就不断生病，身体虚弱，前年做过一次较大手术，去年又再次手术，好像攀登悬崖一般，咬紧牙关，使尽全身力气，才爬上了高峰！连医生都认为，我能有今天的健康，真不简单，一定有许多健身的心得体会与大家分享，包括自身的努力和亲人朋友的关心爱护等等。

欣欣和乐乐在纽约爬围墙

在瑞典访问

同游北欧五国

107

　　岳生的哮喘病，能得到根治，首先要感谢吉林大学和中山大学两校领导同志对我们的关心！我自己能不断战胜各种疾病，也首先要感谢社会主义的公费医疗制度，提供了可靠的保障。

　　在我们战胜疾病的过程中，前前后后得到了许多朋友的关心、帮助和支持，从少年时代的张之炯、刘美珠，到吉林大学的王师、齐东旭，再到今天的杨力华、杨宏奇、郭静、逯峰、杨朝霞、李大红，等等。朋友的名字还可以写出一长串，他们或送急诊住院与住院陪伴，或平时问寒问暖等等。温暖的友情，给我们增添了战胜疾病的力量。

和朋友们同游黄山

2014年3月，俊芬与怀东和我在一起

佳佳在表演小提琴

与李大红及她女儿、儿子在一起

　　孩子们虽远在万里之外，通过电话、微信、视频等种种方式，经常和我们保持密切联系。特别是孙儿孙女们，常常从远处传来亲切的歌声、背诵唐诗或观看他们获得的奖状，使我们倍感欣慰，充满了家庭幸福之情。

李大红帮我按摩已多年

欣欣打网球的姿态已有一定的水平

佳佳和铭宇扮演小数民族孩子多可爱

铭宇习武

我和岳生退休后，则是朝夕不离，散步同行，风雨无阻；一生相互扶持，携手前进。我为他战胜哮喘操心费力；他为我战胜各种疾病相伴左右，成为我的靠山。岳生是一个从小爱运动、爱学习、好思考的人，直至80岁高龄，他还爱好网球运动，学习网球英语。从国家大事到身心健康，他总是向我传递积极向上的信息，共同保持身子常动、脑筋常用，达到健脑、健身，相互促进。

在康乐园东北区 329 号家门前，准备去打网球

在桃江资水之岸相扶牵手而行

一起观赏黄山美景

与王师夫妇一起游海南岛

铭宇踢足球真似模似样了

怀东的鬼脸把他的佳佳和铭宇吓得又惊又喜

　　我是一个从小养成独立自强性格的人，从不怕难不怕硬，对待疾病也是如此，不管什么大病，既来之，则安之。前年医生初步诊断倾向我得了结肠癌，并以此安排手术方案。张之炯还从长沙来到我床前开导，看到我十分平静，并不惊慌失措，也就十分放心。我觉得如果不能放松、听其自然；而是过度紧张，不仅于病无补；反而会使岳生压力更大，还会伤害到他。事实上，不用我多说，他已做了最好的准备。我的放松也是对他的信任。相互信任是我们能在疾病面前比较坚强的重要保证，也才能使我们共享老年的幸福生活。

　　要不断学习，不断充电。正像要保持均衡健康的物质营养一样，也要努力吸收健康的精神营养，跟上祖国前进的步伐和时代的巨变；把个人这一滴水珠，自然而然地汇入江河、流进大海。这样生命的源泉才不至枯竭，才能真正坚强起来。

2005 年我正满 70 岁参加学校举办的 70 岁祝寿会

2000 年学校为岳生 70 华诞举行庆祝

2005 年，我 70 岁了，真高兴！

2015 年，我们满 80 岁了！学校为我们举行了祝寿会

　　2015 年 4 月 21 日，农历是三月初三，是我 80 岁的生日。一般朋友不知道我农历的出生日。今年我 80 岁了，要专门过这个农历的生日，也是为了安慰我母亲的阴灵。三月初三这一天，我和岳生与李大红一起到东湖公园去过这个特殊的纪念日。这一天的天气很晴朗，公园里游人不少；有相爱的年轻伴侣，更有很多健身的中老年人。我高兴地参加他们的健身运动和他们一起跳舞；不时还接听着知道我今天生日的朋友打来祝贺电话。小李还带来了她庆贺我生日的风情刺绣，一边陪伴我们一边绣。岳生非常兴奋地陪伴我们，看我累了就要我坐在轮椅上一起游玩，真是享尽了人生的乐趣！孩子和亲友们看到我们拍下的此次活动照片，真的十分高兴。我是多么幸福！

今天我 80 岁了，真高兴，我也要参加跳舞

40 多年前我在长春市第十二中学的学生给我打来电话，祝福生日

李大红抓紧时间在绣庆贺我生日的风景画

在公园里岳生推着轮椅让我休息

姐姐70寿辰时，与姐姐、姐夫合影

退休后，在长沙与姐姐、姐夫等合影

在岳生家乡与嫂子在堂屋外边坐

与建新夫妇在南岳衡山

与姨外甥黄翔云一家在一起

与表妹也非和他儿子在饮茶

113

奋斗成长之路
——细研生长的人口学者

下编

人口科学文选与
年谱、证件

一、人口科学文选①

（一）关于马列主义经典著作列类问题的探讨②
——学习《关于建国以来党的若干历史问题的决议》

陈印陶

《关于建国以来党的若干历史问题的决议》（以下简称《决议》）对毛泽东同志在中国革命中的历史地位、毛泽东思想的形成和发展以及在新的历史条件下坚持和运用马列主义、毛泽东思想指导中国革命和经济建设实践等重要问题，都作了符合历史真实的科学的回答。这是一份重要的历史文献，也是今后指导我国革命事业继续沿着马列主义、毛泽东思想轨道前进的指针。《决议》的精神对于解决图书馆界存在的一些问题，如对图书分类法的编制原则、体系结构进行科学分析、总结和改革，尤其是解决马克思主义、列宁主义、毛泽东思想经典著作在图书分类法中的归类问题都具有现实的指导意义。

关于马列主义经典著作在分类法中的归类问题的争论，自新中国成立就已开始。早在 1950 年 6 月，在文物局召开的"图书分类法座谈会"上，就此问题进行讨论时，就有两种不同意见。有的同志主张集中在一起方便使用和宣传，有的同志则认为应按其性质分编到各类中去。讨论结果是前者居胜，后来发表和使用的各种版本的图书馆分类法，基本都是将马列主义和毛泽东思想专列一类，并作为基本部类的首类。

现在，《决议》正确评价了毛泽东同志在中国革命中的历史地位，科学地指出了什么是毛泽东思想，这便为我们探讨马列主义、毛泽东思想经典著作在分类法中的归类问题指明了方向。笔者认为有必要根据《决议》的精神，对这个问题开展进一步的讨论。

---

① 本文选包括陈印陶本人或与其他作者一起发表在杂志、文集中的论文和调查报告，遵照当时发表的内容，按发表时间编排。

② 本文原载于《广东图书馆学刊》1981 年第 4 期。

1. 图书分类法应该科学地反映马列主义、毛泽东思想在革命斗争实践中发展的客观规律

马列主义、毛泽东思想是在革命斗争实践中不断发展、完善起来的。从1848年《共产党宣言》发表到现在一百多年的历史，就是最好的说明。第一个社会主义国家苏联的诞生，是对马克思主义关于社会主义必须在全世界同时胜利理论的发展，毛泽东同志关于中国革命斗争以农村包围城市，最后夺取全国胜利的理论，是对马列主义宝库的巨大贡献，党的十一届三中全会、六中全会坚决纠正"左倾"错误，恢复党的实事求是的精神，坚持实践是检验真理的标准，作出了把工作重点转移到社会主义建设上来的战略决策，重新确立了马克思主义的思想路线、政治路线和组织路线，是新中国成立以来我党历史上的伟大转折。这正是在新的历史条件下，运用马克思列宁主义，结合中国革命实践中的新情况、新问题，使毛泽东思想向前推进了一大步。因此，不管我们承认不承认，马列主义和毛泽东思想必然会在历史的长河中不断发展、完善，这本身正是马克思列宁主义、毛泽东思想关于物质运动的客观规律。

图书分类法要科学地反映这种客观规律。然而，现行分类法将马列著作和毛主席著作专列一类，从而割断了历史，把五位革命导师的著作给予固定的类号，作静止的、孤立的反映，没有其他类号可以反映马列主义整个思想体系的发展。似乎除了他们，就没有马列主义和毛泽东思想，今后也不再有人和著作可称为马列主义和毛泽东思想。这样的归类，违背了马列主义本身关于事物发展的观点。

2. 图书分类法应该正确反映马列主义、毛泽东思想是集体智慧结晶的历史真实

什么是毛泽东思想？《决议》指出："毛泽东思想是马克思列宁主义在中国的运用和发展，是被实践证明了的关于中国革命的正确的理论原则和经验总结，是中国共产党集体智慧的结晶。我党许多卓越领导人对它的形成和发展都作出了重要贡献，毛泽东同志的科学著作是它的集中概括。"这就明确提出了毛泽东思想不只是毛泽东同志个人智慧的产物，同时是他的战友们和革命人民在长期革命实践中取得的智慧结晶。我国许多杰出的革命领导人的著作和我党历史上历届中央委员会所作的正确决议，制定的正确方针政策，都是毛泽东思想不可分割的部分。随着历史的发展，今后还会有许多革命领导人对马列主义、毛泽东思想作出创造性的贡献，来丰富这个伟大的宝库。因此，毛泽东思想并不等于毛泽东同志的著作。同样，马克思列宁主义也不等于马、恩、列、斯四个人的著作。他们同时代的许多革命领导人都对马列主义作过杰出的贡献。然而，现行图书分类法以马克思主义、列宁主义、毛泽东思想，列为基本大类，却只收入五位革命导师的著作，显然不符合《决议》对这个问题所作的阐述。

无产阶级的革命导师，对无产阶级的革命事业的发展，建立了永不可灭的功勋，他们科学的理论原则将永远指导我们的革命实践。但是，无产阶级革命领袖之所以享有崇高的威望，正是由于他们集中了集体和群众的智慧。人类的历史和无产阶级的革命理论，都不是少数几个人的独创，无产阶级革命领袖也不是封建帝王的"真龙天子"，不能神秘化，把革命领袖凌驾党和人民之上，顶礼膜拜。任何形式的突出个人而抹杀其他的个人崇拜流毒都应该肃清。我们的图书分类法也应该从个人崇拜和教条主义的精神枷锁中解脱出来，实事求是地反映马克思列宁主义、毛泽东思想的本质和发展历史。

3. 图书分类法应该真正反映马克思列宁主义、毛泽东思想对各类学科的指导作用

《决议》指出："毛泽东思想是我们党的宝贵精神财富，它将长期指导我们的行动。"我们必须坚持毛泽东思想，认真学习和运用它的立场、观点和方法来研究实践中出现的新情况、解决新问题。图书分类法要体现《决议》指出的这种精神。但现行分类法所设 A 类"马克思主义、列宁主义、毛泽东思想"是与其他各类分离独立存在的，在其他学科类号下，却不收录马列主义经典著作，如 D142"列宁主义者与第二国际修正主义的斗争"这一类号下，却没有列宁对伯恩斯坦、考茨基的批判论著，这怎么能体现列宁主义的战斗作用？50 年代苏联图书馆专家安巴祖勉在他的著作《图书分类目录编制法》中，也不得不承认："在各种不同的知识部门的类里，完全排除了马克思、恩格斯、列宁、斯大林的著作……对于了解该问题最为重要的著作就会被图书馆员忽视了。"

此外，由于 A 类的类目安排是按五位革命导师的专号分，每个专号下，又以著作形式分为"选集、文集"、"单行著作"、"书信集、日记、函电"、"手迹"、"专题汇编"、"语录"等专号，类单行著作又以发表年代排号。这样的分类法，对于不熟悉分类号的读者，想要找到某一问题的有关著作就十分困难。例如查找《纪念白求恩》的有关资料的类号有：

A419 收有《毛泽东著作选读》

A424 收有单行著作《纪念白求恩》

A15 收有《纪念白求恩》手迹

A341·24 收有对该文的学习和研究资料

D647 收有联系白求恩国际主义精神学习的有关文章

一篇文章的资料，就要到几个类号中去查找，甚至还要跨大类，很难发挥分类法组织宣传图书的职能。再以"文艺理论"在革命导师的论述中为例：

A169·10《马克思、恩格斯论文学与艺术》

A269·10《列宁论文学与艺术》

A223$_{0809}$《列宁论托尔斯泰》

A369·10《斯大林论文学与艺术》

A569·10《马、恩、列、斯论文艺》

A469·10《毛泽东论文学与艺术》

A424$_{4205}$《在延安文艺座谈会上的讲话》（毛泽东）

A852·691《马、恩、列、斯文艺著作选》

同是论述文学艺术问题的著作，没有一个类号是相同的，若按内容分，这些著作都可以在"I）文艺理论"这个类号下找到，而且还可以看到其他作者这方面的著作，如：

I）《周总理论文学与艺术》

I）《思想、感情、文采》（陶铸）

I）《生活、创作、修养》（丁玲）

I）《马克思主义文艺原理》（哈尔滨师范学院中文系文艺理论教研组编印）

…………

如果按内容分类，即使是完全不熟悉分类号的读者，只要找到文学类号"I"，就可以立即找到"I"类下的文艺理论类号"I）"，所有马克思主义文艺理论方面的著作就可全部找到。不但寻找方便，而且可以清楚地看到马克思列宁主义、毛泽东思想有关文艺理论的形成和发展，也可以看到有关学习、运用马列主义、毛泽东思想的立场、观点和方法，研究实践中出现的新情况，解决新问题的文艺理论方面的著作，更可以了解社会主义文艺百花盛开的繁荣局面的源头。这样，就可以体现马克思列宁主义、毛泽东思想对文学艺术的领导作用，也是对马列主义文艺思想的最好宣传，才真正体现社会主义图书分类法的政治思想性、科学性和实用性。

为解决马列主义经典著作与各学科联系问题，现行分类法规定在各类作互见卡，以弥补其不足。但在实践上是很难行得通的。苏联的图书分类法在这个问题上造成的缺点也是无法弥补的。安巴祖勉说："消灭这个严重缺点，在分类表里规定有一种必须执行的技术方式：在各类书架上应该放置一张马克思、恩格斯、列宁、斯大林的一切在内容和意义上符合这类题材的著作一览表，……图书馆员从任何类中给读者选书时，首先应查看放在这类中的关于这个题目的马克思列宁主义经典著作一览表，……这个简单的技术方式能够避免直接从书架上推荐书籍时发生错误。可惜在图书馆实践中，并没有坚持这个方法，这不能不认为是严重的疏忽。"这不能责怪图书管理人员" 疏忽"失职，因为它不是一个简单的" 技术方式"的问题，而是分类法的编制原则，指导思想错误所产生的必然后果。实际工作中，常常因人力、物力的限制，难于在各类作互见卡。若按内容分类，既可省去不必要的繁琐工序，也不影响革命导师著作的系统反映，在著者目录中便可以查到他们的全部著作。

如上所述，现行分类法把马列主义经典著作单列一类，形式上是重视与突出了马列主义、毛泽东思想的领导地位与作用，实质则是割裂了它作为一门革命科学的严密思想体系，削弱了它对其他学科的指导作用，是"左倾"思潮流毒在图书分类法中的表现。根据《决议》指出的精神，对马列主义经典著作列类的改革势在必行，这是历史对我们提出的要求。

（作者单位：中山大学图书馆）

（二）农村经济改革对生育率的影响[①]
——中山市永宁乡的调查报告

陈印陶　　廖莉琼

经济改革以来，仅短短的六年时间，从广阔的原野到僻远的山乡，整个广大农村欣欣向荣，经济生活和精神面貌都发生了深刻的变化。农村实行生产责任制后，生活富裕起来了，对农村生育率将产生什么影响？有的人认为，在当前生产力水平较低的情况下，农民只有靠劳动力多，才能发家致富，因此必然刺激生育率上升。这个结论是否具有普遍意义？影响生育率主要有哪些因素？西方经济越发达的国家，生育率越低，这是已经证明了的事实。我国农村经济还处在起飞阶段，是否也有可能促使生育率下降呢？我们带着这些问题到我省首富之乡的中山市永宁乡进行了调查。通过调查我们得到了一些有益的启示。

1. 永宁乡的变化

永宁乡位于中山市的西北部，紧靠工业发达的小榄镇。水陆交通舟车相接：北至广州，西出江门，南达澳门、香港，属珠江三角洲河网地带；土地肥沃，气候温和，年可三熟，是传统的蚕、鱼、花、果、甘蔗产区。1985 年末总人口17600 人，总耕地面积12224 亩。全乡拥有不少经验丰富的耕作能手和有专业技艺的能工巧匠，有着发展生产、搞活经济、开展对外贸易的好条件。但是，过去在"闭关锁国"的思想指导下，产业结构单一，不能因地制宜发挥经济作物区和邻近港澳的特点和优势，工副业的发展受到限制和打击。尽管有得天独厚的地理环境和发展经济的种种条件，永宁乡也和全国许多农村情况一样，摆脱不了大多数人"搞饭吃"的局面。他们到远离小榄的横门围海造田，向海要粮，一个强劳力一年收入只不过100～300 元。经济停滞不前，人民生活处在贫困之中。贫穷、闭塞没有活力的生活境遇，"日出而作，日入而息"的生活方式，因循守旧、狭隘僵化的思想方法和千百年来形成的传宗接代、多子多福的封建观念，紧紧束缚着人们的思想。养儿防老，增加劳动力，儿孙满堂便成了他们追求的生活目标中的最大"幸福"。这就是中国农村人口迅速增长的根本原因。中山县也是如此，1970 年以前，全县平均一对夫妇生育四个孩子。永宁

[①]　本文原载于《南方人口》1986 年第 1 期。

乡也毫不例外，土改时全乡总人口只有 7200 人，到 70 年代初期，人口猛增到 15000 人，足足翻了一番。

党的十一届三中全会，作出了改革农村经济体制发展生产的重大决策，极大地激发了农民创业的积极性，永宁乡的面貌为之一新。他们调整了产业结构，充分发挥了经济作物区与毗邻港澳地区的优势，以发展乡镇企业为主，放开手脚引进外资，开展贸工农联合经营，几年工夫便把经济搞活了。1984 年 1 月至 10 月份，15 家乡镇企业收入 1712 万元，一跃成了广东省乡镇企业状元，仅次于天津大邱庄位居全国第二位。1985 年工农总产值为 5400 万元，比之 1978 年的 707 万元，增长了 6.6 倍。全乡每个劳动力年平均收入 1755 元，弱劳力一般收入也有 1000 元，强劳力的收入则可达 8000 元；全乡人均收入 1080 元，人均存款 1200 元；人均住房面积 40 平方米；70% 以上的农民住上了明亮通风的新房；收录机、电视机、冰箱和高档家私也进入了普通农民的家庭。在发展经济的同时，乡政府、党总支非常重视人口的发展，牢记过去十几年前人口翻一番的教训，把计划生育工作摆在重要位置；切实做到 "两种生产" 一齐抓，精心引导农民自觉接受计划生育，坚持晚婚、晚育、少生、优生。因此，改革后的几年来，有效地控制住了人口的过快增长，人口发展稳定在较低的水平（见表1）。

表 1　永宁乡人口自然变动情况

年份	年末总人口（人）	人口规划出生指标（人）	实际出生数（人）	出生率（‰）	死亡率（‰）	自增率（‰）
1979	16613	220	346	20.8	5.5	15.3
1980	16785	246	247	14.7	5.8	8.9
1981	17100	248	320	18.7	5.2	13.5
1982	17240	243	214	12.4	5.1	7.3
1983	17457	254	224	12.8	5.6	7.2
1984	17523	279	211	12.1	4.5	7.6
1985	17600	290	270	15.3	5	10.3

资料来源：1985 年中山市小榄区计生办。

由上表可见，1982 年以来，实际出生人数均低于人口规划指标。1979—1985 年，年平均出生率 15.3‰，自增率在 10‰左右，已低于"七五"期间全国人口平均自增率 12.5‰左右的控制目标。1985 年 1—11 月份自增率略高于 1982—1984 年，但在实际出生人数中，一孩率占 70.3%，高于同期全省平均水平 56.80% 和中山市 63.27%[①]。据中山市计生委提供的资料，全市平均一对夫妇生育孩子数已由 1970 年以前的 4 个以上降至 1983 年的 1.94 个，农村平均 2.05 个。永宁乡在经济改革中的实践证明：农村实行责任制后，只要正确引导，坚决贯彻中央七号文件精神，农民是能够自觉接受计划生育，生育率维持在较低水平的前景是乐观的。

2. 从永宁乡得到的有益启示

（1）经济与社会生活的变革是降低生育率的客观条件。永宁乡的经济起飞，乡、村企业的崛起，农民社会、经济地位的变化，促进了生育观的转变，是生育率下降的客观原因。昔日的普通农民，今日已是厂长、经理以及各种各类的技术人员和管理干部，更为重要的是全乡 60% 以上的农民成了农村新工人，闯进了陌生的新的领域。为了乡、村企业能在商品竞争中生存发展，需要有科学技术知识和管理水平，迫使他们努力去学习新的知识，以适应新的生活和工作的需要。他们的视线开始引向本村、本乡以外的世界，他们的追求开始变得不同了，生育观念也随之开始产生变化了。我们曾在该乡进行过生育意愿的调查，在被调查的 200 余人中，76.2% 从事非农工作离土不离乡的农民，响应号召实行计划生育。尤其是在具有高中文化程度的人中占了 88.9%，在他们填写生育意愿表中，"为了响应号召"、"为了家庭幸福"、"为了有时间学习，更好工作"等项目中共占 86.7%。存在决定意识，经济与社会地位的变化，必然促进生育观的改变。永宁乡的育龄人群已开始倾向于低生育。

（2）全乡人口文化水平的提高，是降低生育率的重要因素。随着永宁乡经济的发展，提前普及了初中教育，1985 年开始办高中班（两个班 109 人），1986 年预计办 4 个班，初中在校生 790 人，1983—1985 年初中毕业生共计 363 人，选送大专院校进修回来 7 人，在院校进修尚有 11 人，仅后两项的人数就已超过永宁乡历来的已有大专水平的人数。人口文化水平较之 1981 年以前有显著提高，参见表 2。

---

① 广东省计生委统计数字。

表2　永宁乡1981年人口的文化水平

文化程度	人口数（人）	占每千人口中的比例	文化程度	人口数	占每千人口中的比例
大学毕业	11	0.65	初中	3512	208.3
大学肄业或在校学习	3	0.18	小学	8106	480.78
高中	955	56.64	12岁及12岁以上人口中文盲半文盲	2272	227

资料来源：广东省中山县第三次人口普查手工汇总资料汇编。

为了保证青少年必须最少受到九年的教育，永宁乡规定："初中不毕业不安排工作"；招收新工人实行考试择优录取；进厂先培训，考试合格才能转为正式工人。全乡举办各种文化、技术学习班，农民高小业余班，以及重金聘请技师进来讲课和选送人员到大专院校深造，以保证工人队伍文化技术水平和全乡人口文化素质的提高。国内外大量资料已说明，文化程度与生育率成负相关，即文化程度越高，妇女生育率越低。尤其是育龄妇女的文化程度对其生育率有直接的影响。文化水平高，事业心相对较强，不愿有过多子女的负担，易于接受计划生育的思想。我们对该乡104名35岁以下的育龄妇女进行生育意愿的典型调查，亦说明这个观点的正确性。由表3可见，具有高中文化程度的育龄妇女较之小学文化程度的育龄妇女，几乎多一半的人响应号召，实行计划生育，不愿多育。从他们的生育意愿来看，文化程度越高，"养儿防老"、"传宗接代"等旧观念便愈淡薄。

表3　永宁乡35岁以下育龄妇女文化程度与生育要求　　单位:%

文化程度	生育要求			生育意愿		
	合计	两个或两个以下	三个或三个以上	合计	响应号召，为了家庭幸福，为了更好学习、工作等	养儿防老、传宗接代等
高中	100	89.3	10.7	100	93	0.7
初中	100	61	39	100	62.5	37.5
小学	100	46.8	53.2	100	45.7	59.3

（3）妇女经济地位的改变是降低生育率的内在原因。永宁乡的经济发展，扩大了就业机会，不仅全乡适龄人口得到了充分就业，而且还吸收了外地1000多名劳力。本乡妇女凡符合条件的都安排了工作。1984年仅四间服装厂，技工600人，妇女就占了85%，年收入一般在600～800元（不包括奖金），1985年人均收入已超千元。妇女干部（包括工厂的班长、组长）70多人，约占全乡干部总数的30%。妇女在经济上的独立，提高了妇女的社会地位，不少人成了生产革新能手和独当一面工作的女强人。她们在家庭中也有了发言权，而且开始倾向组织核心家庭，不再向往大家庭的"幸福"。同时，婚姻关系稳定，离婚率低，1984年2630对育龄夫妇，只有3对离婚。总之，无论在家庭还是在社会妇女都成了真正的半边天，她们开始摆脱传统观念的束缚，在婚姻、生育上不愿再受封建意识的摆布，做生儿育女的工具。绝大多数青年倾向于晚婚、晚育。几年来，永宁乡的晚婚率一直高达98%以上。我们抽查了1983年、1985年310对新婚夫妇的初婚年龄，计算结果见表4。影响生育率的因素固然很多，在历史上，许多国家生育率的转变几乎都是从初婚年龄提高开始的。晚婚、晚育无疑也是永宁乡多年来人口发展平稳、生育率下降的重要因素。

表4　永宁乡初婚年龄典型调查

性别	平均婚龄（岁）			众数婚龄（岁）		
	1983年	1985年	1983年与1985年比较	1983年	1985年	1983年与1985年比较
男性	26.0	26.1	+0.1	26.0	26.0	
女性	24.6	25.3	+0.7	24.0	25.0	+1

（4）计划生育工作的重要作用。经过30多年社会主义教育的我国农民，特别是新中国成长起来的一代新农民，他们热爱社会主义，有集体观念，易于接受计划生育的指导。只要计划生育工作做得深入细致，合情合理就会受到群众的拥护和支持。永宁乡计划生育工作卓有成效，是由于以下几点。

1）由于领导重视和以身示教的作用。永宁乡对计划生育工作十分重视，除了领导亲自抓以外，专门安排了8个妇女专职干部抓计划生育工作。自1974年推行计划生育以来，执行较稳定的生育政策，乡长、书记、支委中有的已做了长效节育措施，计划生育服务队的8名妇女干部，没有一个计划外生育。由于生育政策的稳定，群众心里踏实，抢生、逃生的现象很少。实行人口计划责任制，制定奖罚条例，做到有奖有罚，调动了干部的积极性。

2）宣传工作结合本乡实际，重视社会效益。在宣传工作中，他们结合本乡实际，深入宣传计划生育是利国利家、国富民强的大事。以本乡的真人真事教育群众，多子多女不一定多福。例如十几年前永宁乡有位老人生了五男二女，子女不孝顺，老人已死了几天才被邻居发现。结合全乡集体致富的现实，教育群众，要摆脱贫困，不能仅靠几个劳动力；要靠政策、靠科学、靠多种经营，走发展农村经济的道路。全乡经济起飞有力地冲击了"多子多福"的传统观念，为推行计划生育减少了思想阻力。他们在具体工作上，坚持实事求是，对于确有困难的群众给予照顾解决，同意"纯女户"可以招一个女婿来乡落户、优先安排工作等措施，为"纯女户"排忧解难。

3）把计划生育工作作为精神文明建设的重要内容来抓。乡党总支从开始改革经济体制时就定下了一条原则：要带领全乡农民共同富裕，而不是"一切向钱看"，放任自流，只靠个人。在这个原则下，他们认准发展乡、村企业是振兴经济的必由之路，以办乡、村企业为主，乡干部没有一个搞个人承包工厂企业的。乡政府、党总支一直是领导农民走向富裕道路的战斗堡垒。他们在企业振兴之后，除了扩大再生产之外，就是用于全乡的公益事业，大办各种社会福利，为推行计划生育工作创造了良好的社会条件：

①在 30 条自然村铺设水泥路，安装自来水。

②盖校舍 8170 平方米。

③村有文化室，乡有影剧院、图书室。

④建起了设备齐全的三层楼房的乡卫生院（960 平方米）。大病住院，乡报销 70%。

⑤全乡共建托儿所 38 间，幼儿园 12 间，解决了全乡幼儿入托问题。几年来，水乡永宁没有溺死一个小孩。

4）对"五保户"，更是受到全乡的关怀。日常费用由乡政府提供，年节送礼品、生日送寿礼；有的村请老人上茶楼，吃"三蛇羹"。不少老人无儿无女胜似多子多女有福气。"养老"逐渐做到社会化，使人们解除了后顾之忧。

老有所养、幼有所托、少有书读、个个有工做、人人为追求更美好的生活而努力工作学习着。一个生气勃勃、富裕文明的新农村已出现在我们面前。永宁乡人民在发展经济、建设物质文明的同时，促进了精神文明的建设，人口过快增长得到了有效控制，人口素质得到显著提高。他们先后获得了中山市青少年运动会总分第一名和少年体操第一名，佛山地区成人教育先进单位、拥军优属先进集体和佛山地区文明乡等光荣称号。

优越的社会环境，以上所综述的种种条件，为推行计划生育促使生育率下降开辟了一条宽广的道路。但是，由于旧观念、旧意识转变的长期性，农业生产机械化程度不高，以及在第二次人口出生高峰期出生的人群已进入生育期，"七五"期间，永宁乡计划生育的任务仍然是艰巨的。我们相信，永宁乡人一定能够再接再厉，再展宏图！

（我们在该乡调查中，得到了中山市计生委、小榄区计生办和永宁乡政府、妇委会的积极支持，在此表示衷心感谢！）

（作者单位：中山大学人口研究所）

（三）海南岛百岁老人状况及其长寿奥秘所在[①]

陈印陶　刘炽光

人们向往延年益寿，永葆青春。然而，生老病死是任何人也抗拒不了的自然规律。但是，人的寿命是可以通过延缓衰老与防治老年病而延长的。因此，老年学作为抗衰老和延年益寿的学科渊源久远，并随着社会的发展，内容也不断丰富起来。其中，对人类预期寿命的研究、探索，发现长寿的秘诀成为老年学的重要课题。按传统观念，且有不少资料说明生活在热带和亚热带的人早熟、寿命短；也有不少资料说明处在寒带地区的长寿人口多于热带地区。可是地处热带的海南岛自古以来就是长寿人居住的大岛。我国第二次、第三次人口普查统计资料还表明：海南岛百岁老人多，人口长寿水平高，平均寿命长。奥秘何在？值得探讨。

1. 海南岛人口长寿史与现状

海南岛是少数民族集中居住的海岛。自公元前 110 年汉武帝以武力进入海南岛建立珠崖、儋耳两郡始，直至清末的两千余年间，由于历代统治者实行大汉族主义，实行招抚同化政策，汉人逐渐迁入，少数民族多被驱赶到深山老林。

据清朝《琼州府志》记载，海南岛在清以前无年龄人口数。清开始修县志，长寿人口在"人物·耆寿"项目下始有。从所查到的县志看，只有七县记载较为清楚；有姓氏的百岁老人共有 75 位，其中文昌一县就有 37 位。该县年逾 90 岁高寿者还有 500 人，可见长寿者之多，其中韩斌德 118 岁，妻 116 岁；陈仲九 113 岁，其妻黄氏 107 岁。宋代著名文人苏东坡谪居海南儋县时，在《九海南风土》一文中记载："儋耳颇有老人，百余岁往往而是，八九十者不论也。"明代的《正德琼台志》也有"琼邑多老人"的记载："琼人杨避举父叔皆一百二十余岁，宋卿一百九十岁。""临高人柯浩，生于元至元甲午，卒于明永乐癸巳，年一百二十岁。"这些见诸文字的记录，充分证明海南自古以来就是我们祖先生息繁衍的长寿之岛。

从我国第二次、第三次人口普查公布的材料分析比较，同样可见海南岛确

---

① 本文原载于《中山大学学报（哲学社会科学版）》1986 年第 1 期。海南卫生局向我们热情地提供海南行政区百岁老人健康调查资料，特此感谢。

属全国长寿地区之一。这主要表现在以下三个方面：

（1）海南岛百岁老人多。从表1可见，海南岛百岁老人占总人口比例均高于全国和广东省。1982年的第三次人口普查时的百岁寿星又比1964年人口普查时高出2.8/100万。其中，海南黎族苗族自治州的百岁老人占总人口比例竟高达15.2/100万，居广东省之冠。从表2可见，海南岛百岁老人占总人口比例仅次于新疆、西藏、青海。这也说明海南岛长寿者之多。

（2）老年人口长寿水平高。国际上通常把80岁以上的人视为长寿者。用80岁以上的人口数与60岁以上人口数之比作为长寿水平的指标，用来表示该地区老年人口的长寿水平和达到长寿的可能性。因为这一指标与社会经济发展、人民生活水平、卫生保健事业以及生存环境、生态平衡诸条件密切相关，当前世界上经济发达国家大都在10%以上。据这次10%抽样资料推算，我国老年人口的长寿水平为6.6%，低于世界发达国家；而海南岛则达10.2%，已达到发达国家的长寿水平，在国内仅次于新疆居第二位（见表3），而新疆已公认为世界长寿区（见《光明日报》1985年11月4日）。

表1　海南百岁老人与广东省、全国的比较

人口普查次	全国			广东省			海南岛		
	百岁老人数	占总人口百万分比	约几万人中有1人	百岁老人数	占总人口百万分比	约几万人中有1人	百岁老人数	占总人口百万分比	约几万人中有1人
第二次	4900	6.8	14.5	159	3.9	25.4	30	8.6	11.5
第三次	3765	3.5	27.6	459	7.5	13	65	11.4	8.7

资料来源：据全国第三次人口普查10%抽样资料整理而成。

表2　海南百岁老人与其他省的比较

省名	新疆	西藏	青海	广西	广东	海南	辽宁	吉林	黑龙江	陕西	山西
百岁老人数	865	46	50	394	459	65	51	29	29	21	6
占总人口百万分比	66.1	24.3	12.8	10.8	7.5	11.4	1.4	1.2	0.9	0.7	0.2
约几万人中有1人	1.5	4.1	7.8	9	13	8.7	70	77	11.6	138	632

资料来源：据全国第三次人口普查10%抽样资料整理而成。

表3　海南岛老年人口长寿水平居全国位次

地区	全国	新疆	海南	浙江	广东	上海	辽宁	江苏	北京	广西	西藏	山东
长寿水平%	6.6	11.9	10.2	9.0	8.6	7.9	7.7	7.9	7.4	7.4	7.3	7.2
居全国位次		1	2	3	4	5	6	7	8	8	9	10

地区	天津	福建	吉林	安徽	四川	湖南	贵州	黑龙江	江西	山西	宁夏	陕西	甘肃
长寿水平%	6.9	6.8	6.5	6.4	6.2	6.0	5.6	5.5	5.4	4.4	4.2	3.5	3.3
居全国位次	11	12	13	14	15	16	17	18	19	20	21	22	23

资料来源：《经济日报》1983 年 12 月 14 日。

（3）平均寿命超过世界平均水平。人口的平均寿命是一个反映人口各年龄组死亡率的综合指标，也是从正面反映人的寿命的指标。因为低龄人口或高龄人口的死亡水平的下降均可导致人口平均寿命的提高。根据美国人口情报社1982 年世界人口资料介绍，世界人均寿命为 60 岁，我国为 68.9 岁，经济发达国家为 72 岁，发展中国家为 53 岁。据 1982 年人口普查资料计算，海南岛人均寿命为 72.86 岁，已超过世界平均水平，达到发达国家的水平。

根据第三次人口普查资料，全岛共有年龄在 100 岁至 111 岁之间的老人 65人，其中 111 岁者是海南岛琼海县苗族妇女李菊香。百岁老人平均年龄为 103.2岁，分布在海南岛的 16 个县的范围内，尤以山区县为多。如少数民族聚居的保亭县，全县只有 201665 人，百岁老人就有 11 位（详见表 4）。

表4　海南百岁老人地区分布

地区	汉区	海口	琼山	文昌	琼海	万宁	屯昌	澄迈	临高	儋县	自治州	崖县	东方	乐东	琼中	保亭	白沙
人数	35	5	5	8	4	3	1	5	3	1	30	4	1	6	6	11	2

全国百岁老人中，少数民族最多，共有 1462 人，每百万人中有 21.7 人；而汉族百岁老人，每百万人中仅有 2.5 人，海南岛的情况也不例外。在我们调查和访问的 65 人中，汉族有 35 人，平均每百万人中有 32.1 人；苗族 2 人，平均每百万人中有 48.8 人。

海南百岁老人有血缘关系的亲属在 80 岁以上者共 17 人，占 26%，其中外祖父 103 岁，祖父 115 岁，父、母 100 岁者 4 人，儿女 70 岁以上者 9 人。海南定安县岭腰乡有同胞四兄弟，老大韦崇庆 92 岁，老二韦崇柄 89 岁，老三韦崇三 85 岁，老四韦崇延 80 岁，个个耳聪目明，都还在从事田园劳动。可见长寿有血缘关系，这也许是海南岛从古至今是长寿岛的因素之一。

2. 海南百岁老人长寿奥秘所在

高等动物的生命从受精开始到死亡终止，从生到死即生命的存续期，叫作寿命。人类寿命的极限究竟多长，学者们的意见是不一致的。意大利统计学者勃第认为人的寿命界限正常是 70 岁，巴甫洛夫认为是 100 岁，博瓦曼从生物统计学观点认为是 150 岁。有些老人学专家则认为，人的天然寿命等于人的成熟期的七倍；如以 16 岁为成熟期，人就可活到 112 岁。最近，美国有影响的几位专家预测，人的平均寿命有可能达到 115～140 岁。各说不一，但都没有为自己的论点提出充分的论据。因此，深入了解百岁老人的生活习惯、考察他们所居住的自然环境、联系社会因素等方面、探索其中的规律、逐步掌握长寿的秘诀，这对于提高人的健康长寿水平是很有意义的。我们带着这个愿望考察了海南不少地方，调查了 65 位百岁老人情况。其中，乐东县万冲乡黎族男寿星刘那华（105 岁）给我们留下极为深刻的印象。他脸色黑里透红，肌肉隆起，精神矍铄，动作敏捷，96 岁那年上山捉回两只狐狸，前年还用夹子捉回一只猴子，现在也能背 30 斤米爬两个山头和上山砍木修理农具。他的时序年龄已逾百岁，生理年龄则刚进入老年，还可以延年益寿。百岁老人的数量，在美国 1973 年已有 7439 人，加拿大 1971 年有 1026 人，我国 1982 年有 3765 人。可见只要人类的生存条件和人体自身的诸因素调整得当，是可以控制老而不衰，活到 100 岁以上。

西德老年医学会主席法兰克教授调查了 575 例百岁以上老人的情况后指出，长寿与人的后天因素十分重要，其中包括有规律的良好生活习惯。海南百岁老人的生活情况证明这个结论是正确的。

（1）视劳动为生活乐趣。不少老人虽已年逾百岁，除重病者外，都还参加力所能及的田间和家务劳动。在文昌县，我们访问的潘玉莲已 103 岁，还为外孙女一家操持家务，做饭、养鸡、喂猪。40 多岁时老花了的眼睛，到 70 多岁又不必再戴眼镜穿针补衣，双鬓重又长出黑发。

（2）生活有规律，讲卫生。65 位老人中有 63 人生活都有规律，早睡早起。他们都讲究卫生，其中每天都洗澡的 24 人，占 37%。

（3）爱好广泛，对生活充满兴趣。在"你有什么爱好"栏目下，12 名黎族男寿星，有 10 名喜欢打猎，有的爱看电影，爱听戏，有的爱在节日跳舞，有的爱串门和邻居聊天，有的爱跟小孙讲故事。

（4）无零食习性。有 12 名饮酒，占 18.4%，多数是饮家酿的山蓝米酒，性较温补；吸烟者 8 人，占 12.3%；饮茶者 2 人，占 3%；喝咖啡者 6 人，占 9.2%；爱吃槟榔者 5 人，占 7.6%。全部老人无零食习惯，只有 1 人每天早上用山蓝米酒冲一个鸡蛋吃。

（5）性格温和，心情开朗。在我们调查访问的 65 人中除 2 人性情急躁易怒外，其余 63 人（占 96.9%）是开朗乐观、性格温和的。他们在生活中并非没有烦恼忧伤，只是他们想得开，放得下，遇事能泰然处之。如 109 岁的海口市革命老人魏桂芳几度被捕入狱，进行过七天绝食斗争，都没有使她倒下。保亭县什岭乡苗族女寿星邓玉莲，她织的渔网和手提袋精巧美观。令人惊异的是她脸色红润，皮肤白净，没有一点老人斑，也很少皱纹；乳房也未完全萎缩。真不敢相信她已有 105 岁，而且已失明 30 多年。她中年丧夫，一生未曾生育，对于一个中国农村的妇女来说，是会有不少痛苦的。但据她的养子和媳妇介绍，她对生活总是很乐观，从不生气，爱唱山歌，前两年耳朵还好的时候，只要听到别人唱，她就要和上几句。不少年轻人还来向她请教。她虽已双目失明，但她心里还是充满阳光。可见关键是如何对待生活中发生的不幸，俗话说，"人有三岁之翁，有百岁之童"，有的人未老先衰，有的则是老当益壮。因此，性格温和，乐观愉快，永葆精神上的青春，是健康长寿的重要因素。

（6）劳动不息，运动不止。从事体力劳动是长寿的重要条件之一。海南百岁老人都是劳动人民，在旧社会被剥夺了受教育的机会，从青少年起就参加体力劳动，而且终生劳动不止。80 岁以上还在从事体力劳动者 27 人，占 41.5%；其中 90～99 岁者 8 人，占 12.3%；100 岁以上者 3 人，占 4.6%。澄迈县的百岁老人张爱玉 73 岁时参加水利建设还被评为劳动模范。由此可见，生命在于运动，不间断的体力劳动可以增强体质推迟衰老，利于长寿。但是并不能由此得出结论，认为只有没有文化、不从事复杂的脑力劳动才能长寿。安徽、广西的百岁老人中便有医生、律师。著名的人口学家马寅初先生高寿 101 岁，全国书法协会名誉理事孙墨佛前年已 104 岁，医生、律师、音乐家、画家、书法家中长寿者不少。这些治病救人、主持公道、美化人们生活的职业会使人心情舒畅，情操高尚、生活节奏比较有规律利于修身养性健康长寿。随着社会向前发展，知识分子境遇的不断改善，长寿者会越来越多。

（7）注意调节，饮食得当。我们着重调查百岁老人的饮食，总的印象是食品含热量很少。海南经济与文化尚不够发达，尤其是少数民族的生活水平还很低，饮食的热量是低的。以大米为主的 27 人，占 41.5%；以红薯、南瓜为主，大米为辅的 22 人，占 33.8%；以玉米、豆类为主的 5 人，占 7.7%；其余 11 人为杂食，占 16.9%。综观是以米饭、番薯为主食者多，油类以食花生油为主。在副食方面，平时吃鱼肉的机会很少，有时可吃到一些猎物如野猪、鹿、山鼠，多吃蔬菜、野菜，不少老人特别提出爱吃辣椒和酸菜。其中完全吃素者 6 人，占 9.2%。海南四季常青，椰子、香蕉、菠萝和野生水果不少，这是老人饮食的重要部分。综上所述，百岁老人的营养摄取是合理的。如供给热量、增强疾病抵抗能力、调节生理机能的蛋白质，每百克大米含 6.9 克，玉米含 8.5 克，大豆含 36.3 克；能增进食欲、促进生长的维生素 B_1，每百克大米含 0.16 毫克，玉米含 0.36 毫克，大豆含 36.3 毫克，红薯、南瓜含有丰富的胡萝卜素和维生素 C，是大米所没有的；新鲜的蔬菜、水果的营养成分，更是人体健康必不可少的。可见百岁老人饮食虽是粗茶淡饭，低热量，但却能维持人体的正常需要，也不至于营养过剩脂肪堆积而导致许多致死的"富贵病"。因此，今后应该改变过去那种认为只有鱼、肉和山珍海味才有营养的传统观念，应以新鲜蔬菜为主，荤、素合理配搭，才有益于人体的健康。同时，饮食应尽可能定时定量，切忌暴饮暴食和常吃零食。饮食的方法和品种对延年益寿很有意义，它能有效地制止人体机能的老化。

从人类死亡原因的分析（除发生战争或自然灾害等特殊情况下的死亡外），归纳起来大致可以分为三类：即衰老、疾病与意外伤亡，因疾病死亡是老年人死亡的主要原因。如能对人类的疾病进行早期的预防，加上其他保健措施，人的寿命是可以延长的。我们这次调查访问的 65 人中，有一半以上老人身体健康，很少看病吃药。琼山县的林惠荣从未生过病，吃过药，80 岁时还参加水利建设。现已 102 岁，还能穿针引线，看管 4 个 4～8 岁的重孙。目前，这些老人多数能参加一些家务劳动和较轻的田间劳动。生活需要半照顾者 16 人，完全需护理者仅 4 人。

在接受体格检查的 45 名老人中，身高最高者为 158cm，最低者为 134cm，平均为 145cm；体重最重者 58 公斤，最轻者 30 公斤，平均 37.62 公斤，我们所见到的百岁老人都比较瘦小，说明"千金难买老来瘦"并非虚传。根据海南卫生局提供的百岁老人健康调查资料表明，按患病率高低排列是：白内障 21 人次，肺气肿 20 人次，高血压 18 人次，动脉硬化 18 人次，气管炎 12 人次，高脂血症 9 人次，无一癌病。以上可见，海南百岁老人所患疾病多属人体器官机能衰退老化引起的。经济发达国家老年人口三大疾病是脑血管疾病、癌、心血管病，这些病多是由于食动物脂肪和热量过多引起的。因此，节制饮食，防止脂肪和糖摄取过量导致肥胖，是长寿的重要保证。

自然环境是人类赖以生存、繁衍和发展最主要的物质基础，是人们生活和劳动的场所。海南从古到今人多长寿，也是和它特殊的地理条件和自然环境分不开的。

海南岛位于南海北部，北隔琼州海峡与雷州半岛相望，面积33020平方公里，是我国仅次于台湾的第二大岛，属热带地区。全岛年平均温度23.9℃；年平均日照时数为2178.2小时，日照率为49%；雨量多，年平均为1755毫米。尽管长夏无冬、高温多雨，但有海风调节，气候多变。一日气候表现为早凉、午热、晚寒，如苏东坡所描绘的"四间皆是夏，一雨便成秋"，晚上凉爽宜人可以安然入睡。这与世界有名的日本冲绳长寿岛极为相似。海南岛四面环海，地势中高周低，中部偏南为山地，有高达1800余米的五指山和鹦哥岭等；四周为丘陵和平原，独流入海的河流154条，自然林1956年覆盖率达25.7%，近年来砍伐严重，但有的地区森林覆盖率达29.4%。据中山大学环境保护研究所和地理系对海南岛自然环境质量现状评价，认为大气环境质量良好，大部分地区大气质量接近于环境本底水平、空气新鲜清洁；地表水和地下水源丰富，水质基本上是良好的；由于人口不多，工业不发达，化肥和农药使用量有限，环境污染少。卫生防疫站抽样检查，大米合格率94.5%；更无噪音污染。优美的大自然环境、清新的空气、洁净的饮水以及新鲜卫生的粮食、蔬菜和水果，这些得天独厚的条件，使威胁老人生命的主要疾病患病率极低，是海南人长寿的环境基础。保亭县仅20余万人，便有百岁老人11人，每1.6万人中便有一个就不足为奇了。

综上所述，性格温和，心情开朗；生活规律，饮食得当；劳动不息，运动不止；环境宜人，污染较少；是人类延年益寿的最重要的四个条件，这正是海南岛百岁老人长寿的奥秘所在。

参考文献：

［1］胥庆澜，张福德. 漫话不老学［M］. 长春：吉林人民出版社，1982.

［2］陶立群. 关于我国老年人口的基本状况［J］. 人口动态，1984（4）.

（作者单位：中山大学人口研究所）

（四）广东省顺德县女性人口国际迁移的原因及其特征[1][2]

陈印陶　方地

历史上，我国人口国际迁移者多是迫于战乱、灾荒、生活无计而外出谋生的，其绝大多数是男性青壮年，到近代方有少数女性随亲属出国谋生或与亲人团聚。但广东省顺德县自清末至 20 世纪 30 年代，却有大量女性人口迁移东南亚，其中新加坡最多，马来西亚次之，形成了一股以家庭事务（女佣）为主要职业的国际迁移流。自 1984 年以来，顺德每年回国探亲访友的华人、华侨达 1500 余人次，其中女性占三分之二。从 1975 年至 1984 年 10 年间，该县回国定居的华人、华侨共 337 人，女性占了 94.7%。为什么顺德县会有众多的女性人口国际迁移呢？其迁移方式与特征如何？过去对女性人口的国际迁移研究尚属鲜见。探讨以上问题，对研究人口迁移史及人口国际迁移规律将是有意义的。

1. 顺德女性人口国际迁移的原因

英国人口学家拉文斯坦的人口迁移理论认为[3]：迁移行为一般是原居地因素、迁入地因素、中间阻隔因素及迁移者个人素质与心理因素共同作用、比较、选择的结果。本文根据这一人口迁移理论对顺德县女性人口国际迁移原因进行分析。

（1）迁出地因素——推因

1）经济因素。经济因素是导致人口迁移的主要动因。求生存或改善生活条件是旧中国人口国际迁移者最主要的因素。顺德女性迁移者也不例外。

表 1　顺德归侨出国时期统计　　　　单位：人

年代	1919 年前	1920—1929 年	1930—1939 年	1940—1949 年	新中国成立—"文革"	1978 年以后	总计
人数	18	122	140	25	7	5	317

---

① 本文原载《南方人口》1987 年第 2 期；中山大学人口研究所编：《人口研究论丛》，1988 年。

② 本文所引用的顺德、台山有关资料，均系 1986 年到两县的典型调查与《顺德县志》、《顺德概况》、《台山年鉴》等资料整理分析。表 1 至表 5 根据典型调查资料统计分析。

③ 埃弗雷特·李：《人口迁移理论》，廖莉琼、温应乾摘译，《南方人口》，1987 年第 2 期。

顺德县自明朝以来，便以桑基鱼塘经济为主，加之河运便利，使其商业、外贸、金融都很发达。1923 年顺德已有缫丝厂 135 间，占全省 167 间的 80% 多，拥有男女工人 6 万多，尚有雇用女工 30 名以上、脚踏机手工工场数百间，农村自家育蚕缫丝更为普遍①。这些为顺德妇女参加社会劳动独立谋生提供了有利条件。第一次世界大战结束后，帝国主义国家民用工业复苏，日本生丝大量倾销欧美，夺去了我国生丝的国际市场。顺德缫丝业陷于崩溃绝境，1928 年丝厂工人较 1923 年大大减少，仅女工失业者五万余人，农民拆屋卖女者不计其数②。不少人只好去国外寻找生活出路，仅均安区 1930 年前后就有近万人出国谋生。从顺德归侨出国时期统计来看（表 1），1920—1939 年之间是女劳工外迁较多的时期，迁移人数占总归侨人数的 82.6%，说明失业与生活没有出路是女劳工迁移的主要原因。1939 年第二次世界大战全面爆发后，受战争阻隔迁移人数锐减。

2）社会因素。社会因素是影响迁移行为的重要因素。顺德县是珠江三角洲五个大县之一，经济发达，又是历代封建统治极盛的地区。据统计，顺德清朝有进士 152 名，举人 1254 人，翰林院京官占全省的三分之一，还有榜眼、状元③，有如此众多的封建主义卫道士，使该县男尊女卑的封建礼教习俗特别浓厚。妇女不仅生时在家中，在社会上没有地位，连死都不准死在娘家，盲婚痛苦终生者甚多。因而妇女惧怕结婚，常以自梳形式（梳起发髻为结婚标志）表示终身不嫁。从清末到 20 世纪 40 年代，此风在南海、番禺等地盛行，顺德妇女经济独立的机会较多，自梳风尤盛，有些上千个妇女的村子，仅一两人出嫁。失业、贫困，又不敢结婚，使他们只好向海外寻求生路。据我们统计，该县 319 名女性归侨中，只有 17 人结婚，其他绝大多数为自梳女，沙头乡的 19 名归侨全部是自梳女。这是顺德女性人口国际迁移的重要社会原因。

（2）迁入地因素——拉因。

1）经济因素。新加坡由于处于国际航运的优越地理位置，离广东近，在 19 世纪后期已是东南亚地区工业原料和农副产品贸易与出口转运中心，经济繁荣就业机会多，社会生活较为稳定。1959 年以前基本上是以转口贸易为中心的经济结构，75% 的国民收入来自转口贸易为主的非生产部门；1957 年国民经济主要部门的职工人数，服务性行业占 47%④，在服务行业发达国家从事女佣工

---

① 《广东省蚕业调查报告书》、《岭南大学：南中国丝业调查报告》，转引自《顺德县志》，1962 年末定稿。
② 同上。
③ 据《顺德县志》、《顺德续志》中选举表统计。
④ 许心礼主编：《新加坡》，上海辞书出版社 1983 年版。

作，在心理上较少有低人一等的沉重压力。

2）社会因素。新加坡是一个中国血统人口占多数的移民社会。19 世纪初英国殖民者占领该岛后推行自由贸易和招徕华工华商开发的政策，开始了持续一个多世纪的华侨迁移浪潮。1871 年华人已占该岛总人口 56.2%，1901 年达 72.1%，1976 年已达 76.1%[①]，成为开发建设该国最重要的力量。这一特点对女劳工的迁移有相当吸引力。

①语言无须重新学习。通晓迁入国语言是迁移者适应迁入国社会环境寻找工作的首要条件。华语是新加坡官方语言之一，华人基本使用华语。据 1976 年统计[②]，讲广东话（包括广东各地方言）占中国血统人数的 53.9%，闽南话占 42.2%，其他占 4.1%。电台有华语节目，电影有华语影片。女劳工没有文化，不用学习新的语种就可就业、交往、娱乐、生活，这样的迁移地是较理想的。

②风俗习惯易于适应。中国血统的移民虽已在新加坡住了好几代，但还是保持着中国宗教信仰和许多传统习俗，如春节跑狮舞龙、元宵观灯、端午划龙舟、中秋赏月都十分热闹讲究，使迁移者身在异国却如在家乡，使感情丰富又是独身的女劳工可减少孤寞思乡之苦。

③有各种华侨社团组织相助。20 世纪初新加坡华人社会已发展成熟[③]。血缘、地缘、业缘等华侨社会组织已由初级松散阶段日趋完善，对团结华侨、维护华侨利益、帮助新来迁移者作用很大。如 1928 年人数已有数千，现尚有二三千人的均安黄族同乡会，1951 年曾集资在家乡沙头乡建起了一座占地两亩，建筑面积 500 平方米的华侨姐妹安老院——冰玉堂，使劳苦一生的女劳工回国后能有个安居活动的场所。

（3）个人素质与心理因素。劳工迁移者个人素质与心理状态是影响迁移行为的重要因素。只有个人素质符合接受国条件，迁移者本人有充分的心理准备，迁移愿望才能成为迁移行为。顺德女劳工 93.4% 是家务工，这是由其个人素质决定的。这些女劳工在出国前多数已参加过社会劳动，有一定的劳动训练；与国外亲友的交往使她们相对知道外部世界情况，较一般农村妇女识多见广，会待人处事；她们心灵手巧，性格温柔善做家务，且多掌握享有盛名的传统顺德烹调手艺；更为重要的是她们多为独身，无家庭子女牵累，可一心长期稳定工作。因此在新、马不少人家以雇用一个顺德"妈姐"为幸事。这是女劳工能够

---

① 许心礼主编：《新加坡》，上海辞书出版社 1983 年版。
② 同上书。
③ 黄松赞：《试论新、马华侨社会的形成和历史分期》，《华侨论文集》第 1 集，广东华侨历史学会编，1982 年。

延续半个世纪以上迁移的重要原因。

顺德妇女多数自小就参加社会劳动，和男子一样挣钱养家，得到家庭的尊敬和社会的重视。作为反抗封建婚姻的胜利者与自食其力的劳动者，他们一扫妇女依靠男子的软弱心理，有了自强自立精神，敢于离家外出乃至漂洋过海争取更好的生活。再者，当时自梳女出国成风，在此风俗影响下随波逐流出去的妇女也不少。

以上迁出地的推因、迁入地的拉因和她们自身的素质与心理准备诸多因素共同作用的结果，使顺德妇女迁移新加坡成为最佳选择。这从她们的出国路线又可得到证实。在我们统计300多名女归侨中，直接到新加坡者占总人数的55%，在广州、上海、香港、吉隆坡等地做几年工再去新加坡者为11.7%，两者共占66.7%。当然，这也和中间阻隔因素少有关，如从顺德去新加坡路途短，交通方便，又有先辈亲属在外接应，以及新加坡政府早期有欢迎移民开发的政策等等。

2. 顺德女性人口国际迁移的方式与特征

在国际人口迁移中，举家迁移，或至少夫妇同行去在迁入国长期居住，具有较强的稳定性。单身青壮年（多数为男性）到国外寻找工作，并不打算在迁入国长期定居，待积蓄一定资金后便回国。顺德女性迁移者属于后者，但又自具特点。

（1）迁移方式不是大批成群迁移。她们是经同乡、亲属提携，单个或几个一起外出，属链条式、职业目标明确。如沙头乡19位归侨出国，靠亲戚迁出者12人，由在外同乡牵引者6人，经人介绍者1人，职业全部为家务工。顺德全县归侨中女佣为298人，占全部归侨的93.4%。

表2　女妇侨出国时年龄分布　　　　　　　　　　　单位：人

岁数	14岁以前	15～24岁	25～34岁	35～44岁	45～55岁	总计
顺德县	19	160	104	24	9	316
沙头乡	6	10	2	1	0	19

（2）出国时年纪轻，在国外时间长，生活艰辛。女佣靠出卖体力为生，只有年轻力壮才易受雇，在300多名女归侨中，34岁以前出国的共264人，占总人数的83.5%（见表2）。

她们不同于男性迁移者需定期汇款回国养家，也无婚姻牵挂，在国外工作时间长，多数出去是年轻小姑娘，归国已是白发老妪（见表3、表4）。

从上表可以看到，在国外41年以上者共293人，占总人数的93.3%，其中在外半个世纪以上者为166人，占总人数的53%。归国时年龄在70岁以上者为270人，占总人数的87.7%，无一人是60岁以前回来的。这是由于作女佣孤身一人，工资微薄，要积攒一笔养老金实非易事，只有干到不能再干的年龄为止。

表3　女妇侨国外时间分组　　　　　　　　　　　　　单位：人

年数	5年以内	10～40年	41～50年	51～60年	60年以上	总计
顺德县	19	160	104	24	9	316
沙头乡	6	10	2	1	0	19

表4　女妇侨回国时年龄分组　　　　　　　　　　　　单位：人

岁数	20～39岁	40～59岁	60～69岁	70～79岁	80岁以上	总计
顺德县	0	0	38	214	56	308
沙头乡	0	0	5	10	3	19

女佣工作繁杂，仰人鼻息受尽牛马之苦，而工资低于一般工人。据归侨介绍，她们刚去时工资任人给，有的甚至不付工资只供衣食，以后也不过20～40元。50年代，工资随物价波动也只有200～450元不等，若懂点英语在欧洲人家打工才可挣600元左右。她们一生辛苦，老时多患风湿关节肿大。落叶归根是她们的最大愿望，但积蓄无几，能回国与亲人团聚者少，多数只能客死异乡。归侨黄莲英说："有些姐妹在外无人照顾，死后三天都无人知。"

（3）迁入地集中，入当地国籍者多，老年归国定居者多。受迁移者本身条件与迁入地特点制约，女劳工迁入地集中，到新加坡者占66.7%，马来西亚占21%，其他国家只占12.3%。顺德女劳工已登记国籍的315名归侨中，入新加坡籍者192人，入马来西亚籍者80人，入其他国籍者5人，共占总人数的86.3%；保留中国籍的只有43人，占13.7%。台山归侨362人，入外国籍者50人，仅占总归侨人数13.8%。这种差异，一是由于女佣职业社会地位低下与心理上的自卑感，自我抗争能力不如男性等因素迫使，只有加入当地国籍，便于消除与当地居民隔阂，和利于得到迁入国的保护和物质利益，男性移民这种心理压力和实际困难相对少些。二是由于新加坡、马来西亚，尤其是新加坡对华人入籍取欢迎态度；而美、加等国排华法案则对华人入籍设置种种障碍。

基于女佣特点制约的同一原因，与台山比较，归国定居人数顺德大大多于台山。（见表5）按旅外华侨、港澳同胞人数台山是顺德的3.5倍，而女归侨回国定居人数，台山每万人中只有1人，顺德则是10人。

（4）女劳工职业与家庭亲属情况。

女劳工出国前职业：300多名女归侨中，除69名为工人（包括佣工）、1名尼姑外，其余均为农民。出国时家庭生活来源，在沙头乡19名问卷的归侨中，种桑、种田者12人，缫丝做工者5人，务商2人；家庭人口：7～10口者9人，4～6口者10人，其中独女4人。可见，生活贫困、人口多的劳动人民家庭女性外出多，独女也让出国谋生。

表5　顺德、台山归国定居人数比较　　　　单位：人

县名	全县总人口	旅外华侨、港澳同胞人数	归国定居人数	其中女归侨人数	占总归侨人数百分比
顺德	835803	32万	337	319	94.7
台山	948614	113.5万	362	117	32.3

女劳工中绝大多数是自梳女。自梳女是封建婚姻的反抗者，也是争取独立生活的强者；但他们并未摆脱封建宗族观念的束缚，认为只有父系亲属才是自己应该依靠和接济的对象，这一特点特别突出。其在国外有联系的亲属95人，在国内同居的亲属295人，无一人是母系亲属。

（作者单位：中山大学人口研究所）

（五）在社会主义初级阶段我国女性人口文化素质亟待提高①

陈印陶

党的十三大报告题为《沿着有中国特色的社会主义道路前进》指出："我国社会主义初级阶段，是逐步摆脱贫穷、脱离落后的阶段；是由农业人口占多数的手工劳动为基础的农业国，逐步变为非农产业人口占多数的现代化的工业国的阶段；是由自然经济半自然经济占很大的比重，变为商品经济高度发达的阶段；是通过改革和探索，建立和发展充满活力的社会主义经济、政治、文化体制的阶段；是全民奋起，艰苦创业，实现中华民族复兴的阶段。"为了完成这个阶段的历史使命，把我国建设成为富强、民主、文明的社会主义现代化国家，报告明确指出："从根本上说，科技的发展，经济的振兴，乃至整个社会的进步，都取决于劳动者的素质的提高和大量合格人才的培养。"

第三次人口普查，我国女性人口为 488636422 人，占全国人口的 48.67%，其中在职人口为 227844338 人，占全国在职人口的 43.69%，是真正的"半边天"。她们的科学文化素质如何，对我们实现社会主义初级阶段的宏伟目标举足轻重。

1. 我国女性人口文化科学素质状况

人口受教育的程度，是人口文化科学素质的基础标志。人口中的文盲率、初级教育普及程度、中学大学入学率、大学生和科技人员的比例是观察人口文化科学素质的主要指标。

从表 1 我们可以看到，我国女性人口受教育程度与欠发达国家女性受教育程度相似，而与发达国家相比则相距甚远。与世界总的教育水平比较，我国女性文化科学素质是极低的。具体表现在以下几方面。

（1）文盲半文盲比例大。

根据第三次人口普查我国 12 岁及以上人口中，女性文盲半文盲占 45.23%，其中 60 岁及以上人口的 95.43% 是文盲半文盲，这是旧中国"女子无才便是德"、妇女受教育权利被剥夺了的恶果。但是新中国出生的 30～34 岁、35～40 岁年龄组中的文盲半文盲也分别高达 40.31%、43.40%。更有甚者，根据全国

---

① 本文原载《南方人口》1988 年第 1 期；中山大学人口研究所编：《人口研究论丛》，1988 年。

儿童抽样调查资料，1983 年儿童受教育情况统计，不在校女性儿童占该年龄组人数的百分比，7 岁为 40.8%，8 岁为 19.2%，到 13 岁已占 30.7%，14 岁竟占了 43.9%。也就是说，有近一半的女童没有受完小学教育，新一代的文盲半文盲在不断形成。

与其他国家相比，中国女性的文盲半文盲比美国多 43.83%，比日本多 44.23%，比苏联多 44.93%，比斯里兰卡也多 13.73%，只低于印度。女性在全世界每个国家都不同程度地受到歧视，他们受教育的程度与男子相比普遍为低。全世界文盲半文盲 7 亿多，2/3 是女性。中国目前情况也不例外，全国文盲半文盲中有 79.69% 是女性。

表 1　中国与世界部分国家按性别分组各种文化程度比较①

国别	中国		印度		斯里兰卡		南朝鲜		美国		苏联		日本	
普查时间	1982 年		1971 年		1971 年		1971 年		1970 年		1970 年		1970 年	
性别	男	女	男	女	男	女	男	女	男	女	男	女	男	女
高等教育比例每万人中人数（%）	1.23	0.66 32	3.2	2.2 25	2.0	1.3 78	10.2	3.1 216	22.6	18.2 1359	8.8	7.9 402	12.0	5.1 389
中等教育比例每万人中人数（%）	42.27	37.63 1874	41.3	34.4 3838	57.7	46.5 2814	47.4	32.3 2237	49.8	56.6 4229	61.4	63.5 3249	27.9	32.0 2459
初等教育比例每万人中人数（%）	56.50	61.71 3085	33.2	39.4 4388	23.7	19.8 1196	31.5	41.5 2875	26.2	23.8 1776	29.8	28.6 1463	49.3	53.9 4146
文盲半文盲比例（%）	19.15	45.23	52.3	80.7	14.0	31.5	10.9	23.0	1.4	1.4	不详	0.3	0.4	1.1

（2）初级教育普及率不高。

根据全国儿童抽样调查，1983 年学龄人口入学率只有 75.9%，其中小学 63.3%，初中只有 12.5%，女童到 14 岁已有 43.9% 不在校学习。

（3）大学生和科技人员比重小。

1982 年我国女性人口每万人拥有的大学生是 32 人，和其他国家相比差距是很大的。与发达国家 1970 年数字相比，美国、苏联、日本分别是我国的 42.5

---

①　注：中国人口统计数从 6 岁及以上人口计算，文盲半文盲为 12 岁及以上人口计算，其他国家从 15 岁及以上人口计算；女性每万人中人数以女性总人口计算。资料来源：中国根据 1982 年第三次人口普查资料计算；其他国家资料分别根据沈益民编著《近三十年世界人口普查和人口概况》计算。

倍、12.6倍、12.4倍。亚洲经济发达的"四小龙"之一的南朝鲜，1971年是我国的6.8倍，连经济落后的斯里兰卡也是我国的2.4倍，只有印度比我们稍低。科技人员所占比重也是不高的，此项指标将在经济活动人口中分析。

2. 文化素质低对行业职业的分布影响

作为社会的人，首先是生产者，是从事社会物质生产、发展社会生产力最活跃最积极的因素。随着社会生产力的发展和科学技术的突飞猛进，生产与管理以至全部经济过程分工越来越细，生产的各个环节和各种工艺技术要求也越来越高，必然要求各部门就业人口具备与之相适应的文化科学素质。如在电脑应用普及的国家，不懂得电脑的应用，便是科盲，就业就很困难。文化科学素质低，就业的行业和可选择的工种都会受到诸多限制，而他们在经济活动中所起的作用也更有限。人口的科学文化素质对社会生产力的提高和科学技术的进步起着重要的促进或阻碍作用。因此，也是衡量一个国家经济发展水平与科学技术力量的重要标志。

表2 各行业人口文化程度与女性经济活动人口行业分布比重 （%）

行业别	各种文化程度所占比重				女性经济活动人口行业分布	
	大学	中学	小学	文盲半文盲	占该行业人数比重	占女性总就业人数比重
农林牧渔	0.04	26.90	37.16	35.90	46.2	78.0
工业	1.54	60.32	30.25	7.89	40.8	12.8
地质勘探和普查业	6.68	63.85	26.48	2.99	22.1	0.08
建筑业	1.82	57.87	33.45	6.84	18.9	0.9
交通、运输、邮电、通讯	1.02	59.09	30.80	9.09	22.9	0.9
商业饮食业、物资供销及仓储业	0.67	56.16	27.14	7.03	43.2	2.9
住宅管理、公用事业管理、居民服务业	0.64	54.79	30.99	13.58	44.9	0.5
卫生、体育、社会福利事业	9.36	73.22	15.94	1.38	48.1	0.9
教育文化艺术事业	12.19	80.15	6.44	1.22	35.4	1.9

续上表

行业别	各种文化程度所占比重				女性经济活动人口行业分布	
	大学	中学	小学	文盲半文盲	占该行业人数比重	占女性总就业人数比重
科学研究和综合技术服务	29.08	56.84	13.23	0.96	36.6	0.2
金融保险业	1.95	83.02	14.34	0.69	31.9	0.1
国家机关、政党群众团体	6.82	72.87	17.77	2.54	20.4	0.7
其他行业	2.08	53.95	30.60	13.37	36.7	0.05

资料来源：根据第三次人口普查资料计算。

从表2、表3所示，我国女性在业人口的行业分布与职业结构存在着不合理的现象。

表3　各种职业人口文化程度与女性经济活动人口职业构成比重　（％）

行业别	各种文化程度所占比重				女性经济活动人口行业分布	
	大学	中学	小学	文盲半文盲	占该行业人数比重	占女性总就业人数比重
各类专业技术人员	13.05	76.94	10.01	—	38.3	4.4
国家机关党群组织、企事业单位负责人	6.41	64.66	26.97	1.96	10.4	0.4
办事人员和有关人员	4.16	76.44	18.22	1.18	24.5	0.7
商业工作人员	0.29	65.51	27.82	6.38	45.9	1.9
服务性工作人员	0.12	45.12	36.95	17.81	47.9	2.4
农林牧渔劳动者	0.14	26.28	37.05	36.53	46.8	77.1
生产工人、运输工人和有关人员	0.18	59.23	32.16	8.43	41.7	0.08

资料来源：根据第三次人口普查资料计算。

（1）经济活动人口分布在第一产业多。

女性经济活动人口分布在农林牧渔业占78％，工业、建筑等行业的第二产业只占14.5％，而适于女性工作的商业、邮电、文教卫生等部门的第三产业中则仅占 7.5%。这种分布的不合理，一是由于我国在社会主义初级阶段，自然经济半自然经济占很大比重，依靠手工劳动，整个产业结构，处于生产农业性初级产品的第一产业结构，向工业性加工制造业的第二产业转变阶段，而为物质生产和人民生活提供服务的第三产业刚刚兴起，绝大部分在业人口集中在农林牧渔业。正是"十亿多人口，八亿在农村，基本上还是用手工工具搞饭吃"局面的具体反映。印度情况和我们相似，在第一产业的女性经济活动人口占女性总经济活动人口的 82.57%，在第二产业中占 8.04%，在第三产业中占 9.39%。经济发达的美国、日本则不同，1970 年女性经济活动人口在行业中所占比重，在第一产业中美国占 21.14%，日本占 25.69%；而在第三产业中，美国占 77.71%，日本占 56.04%[①]。行业的构成受国家生产力发展水平的制约，但就业人口选择行业有一定自由，尤其是现在改革开放在不断地深化，我国第三产业发展迅速，女性就业人口能否由第一产业向第二产业、第三产业转移，关键则由就业者个人文化素质决定了。女性经济活动人口文化素质不高，在竞争中必然受到多种阻力。

（2）经济活动人口职业分工中体力劳动者多。

农林牧渔劳动者的女性占女性经济活动人口总人数 77.1%，而脑力劳动职业各类专业技术人员只占 4.4%，国家党政机关、事业企业单位负责人则只占 0.4%。与其他国家相比仅优于印度，不如斯里兰卡，和美、日相距则很大。女性在农林牧渔劳动者的比例 1971 年印度占 82.51%，斯里兰卡占 60.98%，1970 年美国占 0.79%，日本占 18.25%。中国与之相比较，女性农林牧渔劳动者是美国的 97.5 倍，是日本的 4.2 倍，斯里兰卡的 1.26 倍。而脑力劳动职业，各类专业技术人员女性比例，1971 年印度是 2.73%，斯里兰卡是 9.04%，1970 年美国是 15.6%，日本是 8.25%。[②]与中国相比较，斯里兰卡是中国的 2.05 倍，美国为 3.5 倍，日本为 2 倍多。中国女性从事体力劳动多，从事脑力劳动少，其中决定的因素是我国女性人口文化素质低所致。

（3）经济活动人口的行业分布和职业结构所占比重多少与该行业职业文化素质要求成反比。

从各种文化程度层次中取大学与文盲半文盲两头指标排列，大学生所占比重多的次序：第一是科学研究和综合技术服务，第二是教育文化艺术事业，第三是卫生体育社会福利业，女性就业人口在这三个行业中分别仅占女性总就业

①　引自沈益民编著：《近三十年世界人口普查和人口概况》，群众出版社 1983 年版。
②　同上。

人口的0.2%、1.9%、0.9%。从职业看第一是各类专业技术人员；第二是国家党政机关和企业负责人；第三是办事人员和有关人员，此类人员即干部。女性就业人口在该职业中所占比重，占女性总就业人口的比重分别为4.4%、0.4%、0.7%。文盲半文盲所占比重最多的是农林牧渔行业及劳动者，女性经济活动人口在这个行业中和从事劳动的分别占女性的经济活动总人口的78%与77.1%。

综观以上指标，可看到我国的女性经济活动人口的行业分布和职业分工均都受文化素质低的影响。党的十三大报告中指出：在社会主义初级阶段，"发展生产力是全部工作中心"。作为劳动力资源，文化素质的高低则对生产力的提高程度产生直接重要作用。占我国经济活动人口近一半的女性，其文化科学素质的提高实在是一个不容忽视的问题。

3. 文化素质低对人口再生产的影响

社会人口再生产是人类自身不断更新、世代不断更替延续和发展的过程。这一过程，包括人口数量与质量的再生产，受着社会生产关系、经济发展水平、婚姻家庭形式、文化教育程度以及医学进步诸因素的影响和制约。其中文化教育因素对人口再生产的影响，是极为重要的。父母的文化教育水平越高，愈能掌握生理规律自觉接受计划生育，生育率也愈低，也愈能注意要求自身和第二代素质的培养和提高。反之，则较难接受计划生育，人口素质也愈被忽略。作为繁衍后代的直接承担者和子女最亲近的伴侣和最早的教育者的育龄妇女来说，文化素质对人口再生产所产生的影响更为直接。根据美国人口咨询社1981年世界人口资料表明，总生育率的高低和经济发展与受教育程度关系很大。总生育率发达国家为2.0，发展中国家则是4.3，其中非洲为6.3，拉丁美洲为4.4，亚洲为3.9，欧洲只有1.9，非洲是欧洲的3.4倍。生育率最高的利比亚是7.4，美国只有1.8，利比亚是美国的4.1倍，而利比亚85.2%的妇女是文盲半文盲，美国妇女不识字的只有1.4%。

根据中国千分之一人口生育率抽样调查，15～49岁的育龄妇女文化程度，文盲半文盲占37.2%，小学占30.4%，中学占22.3%，高中占9.61%，大专占0.45%。2/3的育龄妇女文化程度处于低层次，而不同文化程度的育龄妇女对人口再生产的差异是很大的。

（1）文化素质高低与控制人口数量自觉程度成相关关系。

1）育龄妇女文化素质越高，早婚比例越小，晚婚比例越大。

结婚时间的早晚是影响生育率高低的因素之一。我国1982年15～19岁的育龄妇女已婚者，文盲半文盲为 39.5%，小学 34%，初中 22%，高中 4.5%，大专为 0。育龄妇女的不同文化程度和早婚年龄恰成正比。

2）育龄妇女文化素质越高，生育率越低，多孩比例也越低。

从表 4 可以看到育龄妇女的生育率和多孩比例随着其文化程度的高低而波动。生育率：文盲半文盲妇女为 94.50‰，分别是小学妇女的 1.10 倍，初中妇女的 1.40 倍，高中妇女的 1.48 倍，大学妇女的 2.24 倍。多孩生育比例，文盲半文盲妇女高达 40.34%，分别是小学妇女的 1.5 倍，初中妇女的 4 倍，高中妇女的 12 倍，大学妇女的 25 倍。

从不同文化程度平均生育子女数看，1982 年 35、40、45 三个年龄组，大学文化程度的只生育 1.94 个，高中 2.41 个，初中 3.08 个，小学 3.81 个，文盲半文盲则是 4.74 个，依文化层次降低而增多。

不同职业妇女受其职业文化素质影响，所生育子女多少差异也极大。多孩率，农林牧渔劳动者高达 31.7%，无职业妇女 27.93%，其他职业妇女则在 2%～4%。

从表 4 还可以看出，育龄妇女文化素质越低，领取独生子女证者越少。

表 4　不同文化程度的育龄妇女生育与领取独生子女证状况

文化程度	占育龄妇女 %	生育率 ‰	多孩生育比例 %	其中 %			领取独生子女证 %
				3 孩	4 孩	5 孩	
大学	0.45	42.18	1.60	0.98	0.33	0.29	20.87
高中	9.61	63.88	3.39	2.47	0.57	0.35	7.85
初中	22.30	67.43	9.21	5.72	1.97	1.52	9.46
小学	30.41	86.25	26.91	13.85	6.80	6.26	4.85
文盲半文盲	37.23	94.50	40.34	17.60	9.88	12.86	3.02

资料来源：根据全国千分之一生育率抽样调查资料计算。

（2）人口素质高低与人口质量关系密切。

人口质量关系到整个民族文化科学素质的提高和生产力的发展水平，也影响人口数量控制的成效，而决定下一代人口质量的诸因素中，父母的文化科学素质有重要作用。根据国家统计局今年七月对 14506 位 14 岁儿童家长问卷调查，表明家长的文化程度对其子女将来接受教育高低的愿望密切相关。内蒙古自治区调查文化程度大专以上的家长有95%希望自己的子女读完大专以上学校，中等文化程度的家长有这个希望的只占67.2%，文盲半文盲则占56.3%，家长的不同文化程度与职业构成对其子女的成长有明显作用。根据广东青少年研究所用随机抽样方式分别抽取正常少年和违法犯罪少年各50名进行调查比较分析①，说明父母的文化程度和职业对两组少年的品质形成作用是不同的。如表5所示，青少年犯罪组的父母职业是工人农民的占了86.7%，父母是干部教师、科技人员的只占13.3%。正常组父母职业是工人农民的占43%，其他占57%。犯罪组的父母是工人农民的比父母是干部、教师、科技人员的多了一倍，而正常组的两组家庭比例差距不大。从文化程度看，父母是文盲小学程度的，犯罪组占64%，正常组占24%，犯罪组比正常组的多40%；父母是中学文化程度的犯罪组占36%，正常组占33%，比差不大；而大学的比例悬殊，犯罪组为0，正常组占43%。当然，造成青少年犯罪的原因是多方面的，但家庭的文化教养对子女的成长关系不能说没有影响，作为生育子女的直接承担者和孩子最亲密的母亲来说，其文化素质对第二代的影响更为显著和重要。

表5　少年犯罪与父母职业的关系　　　　　　单位：人

父母职业	父母所占人数		父母文化程度	父母所占人数	
	犯罪组	正常组		犯罪组	正常组
工人	54	41	大学	0	43
干部	8	13	高中	2	18
教师	1	22	初中	30	15
科技人员	2	22	小学	46	22
农民	18	2	文盲	10	2

综上所述，作为女性人口既是物质生产者又是人口生产者，在社会主义初级阶段，她们的文化素质亟待提高。只有这样，才能完成这个艰巨的双重任务，为我们的社会主义祖国发挥真正半边天的作用。

参考文献

[1] 刘铮. 人口理论教程 [M]. 北京：中国人民大学出版社，1985.

---

① 曹南才、范任妹：《浅谈促使少年不良交往产生的社会环境》，《南方青少年研究》，1984年第1期。

［2］梁中堂. 人口素质论［M］. 太原：山西人民出版社，1985.

［3］中国1‰人口生育率抽样调查1982年学术讨论会论文集［J］. 人口动态，1986（5）.

［4］全国千分之一人口生育率抽样调查分析. 人口与经济［J］. 1983.

［5］郑桂珍，陈月新. 从几项统计数字看我国在业女性的现状［J］. 中国妇女，1987（1）.

（作者单位：中山大学人口研究所）

（六）谈贞节观念与妇女彻底解放[①]

陈印陶

当前我国正在进行的经济、政治体制改革，是社会主义初级阶段发展社会生产力的重大战略决策，随着这种改革的全面深入展开，将极大地调动人们，包括妇女在内的智慧和力量，产生巨大的社会创造力，为社会创造大量财富；也形成了强大的社会冲击波，冲击着人们的传统偏见和一切陈腐观念，深深地震动着人们生活的各个方面。人们的思想意识和精神状态已开始发生深刻的变化，以适应迅猛前进的时代步伐。精神文明建设已成为社会发展的客观需要和人们的自觉要求，这种大好形势为妇女进一步冲破封建主义的、资本主义的精神枷锁，争取彻底解放创造了极为有利的条件。然而，经历了两千多年的历史发展，逐渐形成了人类历史上最完整、最严密的封建主义意识形态，许多已变成了中华民族的伦理道德的有机部分。在社会主义的历史条件下，它们以新的形式和面貌出现，束缚人们的思想，阻碍改革的进程。本文仅就其中封建的贞节观念对妇女思想解放的影响与危害，作一粗浅的剖析。

1. 历史的回顾

人类社会随着母系氏族公社的解体，私有制和阶级的产生，男子便取代了妇女在社会与家庭事务中的主宰地位，形成了以男子为中心的宗法社会体系。妇女依附男子，沦为传宗接代的工具，包揽家庭劳务的奴隶和丈夫会说话的私有财产，完全丧失了作为独立的"人"而存在的思想行为的自由。为使妇女俯首帖耳，便于男子对妇女从肉体到灵魂，从生到死能全部绝对占有，最有效，也是最毒辣、最冷酷的一招，就是要求妇女恪守贞节，"从一而终"。这是套在妇女脖子上的锁链，用以麻痹控制妇女的思想，巩固男子的绝对权威。经过历代封建王朝的提倡、鼓励，法律宗规的褒奖严惩，守贞节烈者为之树贞节牌坊烈女碑，县志也专章立传流芳，誉为家族的光荣，妇女的楷模。辱贞失节者，便是女中败类，门庭不幸，不是被捆绑沉塘，就是一辈子休想抬起头做人。"贞节是女人的美德"，经过封建伦理道德卫道士与御用文人从理论上充分论述与文字形象描绘，《女论语》、《女诫》、《烈女传》便成了女人做人的立身的圣经。

---

① 本文原载中山大学人口研究所编：《人口研究论丛》，1988 年。

"夫为妻纲"、"烈女不事二夫"、"饿死事小，失节事大"就成了天经地义的妇女道德最高规范，贞操成了衡量妇女品德的重要标志，它的价值甚至超过妇女生命的价值。潘金莲也就成了遭人唾骂的千古"淫妇"，而勾引她的西门庆倒没有什么，虽则他有一妻三妾，并且还不知道引诱、强抢过多少良家女子。贞节成了妇女的专有"特权"和"美德"，也成了封建伦理道德的有机部分，是千百年来禁锢妇女一举手，一投足，一生一世最残酷的无形枷锁。

辛亥革命结束了中国历史上两千多年的封建君主统治，觉醒了中国人民中的先进分子，高举民主与科学两面大旗，以《新青年》杂志为阵地，向一切旧思想旧道德发起了猛烈的攻击；新文化运动和五四爱国运动迎来了中国历史上空前的思想大解放，受到新思潮洪流的激荡；妇女解放运动也随之兴起，反对男尊女卑、反对封建贞节观念，要求恋爱自由呼声很高，陈独秀、李大钊、鲁迅、胡适等人都专门撰文批判贞节观。鲁迅曾义正词严："不节烈的女子为何害了国家？"他一问"节烈是否道德"？二问"多妻主义的男子，有无表彰节烈的资格？"他分析了节烈思想对妇女的种种迫害后指出："我们据以上的事实和理由，要断定节烈这事是：极难，极苦，不愿身受，然而不利自己，无益社会国家，于人生将来又毫无意义的行为，现在已经失去了存在的生命和价值。"他疾呼："人类都享受正当的幸福！"《新青年》还专门组织了贞节问题的讨论，启迪了妇女的觉悟，她们开始认识到要争取男女平等婚姻自由就必须冲破牢牢控制妇女身心的贞节观念，不能再做它的奴隶。反封建的新文化运动对旧礼教的批判，对妇女思想解放产生了很大影响，特别是对部分先进知识妇女和后来的革命根据地妇女有重大作用。要求婚姻自主，童养媳参加革命的事例不少。但是，伦理道德、风俗习惯要改变决非朝夕之举，更何况国民党统治下的社会是半封建半殖民地社会，封建主义与资本主义结合，妇女仍然是男子的附属品。中华民国的褒扬条例第一条第二款规定："妇女节烈贞操可以风世者，予以褒扬"，并规定节妇"守节年限自30岁以前守节至50以后者"，"贞妇守贞年限与节妇同"；"节妇"、"烈女"为"凡遇强暴不从致死或羞念自尽及夫亡殉节者"。中华"民国"，"民众"的国家，标榜自由民主，公然用法律鼓励妇女以死殉夫，以死卫贞，妇女作为民众的一半，没有自己的自由，还要被贞节观牢牢控制着，继续遭受男子的统治和压迫。

历史的回顾有助于对当代生活的理解，性道德的畸变历史过程，说明贞节观念对当今社会与现代妇女潜在影响之深，危害之大，要彻底解脱之艰难。

新中国成立，使千百年来生活在最底层的妇女见了太阳，掀掉了压在中国妇女头上的政权、族权、神权、夫权四座大山，社会主义制度使妇女在政治上有了与男子平等的权利和义务，从法律上对妇女合法权益予以保护。有了参加社会工作、接受教育的权利，婚姻上有了自主权，家庭中有了发言权，妇女的政治社会地位有了极大的提高。据统计，全国人民代表中女代表人数由 1954 年的 12% 逐年上升，到 1983 年全国六届人大女代表已达 21.2%；在县级领导班子中女同志约占 14.19%；女性在职人数有 2 亿多，占总在业人口的 43.79%。1985 年广东省劳模中女性占 18.45%，特等女劳模占 16%，这些都说明我国妇女解放取得了可喜的成果。但是若和占全国总人口 48.67% 女性总人口比较，还没有充分发挥"半边天"的应有作用。

造成这种状况的原因是多方面的。新中国成立虽已 30 多年，实行的是社会主义制度，但是它是从旧中国脱胎出来的，正如马克思所说："它在各方面，在经济、道德和精神方面都还带着它脱胎出来的那个旧社会的痕迹。"社会主义制度只是人类完美社会共产主义社会的初级阶段，需要不断地进行探索改革、自我完善外，还要彻底清除"那个旧社会的痕迹"并不容易，完全抹去积淀在妇女心灵上的灰尘成为困难。旧的经济关系与旧的思想并不是同步变化的，因为思想意识伦理道德观念是通过整个社会的心理、舆论、风俗习惯、生活方式等各方面表现出来的，无时无刻不影响人们，具有很大的延续性和稳定性，即使是社会经济政治制度发生了重大改变，也会在新的形势下，以新的面貌潜移默化地左右人们的思想和行为。清除旧的伦理道德观念，绝非一朝一夕的事，需要全民族作艰苦的长期的奋斗才有成效，这就是精神文明建设在今天的重要性和艰巨性之所在。所以，处于改革新潮的今天，妇女要进一步彻底解放，就必须清除滞留在思想上的封建的资本主义的残迹，而清除"从一而终"的贞节观念尤为重要。

2．贞节——"处女"的价值

婚前没有性行为的女子叫"处女"；未完婚或已结婚，丈夫死了而不再嫁者叫"贞女"；以死殉夫或以死抗辱的妇女叫"烈女"。"贞女"与"烈女"的前提资格必须是"处女"。处女便成了衡量女子价值——甚至能否作为"人"而继续生存的重要标准。女子有失身之事，若被发现，不管是男女之情，还是被暴徒所辱，她都只能死路一条，自己不以死赎罪，家族也会将她处死；为确保每个处女的纯洁，封建道德规范对每个妇女的要求是极其严厉而残酷的。

唐代《女论语》是教育妇女立身的教科书。它教育妇女："凡为女子，先学立身，立身之法，唯务清贞，清则身洁，贞则身荣。"女子只有保持贞操，才能嫁个好丈夫，换取荣华富贵，失去贞操也将失去一切。在今天处女仍然是衡量妇女价值的重要砝码，只不过程度和表现形式不同而已。

在农村黄花闺女的标价越来越高，有的聘礼（陪嫁是娘家女儿处女价值的反映，只是地方风俗各异，实质一样）要上千元，有的干脆论斤计价，随着生活的富裕要价也越来越高。对于婚礼，是人生大事要庆祝一下是无可非议的。但那种认为"一辈子就这一回"，因而大事操办，所耗财力物力大大超过双方经济承受能力，其中就有受处女价值观念折射的影响，而且有越来越盛的趋势，不办不行，办得不隆重还不行，不然就是那闺女不值钱，甚至可能有问题，把"处女"当作商品作一次性交换。因为妇女再嫁是不能要财礼和大操办的。因之，男子对娶来的妻子是否是处女就特别重视，初婚之夜若不见血，则怀疑不是处女引起风波，甚至就此离异的不在少见。其实现代妇女生活运动量大，激烈运动如骑马、跳高，大运动的舞蹈都可能引起处女膜破裂，以及有些女性的生理特点不同，不出血就未必不是处女。再者倘若婚前有过性行为，作为一种生物现象是相同的，但动机背景则很不相同，应作具体分析。是年少无知一时冲动，还是被骗上当，或是受环境威逼或被强人所辱，只要能真诚认识过去又能忠于现在的爱情，应是可以得到谅解的。处女仅是一种标志。真正的爱情重要的不在于过去，而在于现在和将来能否忠诚坚贞。《浮生六劫》中的车沪生因她不是处女献出了生命，靖康也将为之付出代价痛苦一生，他们都是贞节观的牺牲品。

女子不是处女，男子和社会如此看重，是由于久已存在的社会传统偏见。而女子对男子是不是童男则不如男子那么计较，一是男子在婚前是否有过性行为不易分辨；二是历史形成的只对女子要求贞节，男子多妻合理的思想残余和女子依赖男子心理上的软弱表现，社会舆论也认为是合理的，这是极其不公平的。性道德应是男女双方的约束。妇女只有从贞节观念中自我解脱出来，才能断然拒绝以各种形式把"处女"商品化，更新妇女自身的价值观念，才能有勇气和能力分析与正视支配自己行为的深层心理，做一个自主自重的开拓型新女性。

3. 现代妇女心理上的贞节牌[1]

"忠臣不事二国"、"烈女不事二夫"被等同视为中华民族伦理道德中的美德。妇女不贞与再嫁和叛国逆臣一样被看成是家族的奇耻大辱，当事人必定遭到严惩。不管是被捧为"节女"还是诬为"淫妇"，只要丈夫一死，妇女就被

---

[1] 此节刊于《中国妇女》1987年第5期。

剥夺了再婚权利，所以虽然活着，也叫"未亡人"。一座座"贞女""烈妇"牌坊石碑，不仅仅是夺去了无数少妇的青春和生命，也是钉在广大活着的妇女心上的十字架。冷酷的示范作用，使无数妇女为家族和个人的"名誉"不得不背上沉重的十字架，苦受煎熬断送一生。因此，旧社会妇女丧偶后不再婚者特别多，离婚者则女性少于男性。根据 1982 年人口普查电子计算机汇总资料分析，在 60 岁至 79 岁老年人口中，女性丧偶（指在普查时已丧偶未再婚者）人数比男性多 12261430 人，占这一年龄组丧偶人数 70.9%；80 岁以上丧偶人口女性是男性的近三倍。离婚状况，在 60 岁至 79 岁这一年龄组中女性只占 21.6%。女性丧偶者多于男性，虽受女性寿命长于男性，一般丈夫年龄大于妻子先故概率也高的影响，但也和受贞节观念左右有关。1985 年笔者到海南岛调查百岁老人状况，一生中丧偶后再婚者，女性 3 人，占女性百岁老人 11.3%，再婚次数最多一次；男性 4 人，占男性百岁老人的 37.5%，再婚次数最多 6 次，琼中县的王清新老人第六次结婚时正好 100 岁。这些在旧社会生活了大半辈子的老年人婚姻状况，就证明了贞节观念对妇女的约束，男子则不受约束。

新中国成立以来，从"刘巧儿"、"李二嫂改嫁"争取选婿与再嫁的婚姻自由权利，到"安娜·卡列尼娜"的受欢迎以及最近"潘金莲"上演引起的轰动，说明了贞节价值观念的变革。尤其是党的十一届三中全会以来，改革的浪潮冲击着离婚、再婚不光彩的世俗偏见，不少妇女开始勇敢地从丧失自我的婚姻中走出来，尽管是含着被亲友诘难的泪、忍着舆论非议的痛苦，还是断然去寻找自己的幸福，展示了妇女作为一个社会平等、独立人格的人自我意识的觉醒。从沈阳市 1981 年到 1982 年上半年离婚案件材料分析便得到了印证。[①] 新《婚姻法》实行前的 1981 年全市受理的离婚案 2146 件，新《婚姻法》公布后的 1982 年为 3481 件比 1981 年上升 62%，这个数字与全国的平均统计数字相比，基本一致。而且该市在复审的 1000 对离婚案件中女方提出离婚的竟占 81.9%。

这个情况和 50 年代离婚案件增多相似，虽然具体动因不同，但却标志妇女解放的进展。当时是反封建争取婚姻自由，是新民主主义革命的成果。现在离婚率上升，是由于"文化大革命"把社会文化，包括人的正当性爱，追求美满家庭生活的合理愿望也通通革掉了。"四人帮"的倒台，被禁欲主义伪道学压抑着感情可以开始表露了，更主要的是开放政策、城乡经济的发展和体制的改

---

① 引自赵子祥：《导致夫妻离婚原因的调查——对沈阳市 1000 份离婚案卷的综合分析》，《婚姻家庭探索》，第 335 页。

革，提供发挥个人才能的机会，竞争使一部分人得到了明显的社会与经济上的效益，也为妇女创造了走向社会、增长知识、展现才干和男子一样的机会。在社会实践中，各行各业的"女强人"、女先进工作者不断涌现，她们发现自己和男人一样能干。浙江省已有200多万农村妇女走出厨房，占了全省乡镇企业人数的一半。服装之乡的义乌县大陈乡，服装行业女性占了80%，全乡是靠妇女致富的。① 全国县级创外汇状元东莞市的常平区有个规定，每月创外汇超过3000港币的才能当劳模，该区去年23名劳模全部是女性。现在全国的女厂长、女经理、女大学生、女博士越来越多，女省长、副省长也有了五个，妇女有了争取政治社会地位、经济权利和个人幸福的新前景，极大地激发了她们的自主意识，包括贞节观念的淡薄。离婚率的一时上升，不能不说是党的十一届三中全会以来政治民主、物质生活日趋丰富、人们思想解放的必然结果，当然其中也不乏因受西方资产阶级杯水主义恋爱观的影响任意离婚的，这是必须引起重视予以教育的。

勇于解脱不幸婚姻仅是一个侧面，能否在离婚、丧偶后敢于再婚，才是衡量妇女解放深度与贞节观念淡薄的尺度。深圳是我国最早实行开放政策的特区，我们将深圳妇女的婚姻姻状况作一分析，会有某些启示。

深圳特区为新建，迁入人口多为青壮年，15岁及以上婚龄人口占全市总人口的比例高于深圳市、广东省与全国，因此，丧偶人数均低于深圳市、广东省与全国。但在丧偶人口中，女性人数竟是男性的8.62倍，而深圳市为5.96倍，广东省为3.97倍，全国为2.25倍。比全国平均水平高出6.37倍。从年龄组来看，30岁至49岁的丧偶人数中，女性均为男性的近三倍。

婚龄人口占总人口及其婚姻状况的百分比　（%）

地区	婚龄人口占总人口	丧　偶			离　婚		
		占婚龄人口总数	男	女	占婚龄人口总数	男	女
深圳特区	70.71	6.32	1.36	11.72	0.24	0.25	0.23
深圳市	64.73	9.52	2.56	15.24	0.37	0.51	0.25
广东省	66.09	7.96	3.23	12.82	0.54	0.86	0.21
全　国	66.29	7.16	4.45	10.00	0.59	0.92	0.25

资料来源：根据第三次人口普查资料计算。

---

① 《人民日报》海外版，1986年9月28日

深圳特区在第三次人口普查当时已丧偶未再婚妇女如此之多，究其原因：

（1）特区就业机会多，只要肯拼搏就可以获得事业上的成功，不必依靠丈夫也可以解决家庭经济问题，这是最重要的，此外精神也有寄托。

（2）妇女感情丰富，丧偶是婚姻的被动中断，对死去的丈夫不忍感情他移，再婚觉得内心有愧。

（3）再婚，怕人议论面子上过不去，不如全力工作光彩，人们也会夸奖"有志气"。

可见开放较早的特区妇女，思想上的解脱也是有限的，"从一而终"的思想在心理上还左右她们的行为。决定丧偶妇女能否再婚是社会经济地位与心理因素共同作用的结果。因此开放越早，就业机会越多，妇女经济独立程度越高，决定再婚的因素越小，反之只有再婚找一个生活的依靠。这就是深圳特区丧偶妇女再婚率低于深圳市，深圳市低于广东省，广东省低于全国的主要原因之一。

丧偶妇女再婚少，是否由于文化素质低？也不尽然。某大学女职工丧偶者38人，仅一个再婚，占0.26%；丧偶年龄在50岁以下者10人，占26.3%；文化程度大专以上者17人，占44.7%。一个60年代毕业的大学生，丈夫死时才32岁，守着一个一岁多的孩子和婆婆，15年已经过去未再婚，婆婆夸她"好样的"，群众赞她"真不错"。在亲友和社会舆论的赞扬声中，她们便丧失了再寻找爱情的权利，只好在工作之余，默默忍受孤寂之苦。可见开放中的特区妇女也好，高级知识分子妇女也好，都摆脱不掉心灵上贞节牌坊的重压。

离婚则不同，尤其妇女主动提出的婚姻离异，夫妇感情已经彻底破裂，不存在丧偶妇女的两种心理特点，敢于主动提出离婚是妇女自我意识的觉醒，贞节观念已淡薄或消失，经济独立使"嫁鸡随鸡，嫁狗随狗"的观念被婚姻自主人格自主所代替。因此离婚女性与男性人数之差深圳特区仅是0.02，深圳市则是0.26，广东省为0.65，全国为0.67。

妇女心理上的贞节牌坊不彻底摧毁，就无法树立自强自立信念，也就没有能力抵御来自各个方面的攻击和诽谤。妇女做人难，走向社会做一个开拓型的新型妇女更难，妇女要在事业上获得成功并得到社会承认更是难上加难。女人历来就招人评头品足，何况"枪打出头鸟"，若崭露头角，女人内部嫉妒，男人不服气，种种议论、指控、毁誉接踵而来，而乐于为人们所惯用，也最易被舆论所接受，效果最快，打击力最强的便是借助贞洁这个利器。妇女不拘一格讲究仪容美——风流货，爱唱爱跳热爱生活——放荡妇，广交朋友开拓事业——作风有问题，拼命工作少管家务——有了外心等不一而足，以至于妇女的举止言行都得格外小心，不要出格。一个女子和一个男子在一起谈工作，还得把门敞得大大的，免得引人误会，这难道不是贞洁观念在人们心里投下的阴影？

历史上的进程要求人们抛弃旧的传统观念和世俗偏见，更新对妇女气质、节操、道德规范等的原有价值观念，这将不能以某些人的感情好恶为转移，而将成为历史的必然选择。

4. 社会主义需要的贞洁观

节守贞操是一种道德观念，信念的约束，是两性双方的事。男女平等，也应该体现在性道德中，只有男女双方都能信守才有存在的价值，才能成为社会的公德，也才可能造福于家庭社会。只要女子一方节守，男子则可不受约束，这是不公平的，也是不道德的。不道德的畸形道德要强行推行，必然给社会与家庭，男人和女人都带来恶果，几千年的人类历史已作出了证明。

社会主义社会在政治地位、就业受教育、家庭婚姻等方面都使妇女有了与男子同等的权利和义务，在性道德问题上，为什么不能要求平等的权利和同等的义务？

姑娘要珍惜婚前的贞洁，男子也应爱惜婚前的纯真，男女双方都应自我珍重。性道德的自我约束，是美满婚姻的基础，幸福家庭的保证；诚挚的爱情是爱的权利与义务统一的体现，也是社会主义婚姻家庭的道德原则。一方若在性道德方面放松约束，就必然引起爱情的夭折，导致家庭的破裂。

爱的权利与爱的义务的统一，应表现在恋爱的开始到建立家庭的始终，恋爱是男女双方加深了解建立爱情缔结婚姻为建立家庭的准备阶段，双方都有考察、了解对方理想、情趣、气质、性格、爱好的权利，同时双方也有了尊重、爱护对方的义务。相互爱慕的激情应受社会主义道德约束和法律约束，不能听任人的自然本能支配。因此，婚前发生性行为超越了恋爱阶段的权利，其结果是极其严重的；事后不能正式结合，是对双方身心自由的践踏和摧残；即使成为事实婚姻，由于草率也可能播下了离异的种子。据沈阳市1981—1982年1000份离婚案件分析，"一见钟情，未婚先孕"而离婚的有214件，占总数21.4%。

对爱情的坚贞专一，是持续与巩固美满婚姻的重要条件，也是社会主义婚姻道德的义务。唯有如此，夫妻双方才互敬互爱，采长补短，经得起生活中荣辱升迁与一切变故的考验，也是维系家庭、安定社会的重要因素。

坚贞的爱情和爱情的利己主义是绝不相容的。坚贞的爱情是奉献，不是索取，为了所爱的人可以牺牲自己；爱得愈深，奉献愈多，自我牺牲愈甚，也就不会出于利己的动机见异思迁，朝三暮四，把婚姻当做儿戏轻易背叛自己的爱情，也是自己应尽的义务。对离婚的正确评价并不等于赞成所谓"性解放"，西方盛行的"性革命"实质是人类文明的返祖现象，是历史的倒退。

　　坚贞的爱情也不同于封建贞节观念，对人的身心的绝对占有。因此，对婚前已因某种可以原谅的原因不是处女童男，应不必计较，需要重视的是现在和以后对爱情的忠诚；在婚后，基于双方对爱情的忠诚与彼此信任和尊重，对现代生活所必需的广泛交往应予以支持，妇女尤应心胸坦荡，才能抵御各种非议和毁誉炮弹的射击；一方丧偶后寻找新的幸福，应正是原来所爱你的人的愿望，完全可以解除心理上负债感。丧偶再婚，尤其是妇女，有利于个人、家庭和社会，应得到亲友与社会的支持。对老年人的再婚要求，理应得到子女的支持和社会的同情。

　　妇女只有从传统的道德观念中，特别是束缚妇女最深的贞节观念中彻底解脱出来，实行真正的性道德的平等，妇女的彻底解放才有可能跨一大步。

（作者单位：中山大学人口研究所）

（七）康乐园老年人的喜乐忧愁与期望

——中大离退休教职工生活状况调查报告及其思考[1]

林道善　陈印陶[2]

人口老龄化是生育率下降和平均寿命延长的直接结果，也是社会经济发展和科技进步的表现。但是，人口老化，总人口中老年人口增多，也给社会经济的发展带来一系列的影响。作为全国综合改革试验区中文化中心之一的康乐园（中山大学所在地），老年人生活情况如何？有些什么特点？存在着什么问题？应该采取些什么对策和措施，才能使之与社会经济协调发展，良性运行？为探讨这些问题，我们于 1988 年暑期采用登门面访和发问卷给本人自填两种方法，对中山大学离退休教职工生活状况进行了调查。据这次对 287 位离退休老人的调查结果表明，中山大学社区老年人晚年生活幸福，有着新的风貌、新的追求，但也存在一些实际困难和问题，有待探讨解决。

1. 老年人的喜与乐

（1）老有所养，无后顾之忧。

从收入情况来看，离退休老人因享有国家离退休金待遇，收入稳定，晚年生活有保障。据这次调查统计，中大离退休教职工平均月退休金收入（包括各种补贴，下同）约为 157.90 元，个别老教授的退休金收入达 400 多元，最低的退休金收入为 90 元左右。在离退休老人中，约有 30% 的人除离退休金收入之外，还有一些其他收入，这对改善离退休老人尤其是低收入老人的生活起着不可忽视的作用。然而，再就业的离退休老人大多数，是因精神上的需要（占36.4%）、工作上的需要和为了发挥专长（合占 28.8%），与旧社会的老人为糊口谋生有着根本不同。从老人与家人共居情况来看，绝大多数离退休老人与子孙同堂，老有所依，精神愉快。在离退休老人中，四代及四代以上同堂的占2.9%，三代同堂的占 50.9%，两代同堂的占 32.3%，夫妇共居的占 10.6%，独居或独身与他人共居的占 3.3%。这就是说，康乐园约有 86% 的老人得以享

---

① 本文原载于《南方人口》1989 年第 3 期。

② 本文在调查及撰写过程中，承中山大学老干处、人事处劳资科和退休教职工协会等负责同志的大力支持，特此致以衷心的谢意。

受天伦之乐。离退休老人和子孙共居，得到晚辈的尊敬和照顾。在目前住房紧张的情况下，仍有半数以上的老人能独居一室。约有95%的老人认为，子女孝顺，家庭和睦，精神有所依托。

此外，离休老干部有专门的管理机构——老干处，退休教职工有自己的群众性组织——退休教职工协会。这些组织和机构，为离退休教职工服务，关心他们的生活，组织他们学习和活动，成为离退休老人的活动中心。

（2）老有所医，健康长寿。

老年人都希望老当益壮，延年益寿，使生活充满乐趣。中大社区全部离退休老人享受公费医疗，有医疗保障。校医院定期为他们进行体检，倘若得病，便及时治疗。为照顾行动不便的老人治病，校医院还开设了家庭病床，除重病人送医院治疗外，对一般老年常见病，都采取送药上门治疗、指导康复的办法，此法深受老年人的欢迎。

为丰富离退休老人的业余生活，保证他们身心愉快，校教工会和教职工退休协会还经常举办老年人健身操、交谊舞、气功、太极拳等培训班，组织老年人参加学习。因此，多数老人身体比较健康，能够自我养护。在调查的287位离退休老人中，自我感觉健康状况良好的占23.7%，一般的占54.0%，较差的占22.3%；能自理生活的占90.2%，有些困难的占7.3%，很困难或不能自理的占2.5%。

（3）老有所为，余热生辉。

康乐园离退休教职工，70岁以下的占大多数，一般身体情况都比较好，他们有一个共同的愿望，就是参与社会发展，为国家的两个文明建设继续作贡献。据统计，在离退休教职工中，离退休后仍继续工作的占27.1%，参加社会公益活动、做些力所能及的工作的占23.1%，做些家务劳动的占43.7%，因年老体衰或病残不能工作的只占6.1%。

在离退休后再工作的老人中，以从事教学和写作（分别占30.2%和15.1%）者为最多（表1）。他们有的指导学位研究生，有的应聘到各类学校和培训班任教，有的则著书立说，写科学论文和专著，编写教材和科普读物，搞文艺创作，写党史、校史、地方志和回忆录等。其次是开展咨询服务（占10.5%），如担任企事业单位的技术顾问和法律顾问，提供技术咨询和法律咨询。最后是搞技术开发占8.2%，如开展技术转让和技术承包等。

表1　离退休老人再就业状况

工作种类	教学	写作	咨询	科技	经商	其他	合计
人数	26	13	9	7	2	29	86
比重（％）	30.2	15.1	10.5	8.2	2.3	33.7	100.0

部分离退休教职工参加社会上各种公益活动。他们受聘于街道办事处及有关管理部门，担任居委会干部，协助维持交通秩序、维护公共安全、从事市场管理、环境卫生监督和调解民事纠纷等。

此外，尚有许多离退休教职工，主动担负起繁重的家务劳动，抚养和教育孙辈，让子女安心工作，间接为社会发展作出贡献。

（4）老有所学，乐在其中。

表2　离退休老人爱好情况

爱好种类	人数	占调查总数 %	爱好种类	人数	占调查总数 %
看电视、听广播	213	74.2	旅游	73	25.4
读书、看报	201	70	下棋、打牌	40	13.9
做体育运动、散步	126	43.9	唱歌、玩乐器	34	11.8
弄花草	100	34.8	绘画、写字、写诗	27	9.4
打太极拳、做气功	85	29.6	编织、缝纫	21	7.3
聊天	75	26.1	养鱼、养鸟	10	3.5

绝大多数离退休教职工都有一定爱好（表2）。在调查的287位离退休老人中，大多数喜欢看电视、听广播（占74.2%）和读书和看报（占70%），其次是参加体育活动或散步、种花和练气功、打太极拳。

从学习活动时间的分配来看，各种不同爱好的平均每天学习活动时间分别为：学习阅读3.15小时，看电视、听广播2.92个小时，体育活动2.42个小时，其他文娱活动2.39个小时。可以看出，随着离退休人员社会角色的改变，文化娱乐和体育活动已成为他们的主要生活内容。

2. 老年人的忧与愁

康乐园离退休老人生活虽安稳，但也有他们的种种顾虑与忧愁。

（1）部分离退休老人收入较低，物价上涨，颇感压力。如表3所示：月退休金在80～100元的占调查总数的17.7%，是退休教职工中收入最低的，尤其是他们中的孤寡老人及需供养无退休金收入的老伴的就更困难。月退休金在101～150元的占调查总数的38.0%，在物价上涨和应付家庭各种临时支出时，就感到拮据。事实上，近年来物价在不断上涨，月退休金在150元以下的这两部分人（合占55%），都感到难以承受。

表3　离退休老人退休金收入状况

	合计	本人每月退休金收入在				
		80～100元	101～150元	151～200元	201～250元	251元以上
人数（人）	276	49	102	56	41	28
比重（%）	100	17.7	38	20.3	14.8	10.1

（2）部分老人离退休后无事可做，精神无所寄托。

在离退休教职工中，目前还有一半以上的人身体尚好，愿意继续工作，但还没有工作可做。"老有所为"已成为当前离退休教职工最关注的问题。多数离退休教职工想继续工作的原因，是因为"老有所为"不仅可以"增加收入"，改善生活及提高老人的经济地位，而且，更重要的是可以"发挥专长"造福社会，使"生活丰富多彩"和"有益健康"（见表4）。他们已不满足于温饱，还需要有充实的精神生活。

表4　离退休教职工想继续工作的原因

原因	增加收入	发挥专长	丰富生活	有益健康	其他	合计
人数	62	53	36	31	2	184
比重（%）	33.7	28.8	19.6	16.8	1.1	100

部分离退休教职工想再工作而无事可做的主要原因有三：一是目前还缺乏为离退休老人再就业提供信息和推荐的专门机构，"老有所为"途径少；二是再就业报酬不合理，造成部分离退休人员因返聘拿补差收入并无增加，或增加甚微而不愿意返聘；三是部分离退休人员缺乏专业知识，或因原来所学专业知识已陈旧不适用了。

（3）生活服务设施短缺，老年人诸多不便。

目前老年生活服务设施匮乏，主要表现在下列几个方面：

1）买米、买煤难。许多缺乏劳动力的老年人，每月都得为买米、买煤而发愁，尤以住在高层楼上的老人家庭更甚，因为目前有些煤店送煤只送楼下，不送楼上，有时，连楼下也不送。

2）请保姆难。目前离退休老人存在的另一个问题是家务劳动问题，部分年事高或身体差的离退休老人想请保姆料理家务，很难请到。况且，请保姆费用也很高，除管伙食外，每月工资一般50～60元，甚至近百元。这对一般收入水平的离退休老人来说，是难以支付的。

3）老人有病请人护理难。有些长期生病或年老体衰的老人，不能自理生活，要是没有子女在身边就更为困难，需要请人照料。但往往不容易请到。

4）打电话难。现在校区老人多，公用电话少，有些老人急病发作或有事要与外面子女联系，难以找到电话打。

（4）失偶老人再婚难。

目前康乐园离退休教职工中，约有16%的老人丧偶，其中，老年妇女丧偶比例高达23.1%（见表5）。如果再加上未婚、离婚及分居的，则没有伴侣的离退休老人所占的比例将近21%，而没有老伴的离退休老年妇女的比例则达到28.3%，对老人晚年生活很不利。虽然有些孤身老人想找个老伴，但因没有人牵线搭桥或因封建观念影响，亲属、子女反对，结果是：做梦也在想，醒来不敢讲。

表5　离退休老人的婚姻状况　　　　　单位:%

婚姻状况	合计	男	女	性比例（女＝100）
从未结过婚	1.4	0.7	2.2	33.3
有配偶	79.1	85.8	71.7	132.3
离婚或分居	3.5	4.0	3.0	150.0
丧偶	16.0	9.5	23.1	45.2
合计	100.0	100.0	100.0	110.4

3. 从老年人的期望引起的思考

（1）进行社会养老保险改革，逐步提高养老事业的社会化水平。

当前社会养老保险改革，需解决如下几个政策问题。

1）要保证离退休人员基本生活。对离退休较早、离退休金收入偏低的老人，给予适当的补助，以保证他们的基本生活，补助办法可以离退休时间的先后及工龄的长短分档次补贴。

2）离退休金应与物价挂钩。希望建立经常性的物价补贴制度。随着社会主义商品经济的发展，物价的调整变动是正常的现象。为使离退休教职工的实际收入水平不因物价的上升而下降，离退休金应与物价挂钩，建立经常的物价补贴制度。

3）离退休金应随着经济的发展而逐步提高。离退休金是老年人过去劳动的一部分社会储存，是劳动者创造的劳动报酬的延期支取，应该随着经济的发展和经济效益的提高而增加，具体做法：

首先，必须改革退休金的计发办法。目前按标准工资计算养老保险待遇的办法，已不适应工资改革形势发展的需要，必须进行改革。今后，随着经济的发展和财政收支的好转，需采取按全部工资收入发退休金的办法。

其次，职工的离退休金应与教工年工资增长相适应。

4）实行家庭、集体、国家三结合养老制度。继续发扬家庭养老优良传统，逐步提高养老社会化水平。家庭养老是我们中华民族的优良传统。但是，随着社会经济的发展，家庭职能的变化，单靠家庭养老显然行不通，需要依靠集体和国家的支持。在现阶段仍然应采取以家庭养老为主，集体和国家养老为辅的三结合形式。今后，在家庭、集体和国家三结合的养老中，必须逐步发挥集体和国家作用，不断扩大社会养老职能，同时，精神生活需要的家庭养老仍然保持。

（2）多为老年人排忧解难。积极建设各种老年社会福利设施，大力发展各项老年社会服务事业。

1）兴办敬老院、老人公寓或托老所。妥善安置孤寡老人及子女不在身边生活不能自理的老人。敬老院主要是解决孤寡老人的衣、食、住、行、医等生活问题，老年公寓或托老所则主要收托那些子女不在身边而又难以自理生活的老人。也可以将两者合并起来办。老人入敬老院、老人公寓或托老所集体居住生活，不仅可以解决没有子女在身边的老人的照顾问题，而且，还可以使老人消除孤独感，生活愉快，欢度晚年。

离退休老人住院或入托，生活费用可从离退休金支付，富余则由本人留用，不足的则由子女补交，没有子女的孤寡老人则由有关部门统筹补贴。收费标准可根据住房及伙食等条件的不同分等计算，按月缴交。

工作人员可从离退休人员中征求，医务人员每天到敬老院和老人公寓给有病的老人看病一次。敬老院和老人公寓所需设备的经费，除有关部门提供之外，还可向社会各界提请赞助和捐献。

2）举办家庭服务部（社）。为缺乏劳动力的老年家庭提供家务服务。家庭服务项目包括搞卫生、洗衣服、代买粮油煤（或煤气），照顾病人及老人力所不及的其他劳务工作等。服务人员可组织校内闲散劳动力，也可通过劳务市场招聘。劳务报酬可根据不同项目，分别按计时、计日、计月或计件等形式，统一规定标准。

3）成立老人婚姻介绍所。鳏寡老人希望有个老伴，以求得精神上相互依托生活上相互照顾。但是，如果没有别人的介绍，这种正常的愿望，往往会被独身老人自我观念所压抑而化为泡影。要为求伴的老人创造条件，成立老人婚姻介绍所，牵线搭桥，并应加强宣传，以清除老人再婚不光彩的封建陈腐观念，使社会理解与支持老人再婚的正当要求。

（3）组织离退休教职工参与社会发展，继续发挥他们的作用。

1）有利于充分发挥老教授、老专家、老干部、老工人的特长和传帮带的作用，缓和人才短缺的问题。

2）有利于促进社会经济的发展，为国家创造财富；也可增加老年人的经济收入，提高其经济地位和生活水平。

3）可以充实老年人的生活，使老年人生活丰富多彩，心情舒畅，健康长寿。

（4）继续利用离退休人员余热。主要有如下途径：

1）实行灵活退休或逐步退休制度。对部分身体尚好、学有专长的人员，可留原单位继续工作，并实行非全日工作制。这样，既可以继续发挥他们的作用，又可使他们对退休有个逐步过渡和适应的过程，由逐步退休到完全退休，不至于因突然离开了工作岗位而感到不适应。

2）成立离退休干部咨询服务机构，开展各种咨询服务活动。社会应完善离退休人员管理机构，把离退休教职工中的各种人才组织起来，开展面向群众、面向基层、面向社会的咨询服务活动，接受机关、团体、企事业单位和个人的有关经济贸易、工业技术、医疗卫生、文化艺术以及外文翻译等项目服务工作。

3）鼓励从事个体的服务活动。如从事写作、翻译、科研著作、人才培训、技术开发、法律顾问、书法、绘画以及各种体力劳动服务等。

（5）对再就业应有灵活的政策和措施。

1）劳动时间。每天不宜超过六小时，可实行半天工作制或小时工作制，也可采取定量包干的方式，不一定强调坐班。

2）劳动报酬。应根据按劳分配原则，给予一定的报酬。离退休人员再就业的报酬与离退休金性质不同，离退休金是离退休人员过去劳动所创造的价值的一部分，是作为社会消费基金储存部分的延期支付，是离退休人员理所应得的。

而离退休后再就业工作的报酬则是为社会做出超额劳动的补偿。

3）关于奖励问题。离退休人员在聘用期间如有发明创造和重大科研成果，应按照国家规定，同样发给奖金。

（6）加强老年医疗保健工作，做好老有所医。

1）发放老年优先就诊卡。实行挂号、就诊、化验、取药"四优先"原则，方便老人看病治疗。有条件的医院，则可设立老年门诊，指定高年资医师专职为老年人诊治疾病并开展咨询服务。大中城市还应创设条件，建立老年医院。

2）开设家庭病床，送医送药上门。这样可以方便老人医疗，帮助病人家庭解决实际困难，同时可以缓解医院病床的紧张。

3）为老人或其家庭定期举行讲座。开展老年保健教育。通过讲座来普及老年保健知识，提高老年人的自我保健能力，建立科学的生活方式，保持身心健康。

4）加强老年医学的科学研究。要有组织有计划地开展老年医学的科学研究工作，重点包括老年保健、老年心脑血管病、肿瘤及呼吸系病等常见病的攻关研究，探索中医养生、气功、防老及缓衰药物等的实用途径。

（7）积极发展老年教育事业。

1）老年教育的内容可分为三类，以满足老年人精神上的特殊需求，必须积极发展老年教育事业，使他们老有所学，乐在其中。

知识型：如文学、历史、时事政治、法律等；

娱乐型（或称趣味型）：如书法、绘画、花卉盆景、摄影、工艺美术等；

实用型：如长寿科普知识、老年病防治、育儿常识、裁剪缝纫、烹饪等。

2）学习方式以小班授课为主。采取授课与讲座、座谈、参观相结合，也可采取活动小组的形式，根据个人兴趣爱好，自愿选择报名，组成不同兴趣活动小组，组内互教互学、能者为师，学用一致。

3）老年教育经费问题。老年教育是终身教育体系的一个不可缺少的组成部分，近期比较切实可行的办法是，以自筹资金为主，国家补贴为辅。自筹可依靠各界人士捐赠、赞助。也可开展有偿技术服务、文化艺术服务、劳动服务等。比较正规的老年学校还可收取一定数额的学费，以弥补经费的不足。

4）老年教育的师资和场地问题。老年教育的师资要以老年人口中的离退休教师和具有专长的其他专业技术人员为主；场地主要是利用现有的老年活动中心（站），并发展横向联合，充分挖掘现有大、中、小学等的潜力，以弥补师资和场地的不足，群策群力，把老年教育事业办好。

（作者单位：中山大学人口研究所）

（八）广东省台山、顺德两县女性人口
国际迁移及其影响的比较研究[1]

陈印陶　　张蓉[2]

人们为了改善自身境遇和生活水平，从一个国家或地区迁移到另一个国家或地区谋生或与家人团聚，并期望长期定居者，被称为国际移民。本文研究对象为因私申请出境，已办接受国移民手续，出境一年以上者。迁移现象是一种复杂的社会行为，受社会经济、自然环境以至个人素质与心理状况诸多因素的制约和影响。

女性人口国际迁移是人类迁移活动的重要组成部分。由于迁移数量比男性少，特点不明显，未曾引起研究工作者的注意。本文的探索对丰富人口迁移史及人口国际迁移规律的研究是有意义的。

本文使所用的台山资料系作者与中山大学人口研究所"人口国际迁移"课题组于1986—1987年先后三次去台山对1978—1985年出境移民的10%抽样调查（有效样本974个），1979—1984年所有归侨362人（其中41人缺少出国年龄）以及侨属的问卷调查和典型调查。顺德资料是陈印陶同志分别与方地同志和张蓉同志于1986年、1988年两次到顺德，对其1980年、1983年、1985年、1987年出境移民整体调查（样本2004个），1975—1987年归侨共416人（其中归侨问卷18个）以及涉外婚姻等其他调查。

1. 女性人口国际迁移的动因

中国重迁恋土的传统观念很浓，人们从一个世代居住的地方迁到异国去生活，是在对迁出地与迁入地的地理条件、政治环境、经济发展水平乃至工作就业机会、生活改善程度、语言、风俗习惯等诸多因素权衡利弊得失，甚至经过多次家庭协商之后才可能作出的决定。迁出地的推因使人们向外迁移，以求得更好的发展。但要使迁移成为现实，迁入地的拉因必须同时具备。一般来说，

---

① 本文原载于廖世桐主编《广东人口问题研究》，《南方人口》编辑部，1989年；《中国人口科学》1989年第4期。

② 在本文的调查中，我们得到了台山县委、县政府、侨办、侨联、公安局、档案馆、民政局和顺德县政府、县志办、公安局、民政局、侨办侨联以及佛山市志办等单位的热情支持，在此一一致谢！凡文中引用数据和表17个、图5个未注明资料来源者，均系文前所述两县调查材料与《台山侨乡志》、《台山地理志》、《台山年鉴》、《顺德概况》、《顺德华侨志》等资料整理。

拉因正是弥补了迁出地的推因，推拉因相互增强，迁移才能付之行动。女性人口国际迁移同样受此规律的制约，而且由于女性的个性特征与社会经济地位不同，在某些方面具有不同的特点。同处珠江三角洲的台山、顺德两个县，其女性人口国际迁移既有相同的特征，又存在着差异，其主要原因在于迁移者本人素质与迁移动因的不同。

（1）迁出地的推因。

1）台山女性人口大量迁移始于侨乡社会形成之后。

台山地处珠江三角洲边缘地带，山地、丘陵相对较多，约占全县总面积的56%，农业人平耕地仅 1.2 亩，一直是人多地少，使人们难以维持生计。加之，土客为争地等造成长期械斗，匪盗横行，社会动荡不安，人们生活不稳定，不得不外出谋生。早在清朝光绪年间，台山籍华侨已占在美华侨半数以上，台山侨乡已初步形成。清末由旅美华侨资本为主修建横贯全县的新宁铁路是台山侨乡繁荣的标志。侨汇成为台山经济收入的主要来源，据民国十六年的《沙甫月刊》报告"海外邑侨每年汇回款项常在两三千万以上"，高于全县的农业总收入；到 1978 年，台山侨户的侨汇收入仍占家庭收入的 55%。[①]

从台山侨乡社会形成开始，女性外迁才日渐增多。台山先期迁移以男性为主，据统计在美华人的性别比，1860 年是 1858.1（女为 100），1920 年为 695，1970 年才接近平衡为 112。台山早期迁移美国为最多，由于语言、风俗习惯、思想观念与侨居国差别较大，难于完全同化于异国，也因美国移民政策障碍，绝大多数男性迁移者只得回乡娶亲，携眷出国；多数仍将家眷留在国内，等待机遇外迁团聚。因此，台山女性形成了随夫从子出洋的社会风气，使女性依附男性迁移的特征特别明显。如台山近年出境人员迁出原因统计，在 15～29 岁年龄组因与亲人团聚、结婚者，女性有 175 人，男性为 112 人，女性多 1/3 强。

2）顺德女性人口国际迁移始于蚕丝业衰落之后。

与台山不同，顺德地处珠江三角洲中部冲积平原，水网稠密，土地肥沃，在明代即形成高效的农业生态系统——桑基鱼塘耕作方式，养鱼→种桑→养蚕→缫丝→丝织，农业与手工业同时发展，丝的出口在最好的年份占全国的45.5%（1922 年），一直是珠江三角洲经济发展水平较高的县份。在古代及近代，顺德的容奇港曾是岭南大港之一，海上丝绸之路的起点，为海外移民创造了有利条件。

顺德最早的国际迁移者同样是以男性为主，但不像台山是出于土地供养力

[①]　苏燕：《广东台山县国际移民家庭收入分析》，《南方人口》，1988 年第 4 期。

低和社会动荡不安的原因，顺德的国际迁移者有不同的起因。15 世纪明朝顺德黄肃养起义失败之后，为躲避皇朝的剿捕，不少村民沿中国南海向西经印度洋到毛里求斯，随后引朋携亲向非洲大陆迁移。近代丝业的发展使一些经商者经海上丝绸之路到印度、东非、西亚等地，不少经商移民就在当地落地生根。因此，顺德的非洲华侨远较其他地区为多，早在 1859 年毛里求斯南顺（南海、顺德）会馆在其首都波累市成立。直到党的十一届三中全会以后，迁移非洲的人数还占全县出境人员的 53.9%。但是，顺德女性迁移者迁往非洲的很少，特别是近代则以迁移东南亚特别是新加坡占绝对优势。女性迁移另有动因。

顺德是封建文化高度发展的地方，历史上出过不少封建官僚与文化名人，男尊女卑的封建意识极为浓厚，女性没有独立人格和社会地位。一旦出嫁，繁重的家务、姑婆的苛求，实际成为终身奴隶。再者，顺德风俗同姓不能通婚，顺德农村许多乡只一个大姓，要结婚只能找外乡人。为争取自由与独立，避免远嫁他乡，女性多不愿结婚；另一方面，顺德的缫丝业蓬勃发展，1923 年缫丝厂 135 间，占全省 80% 多，为女性提供了大量的就业机会，使她们有可能参加社会劳动，经济上对家庭有所补益而得到社会舆论的赞赏。因此，近代顺德女性独立谋生、终身不婚之风盛行，终身不婚的叫"自梳女"[1]，结了婚不到夫家的称"不落家"。[2]

但是，20 世纪 30 年代，中国的缫丝业在国际市场上被日本排挤，丝业出口骤减，顺德的缫丝业也一落千丈，1937 年丝厂只及 1929 年的 1/11，以后再也未曾复苏。丝业的衰落使女性失去了藉以维持经济独立的职业，女工失业者达 50000 余人。当时国内各地经济状况普遍不佳，找工作几乎不可能，只得转而向海外谋求出路，从此开始了顺德女性去新加坡等东南亚国家当女佣的迁移流。仅均安区 1930 年前后就有近万人出国谋生，这些女性迁移者不同于台山的依附性迁移，她们多以独立劳工身份向外迁移。

新中国成立后，顺德女性人口国际迁移出现了与台山相近的情况，作为独立迁移者少了，而作为依附迁移者迁出人数渐多，但在数量上远不及台山，不到台山的 10%。

女性的迁移动因较为复杂，但主要有两种类型，即依附性迁移者与独立迁移者，迁出地的社会因素与经济状况以及迁移者本身所具备的素质的差别是主要原因。其迁移发展趋势，台山女性依附迁移的社会风气仍然存在，1982 年涉

---

①　选择吉日将发梳起为髻，以示终身不嫁，为"自梳女"；虽被迫结婚，但不到夫家生活，为夫另娶妾，待临死才去夫家，为"不落家"。
②　陈通曾等：《"自梳女"与"不落家"》，《广东文史资料》第 12 期，1964 年。

外婚姻达810对，在今后的一段时期内，依附丈夫、父兄、子女的迁移仍将继续；顺德促使近代女性迁移的社会因素大为改观，近年经济发展水平不断提高，顺德已成为广东经济繁荣的四小老虎之一，女性就业机会多，迁移者将减少或保持目前的水平。

（2）迁入地的拉因。

1）适于迁移与发展的社会因素。

台山是美洲华侨的故乡。台山在美洲的华侨占台山华侨的56%，占美洲华侨总数的35.5%，其中北美高达50%，改革开放后迁入美洲的人数占全部出境人员的96.1%。由于早期移民以男性为主，男性比例很高（见表1）：且移民的文化程度普遍不高，职业也是低工资的，加上美国反对华人与异族通婚的政策阻碍，不得不回乡成家，从而为女性依附迁移提供了条件。美国、加拿大是以欧洲移民为中心的国家，但华侨聚居的城市已形成"中国城"、"唐人街"，40年代前"唐人街"通用语言是广东话，生活习惯都是中国化，使文化素质很低的女性迁移者不至于骤然失去与中国文化的联系。

表1 在美国的中国人性别构成 （女性＝100）

年份	1860	1900	1940	1980
性别比	1858.1	1887.2	285.3	102.3

资料来源：赵景垂《中国人迁移美国的趋势和特征》，《人口与经济》，1986年第2期。

顺德女性迁往东南亚的拉因很大程度上是因其本身素质和当地的社会环境有关。先期女性国际迁移者除少数随亲属迁往非洲等地以外，由于她们大多为单身劳工，文化素质低，语言阻碍无法远涉重洋，只有东南亚一带特别是华人聚居地新加坡，是投资最少、期望收入虽不及美加，但亦比家乡丰厚的最佳选择。东南亚是华侨集中地，新加坡1901年华人已占该岛总人口的72.1%。在这些国家里，汉语可以通用，新迁入的移民无须为语言所困；早已形成的华侨社区，保留了许多中国传统的风俗习惯与生活环境，使新移民不致人地生疏而一筹莫展，可以较快适应；而且她们与当地华侨大多沾亲带故，并有各种华侨社团组织相助，在陷入困境时有所依靠。

2）期望收益的经济因素。

经济因素是决定人口迁移的主要动因。早期北美的"淘金热"，稍后的餐馆、成衣业易于挣钱和经济的繁荣；东南亚商业、服务业也吸引了大批移民，现代就业发展机会和学习上升的期望更是年轻人的追求。在顺德 18 个女归侨问卷调查中有 11 人回答出国原因是因为国外挣钱多。

3）迁入地移民政策的作用。

移民政策对迁移者有重大制约作用，决定迁移是否成为现实。1882 年美国通过了排斥中国移民法律后，中国迁移美国的人数从 19579 人下降到每年仅一二十人；1903 年中国移民被列入禁止与其他种族通婚法律之内，致使大量中国移民只能是"单身汉"；1952 年美国国会通过"马卡伦·瓦尔德决议"，准许中国近 5000 名"战时新娘"入境，但未从根本上废除歧视华人迁入美国的法律；直到 1965 年美国修改的移民法才剔除了排华因素，给予中国人与其他亚洲国家同等待遇，有利于美国公民的亲属依附迁入，使中国移民美国人数猛增，1961—1965 年中国移民占所有亚洲国家迁移美国人数的 19.39%[①]，台山也才会出现一个在美国、全家随迁的出国热，女性出国人数急增。同样，由于英国确定对马六甲的统治，推行自由贸易和招徕华工华商开发的政策，使华侨迁移东南亚浪潮持续了一个多世纪，这是女性迁移者顺利迁入新加坡并定居下来的主要原因。50 年代开始，国际政治环境变化很大，东南亚国家实行限制移民迁入的政策，像顺德近代女性迁移者的经历不可能重演。

综上所述，"投资—利润理论"、"期望收入理论"在女性迁移中得到了很好的证实，迁移过程中的投资多少及所遇阻力程度和迁移后获取利润的多寡是决定迁移行为的主要因素。

2. 女性人口国际迁移的流量、流向与回流状况

上述推、拉因相互作用产生了台山、顺德两县女性人口国际迁移流量、流向与回流的不同特点。[②]

（1）改革开放以来流量急增。

自党的十一届三中全会以来，由于取消了"文革"时期的移民限制，台山、顺德两县的迁移人数均大量增加，1980 年达到最高峰。但老侨乡台山与一般侨乡顺德的流量差异是明显的。台山归侨、侨眷人口占全县总人口一半以上，每年迁移人数都占当年全省因私出境总人数的 1/4 以上（见表 2），1980 年达 1/3，迁移人数占当年全县总人口数的 16.2%；顺德 1980 年迁移人数只占全省因私出境人数的 3.5%，其他年份均在 1% 以下，1980 年迁移人数只占全县总人

---

① ［美］赵景垂：《中国人迁移美国的趋势和特征》，《人口与经济》，1986 年第 2 期。
② 由于现代人口国际迁移流向，女性与男性差别不明显，在下面的分析中限于资料，以总体数字代替。

口数的 1.9%，且呈减少的趋势。

台山的迁移强度具有较高的持续性，1978—1985 年间，平均每年移民 8118 人，最高的年份与最低年份之差为 5.8 倍；顺德最高的 1980 年与最低的 1985 年相差 12.7 倍，1980 年以后，每年的迁移数都在 200 人以内。

表 2　台山、顺德占广东省总因私出境人数的百分比　　　　（％）

年份	1978	1980	1983	1985	1987
台山	27.8	34	26.6	28.2	—
顺德	—	3.5	0.7	0.6	0.5

资料来源：广东省公安厅。

（2）迁移流向与发展趋势。

从图 1 看到两县与全省的迁移流向差别是明显的。台山去美洲的占 96%，其中去美国的达 79.6%，高出广东去美国 43.5% 近 36 个百分点，占同期全省移民美国人数的绝大多数；顺德去非洲的占 53.9%，去美洲的只占 1/3。这种差别主要来自两县早期血缘、地缘形成的移民历史迁移轨迹。台山华侨的一半以上在美洲，1/3 在美国，加上 1965 年美国修改的移民法有利于依附性链条式迁移美国，以及美国经济发达的吸引，形成了开放以来台山迁移美国的高度集中性，有的举家迁移，一次达 14 人之多。基于移民政策与经济发展水平，尽管台山华侨有 41% 分布在亚洲各国，而继续迁往亚洲各国的仅占 0.2%。顺德华侨许多在非洲国家，1980 年去非洲的女性移民高达 69%（表 3），这是"文革"时期限制迁移后补偿性迁移，多数为与亲人团聚，但新移民对迁移地的选择随后几年有了明显的变化，迁往非洲的比例急降，1983 年降为 30%，1987 年仅 9%，同时迁往中南美洲的也由 12% 降到 3%，相反，迁往美国、加拿大、欧洲、澳洲等经济发达国家的比例大幅度上升，由 1980 年的 16% 上升到 1983 年的 60.3%、1987 年的 82.8%，而三四十年代顺德女性大量迁往的东南亚国家近年只有 3.6% 的女性移民。

这种流向的变化发展趋势已逐渐突破先前既定路线，是由于迁入地的经济发展水平起导向作用。

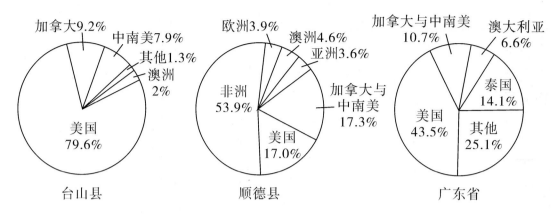

图1 台山、顺德及广东省因私出国人员构成

广东省的资料来源：广东省公安厅

表3 顺德县女性人口国际迁移的流向变化 （％）

迁入地	合计	美国	加拿大	中南美	欧洲	澳洲	亚洲	非洲
1980年	100	8	5.1	12.4	2.6	0.3	3.1	68.5
1983年	100	33.3	2.5	7.4	8.6	16	1.3	30.9
1987年	100	37.4	12.1	3	9.1	24.2	5.1	9.1

（3）迁移回流差异。

1）回流数量与地区分布。顺德和台山各不相同，顺德女性归侨几乎100%是从东南亚国家回来的，而台山女归侨原侨居地亚洲的占48.3%，美洲为46.6%。从回流量看，两县回流数量都不多，大大少于迁出者数量。台山1979—1984年归侨总数为362人，平均每年60人，只有迁出者的0.7%；顺德1985年、1987年迁出与回流之比为3:1和9:1，差距小于台山。女性迁移者，台山迁出与回流之比为370:1，顺德为3:1。女性迁移者与归侨的数量差距台山高出顺德许多，比整体差异更大。究其原因除与上述不同时期女性迁移流向特征有关外，还有以下因素：

①受女性迁移者婚姻状况影响。台山女性迁移者基本上是依附亲人的附属性迁移，在迁入国有自己的家庭，生活稳定，除了落叶归根的传统观念或因不习惯国外生活和侨居国失去亲属依靠的情况下有较大回迁的可能性以外，一般不会回迁，多为永久性迁移。而顺德女性移民，随亲人迁往非洲，无人回迁，但三四十年代到东南亚一带的多数是单身，年轻时尚可独立生活，年老无依，只好回国与兄妹团聚得到帮助，可以说是半永久性移民，不少在外50年以上，

仍回到家乡度晚年。

②与侨居国经济水平有关。台山女归侨中从亚洲国家回来的占52%，而从美国回来的仅占22.4%（表4）；顺德女归侨全部从亚洲国家回来。迁移量随着移居国经济发展水平波动变化，回流量亦受其制约。

表4　台山1979—1984年女归侨侨居地分布　　（％）

国名	合计	马来西亚	美国	加拿大	新加坡	其他
占总人数%	100	39.7	22.4	24.1	6	7.8

2）回迁者年龄结构。如表5所示，顺德女归侨全部是60岁以上的老人，台山也只有个别在60岁以内。结合女归侨的出国时间（表6），顺德1920—1949年正是蚕丝业由盛到衰的时期，在这一时期出国的女归侨占90%；是顺德现在归侨的主要组成部分。同一时期出国的女归侨台山只占30.5%，而1977—1984年出国的占40.8%，她们很多是出国与亲人团聚时年龄已较大，不习惯异国生活或失去亲人而重返家乡。年老、独身或丧偶、侨居国经济不发达是女性迁移者回流的主因。

近代人口国际迁移的流向、流量和回流状况及其发展趋势除受迁移历史轨迹影响外，主要随迁入地的经济科技发展水平而变化。

表5　台山、顺德女归侨回国年龄分布　　（％）

年龄分组	20～39岁	40～59岁	60～69岁	70～79岁	≥80岁	合计
台山（1979—1984年）	0.9	1.7	19	50.9	27.5	100
顺德（1975—1987年）	0	0	12.3	69.5	18.2	100

表6　女归侨出国时间分布　　（％）

时　期	1919年以前	1920—1949年	1950—1976年	1977—1984年	合计
台山（1979—1984年）	4.6	30.5	24.1	40.8	100
顺德（1975—1987年）	5.7	90.5	2.2	1.6	100

3. 女性人口国际迁移者的特征

迁移者自身特征，是迁移者克服障碍、实现迁移行为的能力与条件。在这方面台山与顺德的女性迁移者存在较大差异。

（1）性别构成。

在现代迁移者中，台山的女性多于男性，顺德则反之。原因在于台山是典型的老侨乡，早期迁移以男性为绝对多数，1948年到1949年，迁移国外人数达93416人，男女之比为8.8∶1，使全县总人口性别比由125.8降为85.2。以1949年为分界线，在此之后迁移人数均女多于男。顺德的移民发展阶段比台山落后，仍以年轻的男性占多数。但两县有一个共同的特点，中老年移民的性别比较其他年龄低很多，这是因为众多女性移民出国与亲人团聚，这是女性人口迁移中依附迁移的重要特征。

表7　台山、顺德国际迁移者性别比　（女性为100）

年龄分组	≤14岁	15～29岁	30～44岁	45～64岁	≥65岁	合计
台山	100	90	93	62	61	83
顺德	117.2	136.3	131.9	79.8	38.5	124.7

历史上的情况可以从归侨的统计得到部分反映。归侨的性别比正好倒过来，顺德女多男少，性别比为6.1；台山男多女少，性别比为212.1。顺德女多是因为三四十年代的年轻女性迁移者，现在正好在70岁左右，当年只身浪迹海外，年老无依又单身回来较多，但不能由此说明过去顺德的迁移者女性多于男性。资料也显示早期因政治避难或经商外出者，绝大多数为男性，只是他们多已在异国他乡落地生根。台山的归侨情况可以基本反映当时迁移者男多女少的实际，从表8看到1949年的分界线很明显，正是新中国成立前男性移民多，才导致以后的各个时期大量女性依附性迁出，与1978年以后移民性比例特征正相吻合。

表8　台山县归侨各个出国时间的性别比　（女=100）

出国时间	1919年以前	1920—1937年	1938—1949年	1950—1965年	1966—1976年	1977年以来
性别比	440	427	657	31.8	50	56.8

（2）年龄构成。

如图2所示，台山、顺德两县1978年以后的女性迁移者都集中在15～29岁年龄段，分别占该县女性迁移者的43.5%和50.6%。但台山的迁移者年龄相对较大，在30岁以内的年龄段，顺德所占比例高出台山23.3个百分点，而30

岁以上年龄则台山高于顺德23.3个百分点。

　　从这部分表明顺德是相对独立的迁移者，只有年轻迁移后独立生活的可能性才大；台山的年龄偏大，显示了老侨乡女性依附迁移的特征，台山女性迁移者与国外亲属的关系是夫妻的所占比例为27%，高出男性7%的比例，有子女的比例也高出男性5个百分点（表9）：

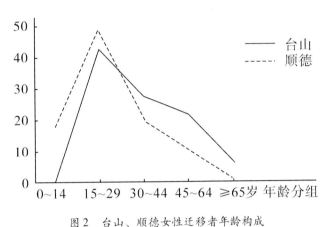

图2　台山、顺德女性迁移者年龄构成

表9　台山迁移者与国外亲属关系　　　　　　　　　　　单位：人

性别	夫妻	子女	父母	兄妹	叔姑	其他	合计
女	145	57	123	60	83	63	531
男	31	23	136	112	87	54	443

　　根据归侨的出国年龄分布，台山女归侨34岁以前出国的约占29%，顺德占83.5%；而归国时年龄，台山60岁以上回国者占97.4%，顺德无一人在60岁以前回国，两县1978年以后女性迁移者迁出时年龄在15～44岁者，分别占该县女性迁移者70.4%和71%，证明了女性迁移者特别是独立迁移者，也和男性迁移者一样，迁移的最佳年龄段在生命周期的劳动黄金年龄。少数年幼、年老人口迁移是随迁人口。

　　（3）文化素质与职业构成。

　　文化程度高低对职业选择具有重要制约作用。顺德的女归侨全部是文盲，在国外她们的职业多是女佣；老侨乡台山则因为旅美华侨多，认识到教育的重要性，也由于"两头家"①，主妇当家理财需要文化，女性读书识字的多，相对

---

　　①　陈达：《南洋华侨与闽粤社会》，商务印书馆2011年版。

文化程度高于顺德。现代的迁移者普遍具有一定的文化程度，两县没有明显差异。然而，两县女性迁移者的技能素质与职业构成却是不同的。

台山侨乡社会形成之后，女性依靠侨汇，终身从事家务者多，缺乏出外谋生的技能。抗日战争期间，侨汇收入中断，许多侨眷失去生活来源又无谋职能力，被作为"金山婆"出卖到阳江等地，即是有力的说明。但顺德的女性移民在三四十年代以前多从事缫丝业，有一定的职业素质和生活经验，可以在新的环境中较快接受新的职业，能作为独立迁移者生存下来。

现代女性迁移者两县存在着职业差异（表10）。台山的教师、医生、职员和工人的比例比顺德高出12个百分点，在台山具有一定技术职能的国家工作人员也一样迁移，而自费留学的学生人数，顺德则比台山多1/3以上。无业者的比例，顺德只有0.8%，而且全部是45岁以上的中老年，台山则达13.7%，在中青年、老年中都有，反映了侨眷众多与老侨乡与一般侨乡在思想观念、谋生方式和职业构成上的差别。

表10　台山、顺德女性迁移者的职业构成　（%）

职业	农民	工人	学生	教师医生职员	无业	儿童	合计
台山	62	14.3	6	4	13.7	—	100
顺德	75.6	5.3	9.8	1	0.8	7.7	100

（4）婚姻特征。

女性婚姻是依附性迁移的一种形式，从表11中表明，台山迁移者有偶率女性高于男性10个百分点，达到近2/3，其中45岁以内女性明显高于男性，表9中也显示女性迁入地有配偶的比例高于男性，然而45岁以上男性有偶率高于女性。形成以上特征的原因是：

表11　台山迁移者的有偶率　（%）

年龄分组	15～29岁	30～44岁	45～64岁	≥65岁	合计
男	13.3	81.6	95.9	95.2	51.7
女	32	88.4	92.3	51.5	61.8

1）年轻女性只有结婚才能达到外迁的目的，1982年台山的涉外婚姻就有810对，同年顺德只有224对；

2）男性迁移者多携眷一同迁移，尤其是中老年男性；

3）高龄女性在配偶逝世之后，随儿女迁移。

顺德的女性早期迁移者独身多，据统计1975—1984年319名归侨中只有17人结婚。当年女性的自立精神影响后来的女性，外嫁的比台山少，纯粹依附迁移也较少，两县国际迁移性别比台山为83，顺德为125，即是证明。

（5）回迁女性在国外时间与入外籍情况。

台山女归侨旅外时间在10年以内占43.5%；顺德则集中在41～60年内，占85%。台山旅外时间短与其迁出时年龄（图3）较大有关，这是依附性迁移只能以依夫从子之机遇为条件进行迁移的特点。顺德旅外时间长，一方面是因为只有年轻受雇，出国时年龄正当年轻，归国已是高龄老妪；另一方面是由于女佣工资收入微薄，只有靠延长工作年限才能积累自身的养老金。归侨若是独立劳工迁移者，无论男女都具有劳动最佳年龄段在迁入地工作，为之创造社会财富，其抚养年龄却在迁出地的特点。

表12 台山、顺德女归侨旅外时间分布 （%）

旅外时间	≤10年	11～40年	41～50年	51～60年	≥60年	合计
台山	43.2	25.9	14.8	11.1	4.7	100
顺德	1.6	5.1	40.4	44.6	8.3	100

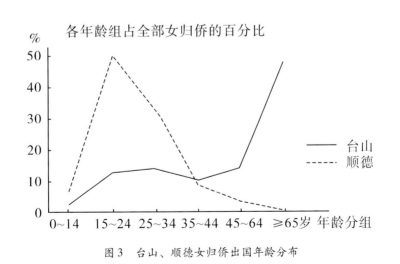

图3 台山、顺德女归侨出国年龄分布

顺德女归侨入外籍比例高，1985—1987年的73名女归侨中入外籍者68人，占93.2%；台山的情况有所不同，女归侨中入外籍者仅占全部归侨的13.2%。

这是由于两县女性迁移者不同特征决定的，也因早年新加坡对华人入籍取欢迎态度，而美国、加拿大等国的政策对华人入籍是排斥的。

综观两县女性迁移者特征，台山显示出依附迁移者的特征，而顺德表现出独立迁移者的特征。这些特征不仅体现在表面的数字上，也体现在人们的思想观念和女性心理特征中，对女性的过去、现在、将来都有重要影响。

4. 女性人口国际迁移的影响

历史上延续至今的女性人口国际迁移，对迁出地与移居国和迁移者本身的影响都是巨大的。限于资料，本文仅就对迁出地的人口增长与构成、女性心理素质与女性的婚姻价值观念产生的影响作些探讨。

（1）对迁出地人口增长与性别构成的影响。

1）人口增长率降低。1953—1982 年，广东、台山、顺德的人口总增长分别为 84.5%、42.5% 和 73.9%，台山只有全省增长率的一半，顺德也低 10 个百分点。人口增长受多种因素的影响，但包括女性在内的人口国际迁移是因素之一。如表 13 所示，台山县 1979—1985 年连续七年迁出率高于人口增长率，也就是自然增长的人口大部分被迁出人口所取代，使人口增长速度减慢。顺德没有这么明显，1980 年是近年顺德迁出人口最多的一年，其迁出率也只是1.9‰，虽高于同年广东省 0.77‰的迁出率，却远低于台山的 16.2‰，对人口增长率的影响比台山县小得多。

表 13　台山人口增长率和迁出率的比较　　（‰）

年份	1978	1979	1980	1981	1982	1983	1984	1985
人口增长率	5.8	1	7.7	5.5	2.5	3.1	1.2	2.3
人口迁出率	2.8	11.1	16.2	13.2	2.7	6.9	5.2	5.7

2）性别比的变化。台山、顺德的性别比均低于全国及广东平均水平（台山 1982 年较广东省略高）。台山从新中国成立初期性比例差别较大，经过 30 年的发展，逐渐达到正常。顺德有所提高，但上升缓慢，没有实质性变化。造成两县男少女多的原因是不同的。台山是由于新中国成立前男性迁移者远多于女性，家眷不能随迁；新中国成立后，这种迁移的性比倒转过来，使台山人口性比例逐趋平衡。顺德则是由于新中国成立前女性不婚风盛，男性只得多与外地女性结婚，使当地的女性数量增多，到现在女性不婚比例仍然较多。表 15 所

示，与台山、广东省相比，顺德男性未婚比例最低，女性却最高；近十多年来老年女性的回迁，也多少影响性比例恢复平衡。

表14　全国、广东、台山、顺德性别比比较　（女 = 100）

年份	全国	广东	台山	顺德
1953	107.5	102.9	88.5	93.3
1964	104.8	103.9	99.1	95.5
1982	106.1	104.6	105.5	96.1

资料来源：1982 年人口普查。

从分龄组性别构成分析（表16），顺德的性别比在 0～14 岁是正常，而 15～59 岁劳动年龄人口组性别比偏低，实际上顺德 20 岁以上的各个年龄几乎都是男少女多。台山 55 岁以上的年龄组才开始男少女多，说明台山的性别比受过去人口迁移特征的影响是主要原因之一。至于顺德的性别比可能很少能直接归因于人口迁移，对女性独身持宽容态度的传统观念是主要原因。下面的女性婚姻状况的分析更能说明此点。

表15　广东、台山、顺德未婚人口比例　（%）

性别	男	女	合计
广东	37.6	25.9	31.8
台山	42.1	24.1	33.3
顺德	36.2	29.2	32.6

资料来源：1982 年人口普查。

表16　台山、顺德分年龄性别构成　（女 = 100）

年龄分组	0～14 岁	15～59 岁	60～99 岁	合计
台山	111	111.7	41.1	105.5
顺德	105.9	96.4	49.8	96.1

（2）对女性婚姻观的影响。

1）女性未婚比例低于男性。据 1982 年人口普查，台山未婚人口中的女性比例为35.6%，低于婚龄人口49.2%的比例，也低于广东省40.1%的比例。从图4中看到，不论哪一个年龄组，台山未婚女性的比例均低于同一年龄组女性的比例。顺德虽然未婚女性的比例达46.7%，仍低于男性的比例，与婚龄人口中女多男少（表17）正相反，但是这一数字却高于广东及台山5～11个百分点，尤其在60岁以上年龄组，未婚女性在未婚人口所占比例远高于男性，达67.7%，与前述三四十年代女性移民独身多的特征是一致的。

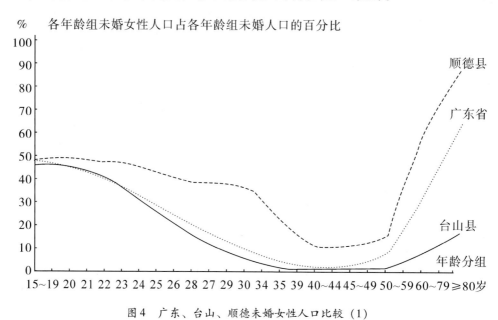

图4 广东、台山、顺德未婚女性人口比较（1）

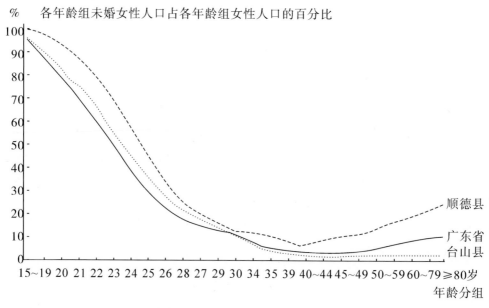

图5 广东、台山、顺德未婚女性人口比较（2）

表 17　广东、台山、顺德女性未婚人口与婚龄人口比较　　（％）

年龄分组	广东省		台山县		顺德县	
	婚龄人口中女性占％	未婚人口中女性占％	婚龄人口中女性占％	未婚人口中女性占％	婚龄人口中女性占％	未婚人口中女性占％
总计	49.3	40.1	49.2	35.6	52	46.7
15～19 岁	48.5	47.6	47.2	46.3	49.1	49
20	49.8	45.1	49.7	45.5	50.7	49.9
21	50	43.1	50.3	43.4	50.8	48.6
22	48.9	39.8	49.3	40.5	49.9	47
23	48.6	35.6	48.3	34.6	50.9	47.1
24	48	31.2	46.3	28.9	50.9	45
25	48.2	27.3	46.5	24.5	51.2	42.5
26	48.5	23.3	48.3	20.6	51.1	39.3
27	48.2	19	46.7	14.9	51.5	38.4
28	48.7	16	47	12	52.3	38.5
29	48.6	12.9	46.4	8.7	53.3	37.3
30～34	46.9	8.2	46.3	5.1	53.3	36.8
35～39	45.7	2.9	46.4	1.6	51.8	21.5
40～44	45.9	1.8	43	0.9	49.9	11.1
45～49	47.6	2.8	46.6	0.9	50.3	12
50～59	49.1	7.9	49.4	1.3	50.8	16.1
60～79	57.6	33.8	58.7	8.9	57	63.3
≥80 岁	75.3	66	82	17.4	73.9	90.7

　　2）顺德不婚女性比例高于台山。图 5 清楚地显示了顺德在女性各婚龄人口中，未婚女性比例都高于台山及广东省平均水平；而且台山女性未婚比例向高年龄组递减，终身不婚者很少；顺德不婚女性却是在 40～44 岁年龄组达到 0.6％的最低水平以后，又逐渐上升到 80 岁以上的 12.6％。

　　3）台山、顺德两县女性平均初婚年龄均高于广东省平均水平。据 1982 年人口普查资料，女性平均初婚年龄，广东 19.14 岁，台山 19.32 岁，顺德 22.25 岁。

4）两县的育龄妇女平均生育子女数低于广东省平均水平。1982 年人口普查资料统计，育龄妇女平均生育子女数顺德为 2.18 个，台山 2.30 个，广东省是 2.47 个。两县在不同年龄组特征是不同的，顺德在 40 岁以前各年龄组生育子女数均低于台山县，40 岁以上各年龄组则高于台山县。

造成两县上述女性婚姻、生育不同特点除因侨乡经济、文化水平较高的影响外，主要是与女性人口国际迁移的不同特点有关。老侨乡台山长期以来形成的女性外嫁华侨、华人与外地人的风气提高了男性在未婚人口中的比例。由于等待外嫁推迟婚龄，女性婚龄较广东省平均水平为高，但最后不婚者极少；也因男性迁移者回国探亲机会不多，使女性生育机会减少，过去女性的生育子女数较少。顺德的特点反映了三四十年代女性不婚的特点，也显示了对现代女性婚姻观的影响。顺德未婚人口中女性比例低于男性不能说是由于选择华侨或港澳同胞作配偶的结果，1982 年顺德海外婚姻为 224 对，外嫁女性仅 224 人，只占当年婚龄人口的万分之四。主要原因在于当地女性较多重视自己的职业和独立精神，致使未婚人口中女性比例高于广东、台山，婚龄推迟或不婚，育龄女性生育子女随婚龄增大而减少。

（3）对女性的文化与思想观念的影响。

台山女性的文化程度，明显高于广东省和顺德县。据 1982 年人口普查，台山女性 12 岁及 12 岁以上的文盲比例为 23.5%，顺德为 28.1%，广东省是 37.1%；女性在中学（包括高初中）的比例，广东为 34.9%，顺德为 38.8%，台山为 39.9%；在小学的比例，广东省为 44.8%，顺德为 48.66%，台山为 46.3%。侨乡女性文化水平较高的原因在于：

1）华侨自身在外深切感受到没有文化的痛苦，工作、生活都受影响，普遍回国捐资办学；

2）华侨多年在外接受新观念，重男轻女思想较少，鼓励女性上学读书；

3）对于女性来说，提高文化程度是为迁移做准备，因为回乡成家的男性迁移者要求女性有一定的文化水平。

台山女性并不因文化程度相对较高而减少迁移的依附性。时至今日，台山不少女性还是寄希望于婚姻而外迁，并以此为追求。1979—1984 年台山涉外婚姻 4509 人，女性占 95%。① 这种风气也影响到男性迁移，从 1980 到 1985 年 9 月为止，已有 229 位男性的迁移是通过与海外女性联姻实现的。② 顺德则不同，

---

① ［美］成露西：《美国华人历史与社会》，《华侨论文集》第 2 辑，广东华侨历史学会出版。
② 吴行赐：《美国女华侨回唐山择偶成亲现象剖析》，《南方人口》，1986 年第 1 期。

当年的独立迁移者对现代女性没有直接的示范作用，但顺德女性与命运抗争、自食其力的独立精神一代一代潜移默化，使其相对更重视个人的独立性，如女性从事家务劳动的人口占女性劳动年龄人口的比例台山达 36.8%，顺德只有 18.4%。现在顺德经济上已成为广东四小老虎之一，妇女半边天的作用更不能低估，顺德农民女子篮球队在全国声名大振都与这种独立自强的精神影响有关；也由于此，顺德女性在婚姻观上多少受早期"自梳女"的影响，未婚女性比例还相当高。

（4）对家乡建设的贡献。

台山、顺德的女性迁移者对家乡的贡献与男性相比是微乎其微。台山的女性多是依附性迁移，没有自己的财产，除非接受了遗产，一般没有能力对家乡作出较大贡献，而事实是女性出国继承遗产的较少，1978—1985 年的 10% 抽样调查，女性出国继承遗产的只占同种原因出国人员的 14.1%，男性占 85.9%。顺德女性移民虽然是独立或相对独立迁移者，但从事的工作低微，不可能有较多资金用于家乡的建设，只是帮助兄弟建房子，为晚辈提供教育经费等。从这可以看到女性迁移者的局限性，仅限于个人处境的改观，而通过迁移改变自己命运、发挥自身潜能、为祖国作出重大贡献的较少，这与中国"男主外女主内"、女性在社会与家庭不被重视的从属地位的历史传统有很大关系。

5. 从女性人口国际迁移对比研究中得到的启发

台山、顺德两县的女性人口国际迁移很有典型性，通过抽样和典型调查以及座谈访问、论文写作，深有体会，得到如下启发：

（1）理解与关怀。

历史长河形成的以男子为中心的宗法社会体系，女性从属男性，没有独立的人格和社会地位。在旧中国的女性不管如何与命运抗争，多数还是摆脱不了依附男性的从属地位和不幸命运。漂洋过海的女性，也还饱受这种宗法社会的苦难。且不说当年"自梳女"骄傲自立地去异国他乡饱尝多少辛酸，早年到美国的女性行业"1960 年如果按人数排列的次序是：妓女、妻子、洗衣、矿工、仆人……"现代在美华人妇女劳动力就业率 1960 年只有 37.8%，1980 年为 51.3%。据 1980 年美国人口统计 1% 和 5% 抽样，华人妇女劳动力在三藩市的行业依次是：成衣业占 35.3%，服务业占 17.0%，饮食业占 10.3%，失业占 12.1%，进入经理及行政人员职业的只占 5.7%，[①] 绝大多数在低薪行业。过去

---

①　［美］邓道明：《华人移民妇女的劳动力就业与同化有关吗？》，华侨华人历史国际研讨会论文集，1985。

与现在的移民生活都历尽风险、饱含艰辛。过去出于无奈，现在基于追求，对她们应予理解与关怀。

（2）变"落叶归根"为"落地生根"。

我国鼓励华侨"落地生根"，但是老一代华侨大多认为"落叶归根"是中华民族海外游子对故土的眷恋与归宿。这种观念使他们在移居国缺乏归属感，也使接受国感到中国人只把移居国当作谋生地难以同化。在美国华侨因此受歧视排斥，致使土生华人认为只有把与先辈受辱相连的一切"斩草除根"才能进入白人社会争取平等权利，从而使第二代第三代华人在事业和政治上获得成功。在新加坡为使移民具有统一认同感和国家意识，在其独立后开始了一个"制造新加坡人运动"。这都说明移民"落地生根"是接受国的要求，也利于移民在当地开花结果、兴旺发达。至于海外赤子对乡土的眷恋之情，只要能扎"根"在异国又不忘"祖"在中国，多为繁荣家乡，振兴中华作贡献就可以了。所以母国和华侨的观念都应变"落叶归根"为"落地生根"。

（3）继续开放改革，鼓励人口国际迁移。

海外两千万华侨、华人，为中外文化交流和各国人民友好往来、振兴祖国，尤其是为侨乡的繁荣起过重要作用，需要一代代新的华侨不断延续和加强这种传统的联系和合作，而且我国人口众多，一般公民向国外迁移部分，于国、于民、于其家庭均利多于弊，闭关锁国的做法不能再重演。广东、福建是我国迁移海外人口最多的省份，广东省 1979—1987 年因私出国人数只占总人口的 0.77‰，比例甚少。应该放宽政策，鼓励人口国际迁移。对于人才外流，也不能采取卡、堵的办法，只能疏导和创造多种条件吸引。

参考文献

［1］埃弗雷特·李. 人口迁移理论［J］. 廖莉琼，温应乾，摘译. 南方人口，1987（2）.

［2］林友芳. 迁移理论简介［J］. 人口研究，1987（2）.

［3］黄松赞. 试论新、马社会的形成和历史分期［D］. 华侨论文集第 1 辑，广东华侨历史学会编，1982.

［4］许心社. 新加坡［M］. 上海：上海辞书出版社，1983.

［5］（美）成露西. 美国华人历史与社会［D］. 华侨论文集第 2 辑，1982.

［6］（美）成露. 美国华人新移民［D］. 华侨华人历史国际研讨会论文集，中山大学东南亚历史研究所，1985.

［7］（美）邓道明. 华人移民妇女的劳动力就业与同化有关吗［D］. 华侨

华人历史国际研讨会论文集，中山大学东南亚历史研究所，1985.

［8］（美）赵景垚. 中国人迁移美国趋势和特征［J］. 人口与经济，1986（2）.

［9］黄松赞. 新加坡的"新化"政策与新华侨社会的变化［D］. 华侨华人历史国际研讨会论文集，中山大学东南亚历史研究所，1985.

［10］（美）王灵智. 美国华人社会人口、家乡观念、政治的变化及发展［D］. 华侨华人历史国际研讨会论文集，中山大学东南亚历史研究所，1985.

（作者单位：中山大学人口研究所）

（九）改革开放以来广东省人口国际
迁移的特征及其发展趋势[①]

陈印陶　廖莉琼

广东省是全国实行改革开放最早的综合试验区，也是我国人口向海外迁移最多的省份。目前祖籍广东的华人、华侨遍及世界五大洲，达 2000 万人左右，约占全世界华人、华侨总人数的 70%，归侨、侨眷达 600 多万人，几乎每县有华侨和侨属，重点侨乡就有 23 个。研究改革开放以来广东省人口国际迁移特征及其发展趋势，无疑有益于探索人口国际迁移规律，丰富中国人口迁移史，检验与寻求合乎中国实际的人口国际迁移理论。

本文研究对象为因私出境，已办接受国迁移手续，出境一年以上者。文章使用的资料系作者与中山大学人口研究所"人口国际迁移"课题组于 1986—1989 年先后多次实地调查所得，计：台山县 1978—1985 年出境移民的 10% 抽样调查有效样本 974 个，1979—1984 年归侨样本 362 人；澄海县出境移民 1950—1977 年 10% 抽样有效样本 547 个，1981—1985 年 1305 个；顺德县 1980 年、1983 年、1985 年、1987 年四年出境移民整体样本 2004 个，1975—1987 年归侨样本 416 个，和以上三县的涉外婚姻调查；中山大学等五所广东高等院校 1977—1986 年因私出境人员整体样本 856 个，以及广东省、广州市因私出境人员情况调查等。

我们选择一市三县五校为研究调查点，是基于以下因素：台山地处珠江三角洲丘陵地带，为广东省著名侨乡四邑之首，是南北美洲华侨的故乡，且向外迁移连绵不断；澄海地处潮汕平原，因古樟林港为潮汕及粤东一带出海口而为历史悠久的侨乡，后因泥沙淤积成为内陆小镇，海外迁移因改革开放而复苏，以迁移东南亚一带最多；顺德地处珠江三角洲中部，其华人、华侨以聚居东非、西亚地区者多，且是改革开放后广东经济腾飞的四小虎之一；五所高校则可了解高素质人口向国外迁移情况；广东省、广州市则是分析广东省人口国际迁移全貌必不可少的资料。

凡文章引用资料未注明出处者，均系作者实地调查资料。

改革开放以来，广东省作为全国的综合试验区，充分发挥了毗邻港澳和海

[①]　本文原载《中山大学学报（哲学社会科学版）》，1990 年第 4 期。

外联系广泛的优势，进行资金、技术、人才三引进，经济发展迅速。全省"三资企业"占全国总数的 55%，利用外资占全国的 44.4%，侨汇收入占全国的 66.7%。与此同时，国际交往日益频繁，全省公民因私出境人数急增，侨乡人口国际迁移在经历了一段时间沉寂之后重新活跃起来，并显示出许多新的特征。

1. 流量急增，逐步趋于平稳，地区差异明显

自党的十一届三中全会以来，落实了各项政策。"文革"时期的移民限制也已取消，侨乡人口国际迁移流量急增，十年全省公民因私出境人数是过去 19 年（1959—1978 年）的 3 倍多。若以 1977 年的迁出人数为 100，1978—1988 年向国外迁移人数的增长速度如表 1 所示。1979—1981 年间迁出人数占这 10 年迁出总数：全省为 43.8%，广州市为 38.7%，台山为 55.3%，顺德为 73.2%。

改革开放后头三年迁移流量如此急速，说明对"文革"时期封闭的补偿性迁移强度之大。1982 年后，流量开始缓减并渐趋稳定，迁出率波动范围不大。若国内安定团结、经济持续发展局面不变，迁移的浪潮会平稳发展。

表 1　1977—1987 年广东侨乡人口国际迁移发展速度（以 1977 年为 100）

年份	1978	1979	1980	1981	1982	1983	1984	1985	1986	1987
全省	357	1270	1712	1308	896	942	734	742	950	1254
广州市	221	728	1051	693	488	502	465	491	729	1027

资料来源：广东省公安厅、广州市公安局。

迁出率是计算迁移流量的重要指标（见表 2）。广东省不同侨乡的迁出率其地区差异是明显的。著名侨乡台山其归侨、侨眷占该县人口的一半以上，1978 年至 1985 年年均迁出率为 7.96‰，为全省平均值的 17.7 倍，1980 年高达 16.2‰，每年移民的绝对数占同期全省移民总数的 1/4 以上，迁移强度具有较高的持续性。广州是广东省对外联系的政治经济文化中心，也是我国历来重要的对外通商口岸，人口国际迁出率仅次于台山，按其出国人数占全省出国总人数的百分比：1981 年为 17.7%，1983 年为 25.3%，1985 年达 31.4%，1987 年占 38.9%，呈逐年增长的趋势。

表2　1978—1985年人口国际迁移地区迁出率比较　（‰）

年份	1978	1979	1980	1981	1982	1983	1984	1985	1978—1985年均值
台山	2.8	11.1	16.2	13.2	2.7	6.9	5.2	5.7	7.96
顺德	0.12	0.57	1.9	0.06	0.13	0.2	0.1	0.14	0.4
澄海	0.5	0.44	0.37	0.63	0.5	0.31	0.27	0.29	0.41
广州	0.96	3.06	4.3	2.8	1.94	1.95	1.8	1.8	2.38
全省	0.17	0.58	0.77	0.58	0.39	0.45	0.34	0.34	0.45

随着对外交流的增多，这种趋势还可能强化；澄海和顺德因地理条件和经济发展以及当地迁移史的影响，迁移流量均较小，估计以后也不会有大的变化；由于发达国家经济与科学技术发展的吸引和国内工作生活条件的差距，知识分子聚集地的高校迁移流量还会持续增长。

2. 迁移流向集中

改革开放后国际迁移已突破历史迁移轨迹；既有迁入地区的经济、科技水平导向作用，也是历史迁移活动的继续和发展。祖籍广东的海外华人、华侨86%以上聚居在亚洲；而当前全省主要流向迁入美国的，全省占43.5%，广州占42.76%，台山占79.6%，五所高校占77.69%，顺德占17%，澄海则占1.22%，澄海95.26%去泰国和新加坡。这种流向差异说明：

（1）当前新移民流向发展趋势以迁入地的经济、科技水平为导向。

广东全省海外华人、华侨居住在美国、加拿大两国（以下简称美、加）的只占8%，现迁入美、加的却占54.2%；广州市原在美、加的占21.42%，现迁入的占57.6%。再如顺德华侨许多在非洲国家，其女性迁移者1980年去非洲的高达68.5%，1987年降为30.9%，1988年只占9.1%，而迁入美、加的逐年上升，1980年为13.1%，1987年为35.8%，1988年达49.5%。五所高校流向美、加占83.65%。验证了"期望收入"理论有实践依据。

（2）老侨乡迁移流向仍高度集中在迁出地海外亲属居住国。

如台山籍美、加华侨、华人占66.24%，当今迁入美、加的比重亦高达88.8%；澄海籍在东南亚的最多，而今迁入该两国的占95.26%，说明血缘、地缘、业缘因素仍密切影响着当今的迁移活动，这是当地历史迁移活动的继续和发展。

（3）流向与迁移类型有密切联系。

如表3所示，"出国定居"、"自费留学生"迁入美、加两国分别占80%、97.5%。迁入泰国及其他国家的，主要是"探亲"。新移民对迁入地的选择变化，验证了"期望收入"理论的提出是有实践依据的。

表3　1981—1985年各类迁移者的流向分布　　（%）

类型	美国	加拿大	澳大利亚	泰国	其他	合计
定居	60	20	2	1.75	7.25	100
探亲	6.2	2.1	3.7	38.3	49.7	100
自费留学	84.4	13.1	0.52	0.05	2.2	100

3. 迁移者特征

迁移者特征，如年龄、性别、知识水平、婚姻与家庭状况，以至个人心理素质、对环境的适应能力等是克服迁移障碍、实现迁移行为的能力和条件。广东省的当代迁移者，由于侨乡各地发展的不平衡以及迁移类型、迁移流向的不同，使迁移者特征显示出较大的差异：

（1）性比例的差异是当代与历史移民最显著的特征之一。早期中国移民以男性占绝大多数，性比例极高。以迁入美国为例，女性为100，其性别比1860年为1858.1，1900年为1887.2，1940年为285.3，1970年才为110.7，1980年为98.3，男多女少的巨大差距持续了100多年，直到20世纪70年代才接近平衡。说明了从消极被动的人口迁移到积极正常的国际人口流动特征。而当代迁移者，台山女性多于男性，其原因在于美、加等国取消了对华歧视的移民政策，大量女性为与亲人团聚而迁移。澄海县1950—1977年的移民作为补偿性迁移也是女多男少（性别比为59:100），1981—1985年才改变为132:100。顺德的性别比为124:100，男女差异已不悬殊。

（2）年龄构成：生命周期与实现迁移密切相关。如表4所示，台山、顺德迁移者集中在15～29岁年龄段的，分别占该县迁移总人数的45%、52.6%。澄海县迁移者年龄偏大，45岁以上的人数占57%，年龄差异主要由于历史迁移成因，澄海县因是老侨乡，其迁移是历史的延续，类型主要是探亲，且再次迁移人数较多，这些人员绝大多数是新中国成立初期回国求学的青少年，据英国移民局统计资料计算[①]，近几十年迁入美国的中国移民，五成以上是生命周期中劳动黄金年龄段，即 20～49 岁年龄段的人数历年都在 50% 以上。（见表 4）

表 4　1978—1985 年台山、澄海、顺德迁移者的年龄性别构成

年龄组	台山		澄海		顺德	
	%	性别比（女 = 100）	%	性别比（女 = 100）	%	性别比（女 = 100）
0～14	1	100	0.9	175	17	117.2
15～29	45	90	22.6	154	52.6	136.3
30～44	29	93	19.1	307	21.1	131.9
45～64	19.5	62	40.4	159	8.4	79.8
65 +	5.5	61	17	24	0.9	38.5
合计	100	83	100	132	100	124.7

（3）文化程度。当代迁移者文化素质明显高于迁出地平均水平。当今迁移者已改变了历史上基本是文盲的状况，如表 5 所示，迁移者平均受教育年限，台山为 8.8 年，澄海为 8.5 年。据 1987 年 1% 抽样资料，广东人口的平均受教育年限仅有 5.08 年。按初中以上受教育程度来看，台山占 30.25%，迁移者占其中的 65.7%；澄海县占 21.7%，迁移者占其中的 44.20%。若计算各种教育程度的迁出率，受初中教育以上的迁出率高于小学及以下教育程度者的迁出率，台山高出 4.4 倍，澄海高出 3.5 倍。我们的实例研究印证：教育程度与迁移呈正相关。五所高校自费留学人员 91.5% 受过大学及以上的教育。李哲夫教授于 1985 年估计"每个中国留学生留美之前的培养费约为 10 万美元，如果学成后留居美国工作，其一生的经济价值至少是 50 万美元……因此，中国以一个发展中国家给予发达国家美国的'人源资金'则为 500 亿美元左右"[②]。

---

① 1985—1987：Statistical yearbook of the immigration and Naturalization service U. S. Department of Justice immigration and Naturalization Service.

② 赵景垂：《中国人迁移美国的趋势和特征》，《人口与经济》，1986 年。

表5　迁移者与当地人口文化程度比较　（％）

文化程度*		大学	高中	初中	小学	小学及以下	合计
台山	1	0.6	33.3	31.8	31	3.3	100
	2	0.22	9.24	20.79	54.78	14.97	100
澄海	1	2.3	21.3	24.6	34.7	17.1	100
	2	0.2	7.01	14.52	50.84	27.43	100

*1：迁移者文化程度所占比例，2：该县人口文化程度所占比例。

（4）职业构成：当代迁移者仍以务农为主，但已呈现多样化。迁出前职业是农民的，顺德占76.6％，台山占64％，澄海占36.8％。随着改革开放，各种职业的迁移者逐渐增多，台山工人占15.5％，顺德学生占9.4％，澄海则是教师、医生、职员等专业技术人员共占17.2％。五所高校则90％以上是教师、干部和学生。职业差异是上述受教育程度、年龄结构等差异的反映，也是自由移民特征的表现之一。

（5）婚姻状态：一般的迁移理论认为，未婚比已婚有更高的迁移率。当代迁移者，在15～29岁年龄段确实如此，台山和澄海的迁移者此段年龄的未婚率分别占76.8％、81.1％。但就整体而言，有偶率较高，主要是因为不少人是通过婚姻实现迁移的。其婚姻状态如表6所示。

表6　婚姻状况比较　（％）

婚姻状况	未婚	有偶	丧偶	离婚	合计
台山	40.1	57.2	2.5	0.2	100
澄海	20.3	60.3	19.2	0.2	100

（6）家庭结构：侨户历来以联合大家庭占多数，单丁独子很少向外国迁移。当代则不同，核心家庭有较高的迁移倾向，实例调查印证了这种理论。以台山移民为例，核心家庭占58.5％，直系家庭占36.1％，联合家庭占1.6％，单身占3.3％，其他占0.5％。台山核心家庭比例高，全家迁出的比例也极高，占41％，可见家庭结构与迁移是息息相关的。

4. 小结

综上所述，改革开放以来，广东人口国际迁移表现出的许多特征，均有别于历史上的迁移。

（1）迁移动因。迁入地经济技术、发展水平为导向的"拉"因已取代了历史上因迁出地经济剥削、政治压迫为主的"推"因，现有人口迁移理论，对分析认识当代人口国际迁移仍具有指导意义，但实例研究对某些理论有所补充，如"期望收入"由改善生活条件为主而转化为追求事业发展，尤其是高素质的人口迁移不少是探求振兴中华为目标，学成后回报祖国的；老年人口迁移则是满足与亲人团聚享受"天伦之乐"的心理感情要求。"经济决定"论已不能完全解释今天中国的人口迁移动因了。

（2）当代迁移者特征。其素质明显高于历史移民，性比例平衡，文化科学水平高，年龄、职业分布较广等。但他们的迁移活动仍受海外亲友的血缘、地缘、业缘因素的影响。估计这些因素在相当长的时间内仍将发挥作用。但完全没有亲友牵引、文化素质较高靠自己拼搏的年青一代新移民，将随改革开放的发展而增多，并以他们为中心繁衍扩延为新华侨，致使侨乡人口国际迁移连绵不断。

（3）政策因素对人口国际迁移有重要的制约作用。广东十年间的人口向海外迁移热潮滚滚，就是由于我国执行对外开放政策，和美、加等国取消了对华歧视的移民法的直接结果。广东省人口国际迁移今后也将受这种制约而起伏波动。

［责任编辑（兼职）：陆　军］

参考文献

［1］（美）埃弗雷特·李．人口迁移理论［J］．南方人口，1987（2）．

［2］（美）成露西．美国华人新移民，华侨、华人历史国际研讨会论文集［D］．中山大学东南亚历史研究所，1985．

［3］司徒戎生．广东省侨务工作四十年［N］．广东侨报，1989 – 09 – 26．

［4］廖正宏．人口迁移［M］．台北：台湾三民书店，1985．

（作者单位：中山大学人口研究所）

（十）广东高校出国人员的调查①

陈印陶

随改革开放大潮的兴起，高等院校也掀起了人员出国的热潮。广东为我国最早的改革开放综合试验区，且面临港澳，与海外联系紧密，出国热最早就在此兴起。应如何正确认识与冷静对待这一新的人口现象，本文试图以广东为例进行分析研究，希望能对有关决策部门起些咨询作用。

本文选择中山大学、华南理工大学、华南师范大学、暨南大学和广州外语学院作为调查分析对象，是基于五所高校各项数字在全省高校占有一定比例：教师占44.6%（不含市属），现在公派在国外学习人数占69.1%；1988—1989年自费留学者占43.9%、学成回国人数占60.1%；从学校类别看较为齐全，有一定代表性。资料覆盖时间，自1978—1989年改革开放以来共12年。资料来源除五所高校提供外，所缺部分由广东省高教局补充并核对。

文章所指出国人员包括国家公派（含单位公派和公派自费）读学位、进修、访问、合作研究等要求一定期限回来和因与亲人团聚、接受遗产、定居与自费留学等因私申请出国者。

1. 五所高校出国人口结构及其特征

（1）性别构成。

表1　五校出国人口女性所占比重变化（%）

年度	每年女性所占比例	其　中	
		因公出国所占比例	因私出国所占比例
1978	0.29	0.06	0.23
1979	0.59	0.25	0.34
1980	0.72	0.16	0.56
1981	0.89	0.24	0.65
1982	0.68	0.33	0.35
1983	1	0.5	0.5
1984	1.3	0.5	0.8

---

① 本文原载邬沧萍主编《改革开放与人口发展》，辽宁大学出版社1990年版。

续上表

年度	每年女性所占比例	其　中	
		因公出国所占比例	因私出国所占比例
1985	3.02	0.89	2.13
1986	4.8	1.01	3.79
1987	7.05	1.19	5.86
1988	6.02	0.86	5.16
1989	10.72	1.21	9.51
合计	37.08	7.2	29.88

因公出国人员 64 岁及以下的性别比高达 401.7，男性占绝大多数。因私出国性别比为 103.7，男女人数接近。女性所占比例（见表 1）逐年增加，1989年比 1978 年增加了 35.97 倍。其中 1988 年以前因公出国女性几乎直线上升；因私出国女性比因公出国女性平均高 26.68 个百分点。这些差别说明：

1）反映了我国女性文化程度低于男性的现实。特别是大专以上高层次人才结构悬殊，选拔出国人员时，再加上传统的偏见，女性人数自然大大少于男性。但在因私出国总人员统计中，65.3% 是自费留学生中，性别比只有 141.2，说明在平等竞争机会中，女性并不会少于男性。

2）因公出国女性所占比例逐年增加。从 1978 年到 1989 年共增长了 19.17倍。既是女性自身的努力，也是改革开放在男女观念上的变化。

（2）年龄结构。

从表 2 显示，五所高校出国人口 75% 以上在 44 岁及以下劳动的黄金时代，其中因私出国者年龄在 14 ～ 29 岁的竟占 58.5%；因公出国则中年占多数，为 63.4%。

表2　五校出国人口年龄构成　（%）

年龄组	所占百分比	其　中	
		因公出国	因私出国
14 ～ 29	49.7	33.4	58.5
30 ～ 44	25.6	33.9	18.1
45 ～ 64	22.1	27.3	19.1
65 +	2.6	1.4	4.3
合计	100	100	100

大量大学生和中、青年教师出国学习引起的问题：

1）不少单位的教学科研任务因此无法完成，加重了国内特别是中、老年教师的负担。

2）高校出国人口不仅绝大多数是最佳劳动年龄，而且具有大学以上文化程度，因私出国的也只有6.90%是大学以下的。这些人若多数学成不回国，造成的损失是严重的。

3）近10年我国派出的留学生共8万多人，广东为2000余人。人数虽不多，而且其中不少人已如期回国，但对高校和社会引起的冲击波却是严重的，有些人把上大学作为留学的跳板，家长"望子成龙"的标志就是出国，有的不惜退职走后门，拉关系，寻求自费留学机会，对教育造成的不良后果是显而易见的。

（3）职业、职务构成。

从表3看，出国人口中教师占55.2%，学生占1/4，其他人员不足1/4。其中公派教师达87.3%，因私出国人员，教师则比公派的少54个百分点，学生则多出36个百分点。从教师职务看，年轻的助教所占比例最大。说明国家给予了教师特别是年轻教师大量机会出国深造。

（4）出国原因。

资料统计各类人员出国原因所占百分比：公派攻读硕士者占7.2%，攻读博士占29.2%，进修、访问者占53.5%，高级学者访问占10.1%；因私出国者中自费留学的占65.3%，与亲人团聚占20.7%，定居占13.8%。公派以进修访问占多数，自费则读学位者多。

表3　五校出国人口职业、职务构成　（%）

职业、职务	所占百分比	其　中	
		因公出国	因私出国
正、副教授	10.9	13.7	9
讲师	17.8	34.4	6.5
助教	26.5	39.2	17.8
技术人员	9.8	4.8	13.3
干部	4.4	2.9	5.4
工人	4.4	0.8	6.8
学生	25.6	4.2	40.2
无业	0.6	0	1
合计	100	100	100

（5）出国人数与回流情况。

自改革开放以来，五校出国人数逐年增加，1988年达到高峰；回流人数于1985—1986年达到最高峰、1987年开始下降。这种流出流入量的波动，显然和国内改革开放的政治与经济形势密切相关，如何使留学人员正确认识与理解国内形势有其十分重要的作用。

表4　五校出国人数与回流率

年度	出国人数	其中自费	回流率 %	其　中		
				进修访问 %	读学位 %	自费留学 %
1978	100	0	14.3	100		
1979	428.6	128.5	10	100		
1980	1728.6	1057.1	4.1	100		
1981	2728.6	1485.7	19.1	97.4	2.6	
1982	2442.9	485.7	39.2	97	3	
1983	2542.8	657.1	48.9	98.9	1.1	
1984	3257.1	900	28.1	96.9	3.1	
1985	4228.6	1257.1	40.6	92.7	6.5	0.8
1986	5214.3	2314.3	35.3	92.2	6.9	0.9
1987	5471.4	2585.7	21.9	86.9	3.1	
1988	5628.6	2771.4	22.9	87.8	10	2.2
1989	3228.6	657.1	32.3	93.2	6.8	
合计			29.4	72.1	8.5	0.4

＊出国人数以1978年为100。

（6）出国目的地分布。

出国人员高度集中在科技与经济发达国家，以美国最为集中（表5）。与老侨乡人口的国际迁移以亲朋牵引为主不同，这是为学习国外先进科学技术与管理经验和寻求个人发展的新一代，目的地以科技与经济发展为导向的特点十分鲜明。

2．所引起的思考

人口，特别是高文化层次人口的国际迁移与流动，是促进各国文化科学交流和社会经济繁荣与进步的重要途径，也是当今以科学技术为基础，跨国竞争智力资源的世界经济的一种特征和高等教育国际化的发展趋势。科学和经济发达国家也十分重视这种国际交流，欧洲共同体计划到 1992 年到国外短期学习的大学生要从目前的 1% 提高到 10%。美国 1982—1986 年间在国外学习人数达 15 万余人。现在世界各国有 100 多万学生到国外学习，第三世界国家占 3/4。[④]

表5　出国目的地分布　（％）

国　　别	总　　计	其　　中	
		因公出国	因私出国
美国	58.7	51.1	71.2
日本	5.4	5.2	5.6
苏联、东欧	0.8	1.2	0.2
西欧、北欧	13.9	20.4	3.5
加拿大	5.7	7	3.6
澳、新	7.1	4.2	11.6
其他	8.4	10.9	4.3
合计	100	100	100

中国要建设四个现代化，科学技术现代化是关键，培养具有国际竞争意识与能力的高级专门人才具有十分重要的战略意义。派出与引进这种"双向交流"是我国改革开放总方针、总政策的一个重要组成部分。过去 10 年间应聘来华服务的各类专家学者累计达 18 万余人，参与培养硕士、博士研究生 4 万余名和 2000 多名高级管理干部。同时也派遣了 8 万多留学人员和 4 万多专业人员到国外接受培训，这些人员许多已学成回国，并在各个部门挑起重担。[②]从 50 所高校择优推荐出来的 192 名《中国高等学校优秀青年学者录》[③]中，就有 44 名博士、13 名硕士研究生是从国外学成回国的。当然，有些留学人员，特别是自费留学生滞留在国外时间长，造成人才流失等问题。高校人员的国际迁移与流动

也是国家文化交流的重要部分，对国家和派出单位有利也有弊，从总体上看利大于弊。现在国家总结了留学生工作，明确提出了"按需派遣，保证质量，学用一致"的方针，必将有利于完善留学派遣工作。对当前存在的一些问题应如何思考，抛砖引玉提出以下一些意见。

（1）对"人才外流"的评估。

人才外流，这是第三世界国家共同面临的问题。菲律宾1970年有769名医生迁入美国，比1965年增长了11.60倍，致使菲律宾本土每两万人才有1个医生；其迁入美国的科学家1549人，比1965年增长了70.41倍，人才外流增长率为亚洲国家第一位。新加坡到1982年共培养博士2041人，30.8%外流了。1967年到美国留学不回国的比例，南朝鲜为90%、印度为87%。台湾省1960—1968年赴美留学生13900人，平均回流率为3.4%[⑤]。美国教育理事会1982年的报告预测，到1990年在美的外国留学生将突破100万人，其中研究生将占全美在校研究生的1/4。据（美）李哲夫教授估算[④]，一个外国留学生若学成留美工作，一生中所创造的价值至少是50万美元，如果这些留学生有一半留下，则美国从世界，主要是发展中国家所得到的"人源资金"是2500亿，留学生所带来的各国文化和他们攻读学位的研究成果所创造的潜在价值，以及他们将来作为侨民成为美国文化使者对各国的影响，更是无法估量。这种"反向的国外援助"，使经济发达国家得益巨大，而发展中国家所受损失显而易见。正因为如此，日本也雄心勃勃地提出在下个世纪初接受10万留学生的计划。

改革开放10余年，我国所派遣的留学人员达8万余人，其中进修访问学者90%以上已学成回国，博士生也有700多人回国[⑦]；五所高校进修访问学者回流率达72.1%，据统计[⑧]，高校1978—1987年，共派出留学生30052名，回流率为42.96%。我国自1987年起，每年大学毕业生50余万，外流者占5‰左右，这对我国的损失虽不如某些国家那么严重，但也是很大的。这是不利的一面。但从长远看，不利因素中也有有利因素，这是人才的储备，是中外联系的桥梁，因为其中有的人终究会回来，即使终生不归，他们也将和老华侨一样为振兴祖国从不同角度作出贡献。因此，既要看到人才外流的可能后果，及时采取疏导措施，也不能看得过于严重而采取堵卡的紧缩政策。根据目前情况，留学人员若能有75%～85%陆续回国，是较为理想的。更为重要的是，不能让人才外流发展到因国内人才安排不了而转向国外寻求出路，形成"人才外溢"。印度1971年有72934名自然与社会科学工作者失业而不得不流向国外。

（2）调整派遣政策，以有利于我国经济建设与文化交流为前提。

1）立足于国内培养高级专门人才。国内已基本具备培养高级专门人才的条件，今后培养人才主要应依靠自力更生。

我国自 1981 年创立学位制以来，已基本建成学术门类齐全、组织机构健全、指导力量较强、能够培养高质量的研究生基地。截至 1989 年底已培养出 4800 多名博士、147900 多名硕士，目前在学的博士生近万名、硕士生 8 万余人[⑧]。证明国内培养高级专门人才的条件已具备，因此今后公派出国除少数尖端学科国内条件尚不具备外，一般不派读学位。实践将证明这是一个具有战略意义的措施。

寻求多种渠道采取联合培养和请进来等办法，这是各国正在采取并为实践证明了的行之有效的办法。

2）以派遣短期进修、访问学者为主。

①"按需派遣"。应按学科、高技术和经济建设重大课题的需要来有计划的派遣，学习目标明确，任务具体，学回就用；时间最多一年，则可收到时间短、花费少、收效高，达到学用一致的目的。也可防止留学就是一切，无目的或者不甚了之的不良后果。

②派遣进修访问学者为主。在于他们有一定的学科理论基础和实践业务经验，学习国外先进的东西较刚毕业的大学生易于接受和消化；单位对他们的政治思想也有一定考察，可以保证派遣人员的业务与政治的质量。只要外语过关就可以留学的做法，只能起到错误导向的作用，后果也是不好的。

③从国外资料证明：回流率博士和博士后少于硕士；硕士又少于短期访问学者。五所高校回流率访问学者达 72.1%、硕士为 13.5%、博士只有 7.30%。这主要由于学位越高，要求生活与工作发展条件也越高，在国外也易于找到工作，又正年轻无家眷牵连，使之滞留在外的因素较多。

再者，短期进修比读学位费用少，则可增加派遣人员，根据需要也可多次出国，使人们看到只要是为国家学习，出国机会不受限制，也有利于吸引海外学子回归。

3）派遣地不宜过分集中，以利于博采各国之长。

世界各国留学生流向主要集中在美、英、法、西德、苏联五个经济发达国家，它们接受的留学生占世界留学生的 60% 以上，尤其是美国更为集中。据统计[⑩]，菲律宾 80%、泰国 60%、马来西亚 31% 的留学生是流向美国，台湾 1960—1968 年间平均每年有 1544 人赴美留学，其中学成后加入美籍的工程师就有 1500 人[⑪]。我国赴美人员也占留学人员总数的 62.5%，五所高校去美人数也占 58.7%。流向高度集中，不利于博采各国之长等弊端，已引起各国的关注并采取对策。70 年代末开始出现发展中国家互派留学生。这种向不同国家派遣留学生的发展趋势将成为一种世界潮流。这是因为学习世界先进科学技术与管理经验，各个国家都有其所长，包括经济已在起飞的发展中国家，也有许多值得学习借鉴的东西。有计划地将派遣地合理分散，既有利于学习各国的长处，也可避免因留学人员高度集中于某一国而受其牵制。

4）制定法规，交纳培养费，服务时间缩短为1～2年。

①按实际支付费用规定交纳培养费。我们现在还是一个发展中国家，人口多、底子薄、国家还很穷，培养一个大学生不容易。国家为一个大学生从其母亲受孕起到出生，从幼儿到大学毕业所支付的各项费用，根据有关资料计算：学龄前约需1000元、小学3000元、中学6000元、大学10000元、硕士生国家教委每年每人拨款培养费3年共12600元、博士生18900元，还未计其他杂费。按此最低标准计算：大学毕业生偿还培养费约20000元、硕士生35000元、博士生45000元并不算高。国家培养人才就是要求他们为国家建设服务，既然在较长时间内不能为国家服务，国家要求交纳一定的培养费是理所当然的，也应能被出国人员所理解和接受的。

②凡是中国公民都应一律执行有关规定。现在国家教委有一个关于华侨等六类人员的眷属自费留学免交培养费等的有关规定，予以特殊照顾。华侨等六类人员的眷属是中国公民，在未出境前，他们和每个公民一样享受教育和公民的权利，当然也应尽公民的义务和责任。他们同是中国的主人翁，不应以客人相待予以优惠。六类人员及其眷属了解中国的国情，是会理解和乐于尽这种义务的，也是他们经济能力所能及的。对所有人员（包括干部子女和公派不归者以及因私申请出国的专业人员在内）都应一视同仁，才可形成任何人也不特殊的良好社会风尚。

③交纳培养费提高后，服务时间可缩短为1～2年。若按一定比例加交培养费可免去服务时间。这对不愿中断学业者将是欢迎的。

制定法规，规定出国条件、交纳培养费、会不会影响出国人员对祖国的感情？只要执行法规人人平等，群众就会理解和接受；特别是将远离祖国的海外赤子，更不会因此正常要求而改变热爱祖国家乡的真诚。

（3）信任与尊重，"来去自由"。

党的十一届三中全会以来，党中央强调尊重知识，尊重人才，要在政治上业务上信任和依靠知识分子，使知识分子有了报效祖国大显身手的广阔天地。这种信任与尊重加之改革开放所取得的显著成效，使知识分子大受鼓舞，在海外留学人员中更有明显的反映，初期派出人员大多能如期回来，五校出国人员回流率1985—1986两年达到高峰，分别为40.6%和35.3%。随着改革开放的深入开展，暴露出一些缺点和错误，这本属改革过程中完善政策的正常现象。但部分知识分子不理解，在国外的学子则多是由于对国内发生的情况不够了解，加上西方国家的歪曲宣传而产生误解。这种不理解立即在回国人数上反映出来，与1986年比较，1987年下降了13.4个百分点；1988年下降12.5个百分点。使留学人员及时正确认识和理解国内发生的情况，并使他们坚信国家对知识分子的信任与尊重的政策不会改变，显然十分重要。

政府一再重申，对留学人员"保证来去自由，并为之提供方便条件"，这就是信任与尊重的最好证明，表明中国将继续执行改革开放政策，祖国已经敞开的大门是不会再关上的。这一政策必将大大有利于吸引人才回流。

（4）"土"博士，"洋"博士，一视同仁。

我们对"土""洋"博士应一视同仁，否则必然产生错误的导向作用，使更多的人寻求出国机会，对国内人才也将产生不利影响。因此无论工作生活条件和信任使用，都应一视同仁，区别只能以贡献大小为标志。而且国外大学的水平一流和二、三流很不一样。博士头衔并不等于真才实学。为了鼓励和嘉奖，国家应该把最好的发展机会，包括与国外的交流与合作留给长期在国内服务的优秀专家学者，才能造成"土""洋"博士一样受欢迎、一样受重用、一样大有发展的良好风气，并使之逐渐成为一种制度。

（5）造成适于人才成长的小环境与大气候。

适于人才成长的小环境就是必要的工作和生活条件，大气候则是适于人才发挥才能的广阔天地和宽松和谐的政治气候。

这种环境与气候的形成应基于对整个知识分子境遇和社会地位的改善，基于对脑力劳动价值观念的根本改变。中央领导同志一再指出，知识分子在社会主义建设中不可替代的作用；但在实际生活中知识贬值、脑体倒挂，一所名牌大学教授收入不如一个宾馆服务员，不少肩负国家重大科研攻关项目的专家学者，还要为油盐柴米精打细算而操心，也要为科研教学所必备的条件奔忙，有时还要受其他各种因素的干扰，这对于人才的成长和作用的发挥必然深受影响。对比国外的条件自然具有吸引力。

我们国家目前还处在社会主义初级阶段，过高的要求是不现实的。但各级领导和决策部门应真正理解和执行党对知识分子的政策，尽力为改善整个知识分子应有的工作与生活条件而作出努力。

江泽民同志今年在首都青年纪念五四大会讲话中表达了党对知识分子的殷切期望："在现代化建设和改革开放的实践中，我们越加深刻地认识到，同历史上任何时期相比，中国人民从来没有像今天这样，对自己的知识分子提出如此广泛、如此迫切的要求。"这是党和人民真诚的呼唤，政府人事部门也颁布了一系列有关吸引留学人员回国服务的政策，适于人才成长的环境与气候正在逐步形成中。作为具有"国家兴亡，匹夫有责"传统美德的、重视自己人生价值的中国知识分子，他们会为了祖国的繁荣昌盛作某些物质牺牲的，或者在外停留稍长时间也会回来的，或者会利用不同的形式来报效祖园的。

3. 结语

我国是拥有世界四大发明的文明古国，现在却在经济与科学技术方面落后于其他发达国家，其重要原因之一，就是闭关锁国，自我封闭。历史的教训和今天改革开放的实践证明，只有把已打开的门继续敞开，与世界先进国家进行文化的"双向交流"，并且充分尊重知识，尊重人才，有一定的适于人才成长与施展才能的机会和条件，保证来去自由，人才外流的情况是会得到根本改观的。

参考文献：

［1］龚放，赵曙明. 大学国际化，高等教育的发展趋势［J］. 高教研究，1987（4）.

［2］《人民日报》海外版，1990 - 06 - 26.

［3］国家教委科学技术司. 中国高等学校优秀青年学者录第一辑［M］. 南京：南京大学出版社，1990.

［4］［10］黄建如，徐俞. 东盟国家留学生派遣与人才外流问题［J］. 外国教育动态，1888（3）.

［5］［11］陈永山. 关于台湾省人口国际迁移与人才外流问题［J］. 中国经济问题，1987（4）.

［6］（美）赵景垂. 中国人迁移美国的趋势和特征［J］. 人口与经济，1986（2）.

［7］《光明日报》，1988 - 11 - 24.

［8］国家教育委员会计划财务局. 中国教育年鉴1987［M］. 北京：北京工业大学出版社，1988.

［9］《人民日报》海外版，1990 - 06 - 26.

（作者单位：中山大学人口研究所）

（十一）　与苏、浙对比看广东人口发展形势[①]

陈印陶　徐庆凤

1. 苏、浙、粤经济发展水平相当，但广东人均指标明显偏低

1990 年 11 月，财政部对全国 2353 个县（市）财政收入实绩进行排序，确定出我国 1989 年"十大财政县"分布于上海（4 个）、江苏（3 个）、广东（2 个）和浙江（1 个）四个省市内，这些县的财政收入均超过 3.2 亿元。几乎同时，《农民日报》等几家报刊在全国 5.6 万多个乡镇中评比"十佳乡镇"和"百颗乡镇之星"，结果苏、浙、粤三省均榜上有名，而且"百颗星"中，江苏占有 5 个，浙江和广东各有 4 个。12 月 16 日，《羊城晚报》介绍由《乡镇企业》杂志组织评选的全国产值最高的乡镇企业，广东竟占了 6 席，江苏、浙江各 1 席。入选比例均高于全国平均水平，可见除 3 个直辖市外，在国内各省中，目前经济发展水平较高的就是江苏、浙江和广东三省，已呈并驾齐驱之势。

广东省在改革开放前经济的增长幅度长期低于全国平均水平。近十年来，乘着改革开放的春风，以珠江三角洲为中心的经济发展，以龙腾虎跃之势向前跃进，所取得的实绩令人瞩目。1978 年至 1989 年的 11 年间，社会总产值、国内生产总值和国民收入（按当年价计算）的年均递增速度分别高达 20.63%、19.51% 和 18.44%；工农业总产值（按 1980 年不变价计算）的年均增长率亦达 15.41%，使广东省的社会总产值、国内生产总值、国民收入和工农业总产值等总量指标，1978 年以来始终排在全国的前 3 名。国内生产总值 1989 年竟为全国第一。然而，1978—1990 年中（普查）广东人口的年递增率也达 1.89%，高于全国 1.43% 的平均速度。因此总量指标一经人口平均，广东省在全国的位序便立即后移，退至第 5 位和第 7 位，明显低于浙江、江苏两省（详见表 1）。显然，人口的过速增长已对广东的经济发展起了延缓作用。不容忽视的另一因素，广东近年来流动人口增长速度之快，数量之多已是全国第一。外省流入广东常住一年以上人口，1982 年人口普查只有 7 万多，这次普查增加到 71.8 万人，比 1982 年增加了 9 倍。若不疏导，盲目流入人口过多，他们对广东经济发展虽有贡献，但对粮食供应、住房、交通、教育等方面也将造成更大的压力。

[①]　本文原载《南方人口》1991 年第 1 期。

2. 人口过快增长是使广东省人均指标偏低的重要原因

从第四次全国人口普查中苏、浙、粤三省的主要数据对比资料，可以看到广东省的人口增长速度何等之快（见表2），第三次与第四次普查之间的八年内，广东省人口增长了17.15%，年均递增速度高达1.99%，是浙江省的近2.5倍，比全国年均水平高5.2个百分点，速度之快，位居全国第三；人口出生率和自然增长率均超出全国平均水平，远高于浙江省，家庭户规模分别比浙江、江苏和全国多0.96人、0.76人和0.1人；人口密度增加速度也大大高于浙江和全国平均水平。

广东省人口增长迅速，除了受年龄结构影响进入第三次生育高峰外，更主要的还是因为广东省计划生育水平低，1989年计划外出生人口达635000人，计划生育率仅达47%，计划生育处于半失控状态。1988年上半年，广东省的多胎率高达24.08%，是江苏省（6.11%）的近4倍，更是浙江省（2.64%）的9倍多；而一孩率只有42.07%，大大低于江苏（71.86%）和浙江（71.37%）；计划生育率广东省为42.21%，也明显低于江苏（70.74%）和浙江（79.85%），致使广东省的总和生育率1987年时仍达2.73，高于江苏省的2.04，比浙江省的1.69高61.54%。此外，广东省的计划外二胎比例之高也令人吃惊，1985年时高达91%，之后虽有所下降，但到1989年仍达73.5%。

表1 1989年苏、浙、粤三省主要经济指标对比

单位：总值为亿元、人均值为元/人

地区	社会总产值				国内生产总值			
	总值	位序	人均值	位序	总值	位序	人均值	位序
江苏	3458.6	1	5291.6	5	1228.5	2	1879.6	6
浙江	1938.2	6	4604.9	6	789.7	6	1876.1	7
广东	2757.2	3	4576.2	7	1311.7	1	2177.1	5
全国	34604		3112.1		15793.7		1420.4	

地区	国民收入				工农业总产值				总人口	
	总值	位序	人均值	位序	总值	位序	人均值	位序	万人	位序
江苏	1055.5	2	1614.9	7	3022.6	1	4624.6	4	6536	4
浙江	698.4	6	1659.3	6	1641.7	6	3900.5	6	4209	10
广东	1034.9	3	1717.7	5	2195.8	3	3644.6	7	6025	5
全国	13125		1180.4		28552		2567.8		111191	

资料来源：经济指标源于《广东省国民经济和社会发展统计资料》（1949—1989年），广东省统计局。人口数源于《全国各省、自治区、直辖市历史统计资料汇编》（1949—1989），国家统计局综合司编，中国统计出版社1990年出版。

表2　苏、浙、粤三省第四次人口普查主要数据对比

地区	总人口（1990年6月30日）		年均递增率（1982年7月1日—1990年6月30日）		人口自然增长率（1989年7月1日—1990年6月30日）		出生率（1989年7月1日—1990年6月30日）		家庭户规模（人/户）		人口密度（人/平方公里）	
	万人	位序	%	位序	%	位序	%	位序	1982年7月1日	1990年6月30日	1982年7月1日	1990年6月30日
江苏	6705.65	4	1.29	25	14.47	19	20.54	19	3.91	3.66	590	654
浙江	4144.58	11	0.8	30	8.74	28	14.84	28	3.96	3.46	382	407
广东	6282.92	5	1.99	3	16.62	14	21.96	17	4.79	4.42	301	353
全国	113368.25		1.47		14.7		20.98		4.41	3.96	105	118

资料来源：国家统计局及各省统计局关于1990年人口普查主要数据的公报。

计划生育率的显著偏低和计划外二胎与多胎生育，使广东省自1980年以来连续十年未完成国家下达的人口计划目标，总人口提前一年突破"七五"计划，10年累计超计划生育121万人口。人口数量的增加，加强了人口分母的作用，使广东省的人均经济指标值不能像经济高速增长那样同步迅速提高。

3. 若按江、浙人口增长速度计，看广东人均值的提高

1982年广东省人口为53631511人，若以1982—1989年人口年平均增长率江苏的1.29%或浙江的0.80%的增长速度控制人口，则广东省1989年人口只有58665983人或56707967人，比1989年实际人口6024.98万要少158万余或354万多人，既不会突破"七五"人口规划，各项经济指标人均值也会有较大幅度提高（参见表3）。人均社会总产值在全国的位序将由第7位上升为第6位，人均国民收入也将提高46.30元或107.20元，广东省今后10年的计划生育工作便不会像现在这样艰难。特别在经济发展中就不会因人口过速发展起滞后作用，而削弱与江苏、浙江的竞争能力，真正形成稳固的三足鼎立。

表3 广东若以江苏、浙江1982—1989年均人口增长率控制人口，

1989年经济指标人均值对比 人均产值：元/人

指标	总人口（万人）		社会总产值		国内生产总值		国民收入		工农业总产值	
	人口数	减少数	人均值	增加数	人均值	增加数	人均值	增加数	人均值	增加数
广东原速度	6024.88		4576.2		2177.1		1717.7		3644.6	
按江苏速度	5866.59	158.39	4699.2	123.5	2235.8	58.7	1764	46.3	3742.19	98.3
按浙江速度	5670.79	354.19	4862	285.8	2313	135.9	1824.9	107.2	3872.1	227.5

资料来源：根据表1数据计算。

4. 对策

第四次人口普查主要数据的公布，特别是和江苏、浙江一比较，广东省计划生育工作落后被动的局面就一目了然。要改变这种局面绝不是计划生育部门一家所能做到的。计划生育工作关系到千家万户，牵扯方方面面，是一个社会系统工程，因此应采取的对策也是多方面的，但我们认为主要在以下几点：

（1）领导层的重视，特别是省、市、县领导应加强人口意识。这个问题似乎是理所当然。但事实上并不是完全引起了各级领导应有的重视。《羊城晚报》1990年12月21日报道，广东全省市长会议暨计划、工交、外经贸会议20日在广州举行，这是一个年终总结工作，安排明年全省计划、布置经济工作的大会，提出明年要抓好8个方面的工作，提及了要提高人口素质，却只字未提要控制人口数量。在广东每10万人口中拥有的大学文化程度人口数比全国平均水平还少84人，广东经济要腾飞，重视人口素质的提高十分重要，但忽视人口的控制，同样会延缓经济的发展。这样与人口密切相关的会议却未把计划生育工作列入议事日程，不能不说在广东的领导层还有加强人口意识的必要，这是做好计划生育工作的关键。

（2）充分利用普查资料开展人口意识教育、提高群众计划生育的自觉性。第四次人口普查对全国各省、市、县、乡人口状况作出了较为准确的统计，应该充分利用这些资料从各个方面，从不同角度进行分析、对比，进行国情、省情、市情、县情宣传教育，使群众看到广东与其他先进地区的差距，提高控制人口的必要性和紧迫性的认识，让全社会和全民都关注，使计划生育成为更多群众的自觉行动，消除计划生育工作的阻力和障碍，使计划生育工作开创一个新的局面。这里，要特别呼吁从事人口研究工作的专家学者，应抓紧分析研究普查资料，更多地关注计划生育领域的课题，为解决我国、我省人口问题提供有价值的咨询和有实际社会效益的研究成果，这是我们义不容辞的社会责任。

（3）抓主要矛盾，计划生育工作要有一个突破。广东省计划生育处于半计划状态，多胎率 1989 年高达 22.9%，这是广东省计生工作的主要矛盾，应该下大力气解决这个主要矛盾，而且解决这个矛盾有理、有基础，群众可以理解，干部不会同情。可以以此为突破口推动整个计生工作跨上一个新台阶。根据目前广东省农村的实际，并非像一些人所说的只是纯女户要求多生一个，在 1989 年广东多胎生育中，超生三胎、四胎的纯女户只占 23%，而男女双全户竟占 63.5%，纯男户还占 13.5%。国家要求这样的家庭户执行计划生育理所当然，应该坚决执行广东省的计划生育条例，使计划生育工作有一个大的突破。

广东省的计划生育工作若能与经济发展同步进行，以改革开放十年经济发展的速度和经验，不仅可以和江苏、浙江比翼齐飞，还可以如上海一样成为东方的明珠。

（作者单位：中山大学人口研究所）

（十二）当代澳大利亚华人人口结构研究[1][2]

贺交生　陈印陶

1. 历史的简要回顾

早期到澳大利亚的华人主要是来自广东的珠江三角洲，尤其是珠江三角洲的四邑地区（即台山、开平、恩平和新会）。他们主要是作为劳工在澳大利亚维多利亚、新南威尔士的金矿区开矿，同时也有少数经营杂货店或餐馆业。1851 年全澳华人为 1735 人[3]，到 1861 年达 38258 人（见表 1）。但由于 19 世纪 50 年代中期开始，澳洲对华人的移入实行限制案。例如 1861 年新南威尔士州议会通过与维多利亚和南澳洲相近的对华人移入的限制法案，1901 年澳大利亚政府的移民限制案更是"白澳政策"之明显体现。因此，华人到 1947 年只有 6000 多人（指来自中国大陆的）。

第二次世界大战以后，澳大利亚逐渐放弃了白澳政策，主要是基于下面一些因素：

（1）澳大利亚各界越来越意识到澳洲是亚洲太平洋区域的一员。

（2）中国的日益强大，以及东亚的新加坡等华人地区经济的崛起，使澳大利亚与这些地区的经济贸易往来增加。

（3）华人在澳大利亚本土的投资日益增加。

正是这些因素的作用，澳大利亚华人不仅数量增加，而且来源地也多样化了。

2. 来源地构成与规模

澳大利亚华人移民的主要来源地是中国、越南、马来西亚、新加坡、柬埔寨、东帝汶、巴布亚新几内亚以及我国的台湾、香港。表 1 显示了从 1964 年至 1986 年华人来源地的构成情况。早期的华人主要来自中国大陆，多为广东、福建两省的劳工，主要分布在澳大利亚的金矿区；20 世纪开始有香港和马来西亚的华人移入澳洲；第二次世界大战后，新加坡的华人也有向澳大利亚移居；本

---

① 本文原载《南方人口》1991 年第 4 期。
② 文中资料和数据除特别注明外，均来自澳大利亚政府统计局 1986 年人口普查。
③ 黄品章：《澳洲华裔人口的变迁》，《澳洲海潮报》，1989 年 11 月 2 日。

世纪 70 年代起，我国的台湾，尤其是越南华人或作为投资移民或作为难民身份在澳洲有明显增加。

从不同来源地移居到澳洲的华人之规模来看，第二次世界大战前，来自我国的香港和马来西亚的华人规模均较小且略有波动。来自中国大陆的华人则经历了一个大致减少的过程，这主要是澳大利亚当时的移民政策所致。

需要指出的是，表 1 是按出生地来划分的。其来源地区可能与出生地并不一致，显然在早期或年龄较大的移民中，这种现象的发生的比率会稍多一些。一般说来，二者大体上是一致的。

表 1　澳大利亚华人的来源地及其规模（1861—1986）

年份	按出生地划分（单位：人）					
	中国大陆	香港地区	台湾地区	马来西亚	新加坡	越南
1861	38258					
1871	28351					
1881	38533					
1891	36032					
1901	29907	167				
1911	20775	413		782		
1921	15224	337		630		
1933	8579	236		866		
1947	6404	762		1768		
1954	10277	1554		2279	1127	
1961	14488	3544		5793	2759	
1966	17390	4206		9179	3641	
1971	17601	5583		14945	5532	
1976	19542	8818	431	19880	8989	2427
1981	25883	15717	877	31598	11990	41097
1986	37469	28293	2056	47802	16434	83044

总的说来，第二次世界大战后，华人之来源地呈现多样化倾向，规模也有较大幅度增长。1976 年至 1986 年来自印支的难民（主要是越南排华政策所致）

大为增加。1986 年普查结果表明，来自越南的华人为 83044 人，居第一位，其余依次是马来西亚、中国大陆、香港地区、新加坡、台湾地区。

表 2　各来源地华人移民的增长速度

来源地	中国大陆	台湾地区	香港地区	马来西亚	新加坡	越南
年平均增长速度（%）	4.6 （1947—1986）	16.9 （1976—1986）	9.7 （1947—1986）	8.8 （1947—1986）	8.7 （1954—1986）	42.4 （1976—1986）

资料来源：据澳大利亚统计局的资料计算。

表 2 反映的是不同来源地华人的年平均增长速度。其中来自中国大陆的最低，而来自越南的最高，据统计，1955 年至 1982 年，澳大利亚华人的年平均增长率为 8.3%[①]，显然大大高于澳大利亚总人口的增长速度，与美国和加拿大华人的增长速度相近，反映了第二次世界大战以后澳大利亚华人状况的改善。

表 3　移居澳洲人口中华人所占比例及各国华人数

国家	华人所占百分比（1986）	华人估计数（人）	华人占各国人口百分比
新加坡	42.7	1856237（1980）	77.2
马来西亚	60.6	3630542（1980）	33.3
泰国	14.5	4800000（1980）	10.3
柬埔寨	40.2	50000（1980）	0.8
越南	33.5	700000（1983）	1.2
印度尼西亚	27.4	6150000（1982）	4.0
老挝	17.8	10000（1983）	0.3
菲律宾	2.3	1036000（1982）	2.0
东帝汶	61.0	8300（1979）	0.4

资料来源：华人估计数取自于美渝等前引文，第一栏的数据来自澳大利亚统计局。

[①]　于美渝、鲍思顿：《海外华人的分布》，《人口研究》1989 年第 3 期。

华人占各来源地国家或地区总人口的比例，与各所在国移居澳大利亚的人口中华人所占的比例相联系，表3即是这种关系的反映。表3显示：除新加坡外，其他国家数据所反映的共同特点是，各所在国移居澳大利亚人口中，华人所占的百分比均高于华人占所在国总人口的比例。这种特征是由于：

（1）多数东南亚国家的华人，虽然战后的状况有所改善，但总的来说在所在国政治上的地位改善欠佳。以马来西亚为例，华人占其总人口1/3，但华人在就学、就业以及社会其他方面的升迁受到限制。因此，很多马来西亚华人的子女在澳大利亚墨尔本等地就学，毕业后有的移居，有的回到马来西亚服务几年再移居。

（2）70年代后期，越南、老挝、柬埔寨的大多数华人由于所在国的排华政策，很多人以难民身份由联合国指定的限额到了澳大利亚，同时也使华人在这三个国家人口中的比例急剧下降。

（3）华人不管到世界什么地方，其传统文化中之儒家义化的内涵仍牢牢保持住。因此，望子成龙、读书为上是家长之普遍心愿，这也是促使东南亚华人之后代向澳洲移居的重要文化背景。

（4）新加坡的数据颇有启发意义。华人是新的主体民族，占其总人口的74.5%，经济上早已是亚洲四小龙中之佼佼者，而在文化传统与价值观方面是中西相互影响与融合，可见华人社区若是其自身的发展环境较好，移居他国之比例会大为下降。

3. 年龄与性别结构

迁移行为从理论上说具有明显的年龄与性别选择性。

（1）年龄特征。

1）澳大利亚华人年龄结构特点之一是：劳动力年龄段（15～64岁）人口比例高。由表4可见，马来西亚出生的华人中，劳动力年龄段人口占84.1%，其他出生地的华人此一比例也均在70%～80%之间，而澳大利亚出生的所有种族平均为62.2%。

2）年龄结构特点之二是：0～4岁组人口的比例很低，尤其是出生在中国大陆和越南的华人这一比例则更低。从5～14岁组学龄儿童人口来看，台湾地区和越南出生的华人中占有相当比例，分别为22.1%和20%，其次是新加坡和香港地区，中国大陆最低，仅为3.7%。

表4 澳大利亚华人年龄分布

华人出生地	年龄分组（%）				
	0～4 岁	5～14 岁	15～54 岁	55～64 岁	65 岁以上
中国大陆	0.4	3.7	59.5	17.1	19.3
香港地区	3.4	16.3	75.0	4.5	2.3
台湾地区	4.5	22.1	68.4	2.8	2.0
马来西亚	2.4	11.4	80.7	3.4	2.1
新加坡	2.5	15.9	73.6	4.6	3.4
越南	1.1	20.0	74.3	2.9	1.9
澳大利亚出生的所有种族	9.0	18.4	54.1	8.1	9.7

3）特点之三是：老年人口比例除中国大陆出生的以外，普遍较低，比如65 岁以上的人口基本上在 2.0% 左右，而所有在澳大利亚出生的为 9.7%，相对较年轻。出生地在中国大陆的华人中，老年人口比例相对较高，表明中国大陆向澳洲移民的历史较长，这其中也有部分是多年以前从中国东南沿海省份移到东南亚一带，以后又与在澳大利亚的子女亲属团聚的，也反映了部分人多次迁移的特点，根据 1987 年澳大利亚统计局的估算，不同来源地华人其年龄中位数不同的，这也另一个侧面反映了他们之间年龄结构的差异。出生在中国大陆、马来西亚以及越南的华人，其年龄中位数分别是 47.1 岁、27.4 岁和 27 岁，而全澳人口的年龄中位数是 27.9 岁。

表5 不同出生地华人的分年龄性别比（以女性为100）

华人出生地	年龄分组					
	总人口	0～4 岁	5～14 岁	15～54 岁	55～64 岁	65 岁以上
中国大陆	96.3	100.0	111.4	112.1	95.4	71.4
香港地区	101.3	109.4	111.8	98.3	86.1	87.5
台湾地区	71.9	119.0	131.1	90.0	87.1	116.7
马来西亚	99.2	95.8	113.1	100.5	74.4	83.3
新加坡	87.9	104.2	125.0	96.3	106.7	71.8
越南	123.6	90.9	90.1	105.0	84.4	59.1
澳洲出生的所有种族	97.4	98.9	107.9	103.2	94.0	70.4

　　上述这三个特点可以反映在人口的年龄金字塔上。图 1 是不同出生地华人的年龄金字塔，中国大陆出生的华人呈倒金字塔状，香港地区、台湾地区、马来西亚出生的华人之金字塔也显现出不规则之形状。

　　（2）性别结构。早期的华人移民性别比的共同特点是男性大大多于女性。例如，1860 年迁入到美国的华人中性别比为 1858.1，这种高性别比持续了近 100 多年才近于平衡①。根据 1857 年的人口普查，当时华人人数在维多利亚金矿区达到高峰，其性别结构为 25424 名华人男性中仅有 3 名华人女性。第二次世界大战以后，随着澳大利亚移民政策的改变，早期移民或结婚或与配偶团聚，性别比开始接近平衡。来自越南的华人大多是从 70 年代后期作为难民身份到达澳洲的，多为男性，性别比达 123.6。

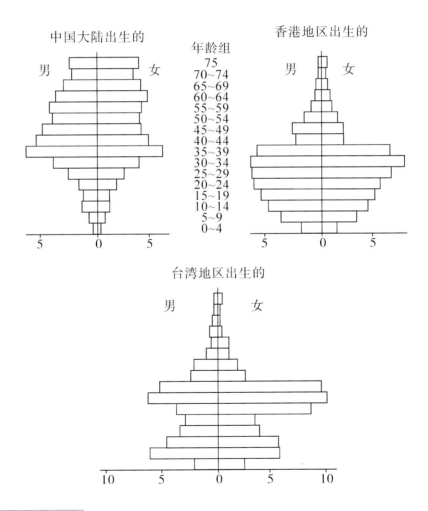

---

　　①　陈印陶等：《改革开放以来广东省人口国际迁移的特征及其发展趋势》，《中国城镇人口迁移与城市化国际学术讨论会论文》，1989 年 12 月。

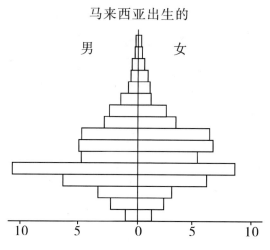

图1　不同出生地华人的人口金字塔（1986）

4. 教育水平

澳大利亚华人因来源地不同，其受教育年限也有所差异，如表6所示，马来西亚与新加坡出生的华人，教育水准最高，其中相当大一部分是在澳大利亚接受专业教育或者研究生教育，所学的多为适应现代商业社会的经济、管理等专业。而越南出生的华人，多为难民身份抵达澳洲，教育水准在华人中是最低的，只有很少一部分人获得专业资格证书。中国大陆出生的华人则介于上述二者之间。

表6　不同出生地华人的大学及以上教育水平的比例

年龄分组与性别	华人出生地			澳大利亚出生的所有人口
	中国	马来西亚	越南	
25～29 岁	10.6	30.4	2.9	9.0
男	13.2	34.6	3.4	9.8
女	8.0	26.5	2.1	8.2
30～34 岁	10.3	29.2	5.6	9.7
男	12.7	42.5	7.4	11.4
女	7.8	18.9	3.5	8.0
35～39 岁	12.7	31.4	6.7	8.2
男	16.8	45.3	8.8	10.6
女	7.9	15.7	4.2	5.8

续上表

年龄分组与性别	华人出生地			澳大利亚出生的所有人口
	中国	马来西亚	越南	
40～44 岁	14.0	30.3	6.8	6.6
男	18.8	45.0	8.4	8.9
女	8.6	16.7	4.6	4.4
45～49 岁	10.1	26.7	5.8	5.8
男	13.9	39.3	8.6	6.9
女	5.6	13.2	2.1	3.3

根据 1986 年的人口普查，来自马来西亚的华人移民，18% 具有大学毕业及以上的学历，这个数字是澳大利亚出生的所有人口平均数的 3 倍多，从分年龄性别大学及以上教育的数据来看，差异是相当明显的，由表 6 可见 35～44 岁年龄当中，马来西亚出生的华人男性大学教育以上的比例达到 45%，明显高于中国出生的，更高于越南出生的华人。不仅如此，其他年龄组也有类似的特征，此外，表 6 也显示了教育水平在性别上的差别，这种差异在年轻人口中有缩小的趋势。

5. 职业与收入状况

澳大利亚华人的职业状况的变化与世界各地的华人职业变迁有类似之处。早期亚洲华人是从事金矿开采的劳工，以后发展为餐馆业或杂货店，至今仍是一个重要就业领域。第二次世界大战后，华人在就业、技术领域内就业的比例上升，贡献为澳大利亚各界所注目。

表 7　华人的职业构成

职业分组	华人出生地			澳大利亚出生的所有人口
	中国	马来西亚	越南	
管理与行政	11.7	7.7	2.6	12.3
专业技术	18.0	43.2	7.1	18.5
贸易和生产	24.7	6.8	14.2	14.6
秘书	8.7	15.7	9.1	18.1
服务与销售	9.5	12.5	5.2	13.0
手工劳动相关职业	17.4	9.1	34.7	13.2
其他	20.0	5.0	27.1	10.3

如前所述，由于马来西亚出生的华人受教育水准较高，故有 50.9% 在管理专业技术领域内就业（见表 7）。而中国大陆与越南出生的华人这一比例分别为 29.7% 和 9.7%，澳大利亚本土出生的所有种族为 30.8%，可见马来西亚华人在专业技术领域内的突出地位。

中国出生的华人职业上主要从事贸易生产，占 24.7%；越南华人在体力活行业业的比例较突出，占 34.7%，这与他们的生育水平较低、语言能力较差有关。新加坡的华人基本相近，他们在医务、建筑工程等专业方面就业较多。同时，近年来新、马来的华人在计算机、会计及银行等部门的就业也有较大增加。因此，职业上的这种差异是不同来源地社会经济水平差异的一个反映，也说明了教育水平对职业选择的影响。

华人职业的差异也反映在收入水平上。1986 年澳大利亚的人口普查表明，新、马出生的华人中，7% 的个人年收入在 32000 澳元或以上，澳大利亚出生的所有人口这一比例只有 3%，中国出生的为 4.6%，越南出生的仅为 1%（见表 8）。

收入分布的数据同时也显示出华人中年龄在 15 岁以上者，相当大比例是没有个人收入的。这主要有两个原因，一是马来西亚、新加坡和越南等地出生的华人来到澳大利亚以后，小孩和 15 岁以上人口中有相当大一部分是在就学；二是在经济状况较好的华人家庭中，家庭妇女、老人占了一定比例，不具备领取政府救济的资格，无疑也是无个人收入来源的一部分。

表 8　华人按出生地划分的收入状况（百分比）

华人出生地	个人年收入（单位：1000 澳元）							
	0	1～9 岁	9～15 岁	15～22 岁	22～32 岁	32～40 岁	40 岁以上	未答者
中国大陆	17.7	32.2	19.5	13.6	7.1	2.3	2.3	2.3
香港地区	22.3	21.1	16.2	17.4	11.6	3.7	2.7	5.1
马来西亚	20.9	28.2	11.1	15.0	12.5	4.0	3.2	5.2
新加坡	20.0	23.0	13.0	19.0	12.3	3.8	3.3	5.6
越南	16.5	31.5	28.2	15.7	2.1	0.4	0.2	6.1
澳大利亚	11.0	34.4	16.2	17.8	9.8	2.4	1.9	5.9

不同出生地华人不仅在收入上存在明显差异，而且他们的收入来源也有所不同：49% 的马来西亚出生的个人收入主要来自薪水，越南出生的有 27.5% 是

接受政府的救济，中国出生的 12.3% 主要收入来源是经营生意而获得。而这一比例在马来西亚华人中仅为 1.1%。

收入的差异及收入来源反映了教育水平与职业差异，同时也与华人来源地原有的经济文化有关，如在南越政权垮台前，很多华人在西贡是小店或小本生意的经营者，所受到教育较低。这部分华人在 70 年代后期来到澳洲后，大多也是经营较小的生意。

6. 结束语

随着第二次世界大战后澳大利亚政府对非欧洲移民限制法的放弃，澳洲华人不仅在数量上增加，而且来源地也趋于多样化。本文对澳洲华人的人口与经济状况进行了粗浅的分析。文中使用出生地的概念来区分不同来源地的华人，但这一区分不包括在澳洲本土出生的华人后代。

与澳洲本土出生的所有人以及澳洲非华人移民比较来看，来自马来西亚、新加坡的华人特点是所受教育较好，具有专业技术，收入相对较高，年龄结构较轻，语言障碍小，这些特征一方面归于澳大利亚政府对移入人口有明显的选择条件，同时也与华人来源地已有的经济成就有关。与此相反，以难民身份移入的华人，在语言、教育背景显得不太适应澳洲社会，因而职业收入状况不如人意。

除了这两个特点相反的华人群体外，另外主要还有三个经历不同的华人群体：

（1）早期到达澳洲的中国人。他们历尽千辛万苦，不同程度上适应了澳洲社会，这批人正在迅速老化。

（2）近年来从台湾地区到达澳大利亚的华人移民数量较小，多为投资移民。与美国旧金山等地历史较长的台湾华人社区相比，他们对澳洲的环境生疏，因此，估计这部分人在今后增长不大。

（3）近十年来从中国大陆出生的或是与亲人团聚或是亲友资助移民到澳大利亚的。其中也包括在香港地区居住了一段时间移到澳洲的，这部分人同样也面临适应新环境的问题。

（作者单位：中山大学人口研究所）

（注：贺交生博士 1989 年 2 月—1990 年 5 月在澳大利亚读研究生获毕业文凭后，回中山大学；一年后去加拿大继续学习；现在加拿大统计局收入统计处工作。）

（十三）顺德县人才开发与经济发展关系研究[①]

陈印陶　张　蓉　潘　隆

改革开放以来，顺德县的综合经济实力有了很大的提高，一跃而成为广东省的"四小虎"之首。从 1979 年到 1990 年，全县工农业总产值翻了三番，其经济发展速度和成效已超过了当年经济起飞时期的亚洲"四小龙"，为世界所瞩目。顺德成功的关键在于能够把握改革开放的机遇，紧紧依靠科技进步和人才开发，并力图实现一种良性循环，即人才开发促进经济发展，经济发展为人才成长与才能发挥提供条件。本文通过对顺德的实证研究，试图论证人才开发与经济发展的关系，这不仅在实践上，而且在理论上都具有重要意义。

1. 顺德县经济发展与人才开发的基本情况

顺德地处珠江三角洲中部的冲积平原，位于穗、深、港、澳的中心地带。水网稠密，土地肥沃，兼之华侨、港澳同胞众多，新技术和信息传递速度快，非常有利于经济的发展。但另一方面，顺德人口的整体文化素质不高，人才匮乏，因而制约了经济的发展。那么，如何解决人才不足与经济发展之间的矛盾呢？顺德经历了一个认识矛盾、解决矛盾的过程。

改革开放初期（1978—1980 年），经济政策尚不明确，顺德经济发展的格局还处于探索阶段。从经济发展速度看，工业以年均 11.2% 的速度递增，远高于农业的 I.3%。在工业中，乡、镇、集体和村办工业已经开始迅速增长（见下表），这是顺德形成以发展乡镇集体经济为主的客观基础。

顺德县经济增长过程　　　　　　　　（年均递增率%）

年　份	工业总产值	农业总产值	在工业总产值中			
			全民	城镇集体	乡办集体	村办
1978—1980	11.2	1.3	-2.3	23.5	12.9	19.9
1981—1984	22.7	5	14.2	8.4	33.6	37.4
1985—1990	25.4	4.2	13	25.6	26.8	17.4

资料来源：《顺德县主要年份统计资料·1949—1988》和《1990 年顺德县国民经济和社会发展统计资料汇编》，顺德县统计局。

[①] 本文原载《经济评论》，1992 年第 6 期。

与经济发展相关的人才开发此时也处于探索阶段。对人才的认识模糊，对人才的引进与使用小心谨慎。由于顺德商品经济历来较为发达，寻找生活出路比较容易，因此，人们不大重视读书，认为能挣钱就是能人，就是人才。1978年全县有职称的科技人员只有1400多人，占总人口的0.15%。对人才的引进在组织上还不健全，人事调动由县委组织部办理，1980年还没有人事局。

从1981年到1984年，政策逐步明确，中央关于经济体制改革的决定已经公布，于是，顺德结合全县的经济实际，初步确定了以发展集体经济、乡镇工业和骨干企业为主，带动区、村联合体和个体同时发展的经济格局，经济开始大幅度增长。1984年工农业总产值比1980年翻了一番，乡、村办集体工业持续增长。

经济迅速崛起后，顺德开始认识到科学技术对经济发展的推动作用和开发人才的重要性。因为无论是优化产业、产品结构，还是不断提高新的科研成果转化为商品的能力，以及现代企业管理的科学化，党政集体职能作用的最佳发挥等，无一例外需要相应的人才去实现。客观经济发展急需各类人才，但是到1982年，人才普查的结果表明，顺德每千人拥有的大学生仅为1.95人，大大低于广东省的4.80人和全国的6人的平均水平；拥有的高中文化程度人数也比广东省低28.76个百分点，比全国低15.78个百分点。各类专业技术人员和党政机关、企事业单位负责人中，只有小学文化程度的，所占比例分别高达24.25%和49.25%。面对这一矛盾，顺德一方面加强了组织机构工作，如1981年成立了人事局，1984年又成立了人才交流培训中心；另一方面制定了一系列大力引进人才的政策和措施。同时，大抓本地人员培训和提高全民文化教育水平工作。但是在人才的认识上，还处于有文凭就是人才的阶段，在引进人才上表现为饥不择食。

1985—1991年间，经济发展格局进入完善阶段，经济稳定增长。此时，大型骨干企业已成为带动顺德经济发展的龙头。1991年顺德产值超过亿元的企业有18家，超过5000万元的有33家，上千万元的达262家。其中18家产值超亿元的企业总产值占全县工业总产值的1/3。1990年全国十家产值最高的乡镇企业有6家在顺德。现在全县已建立了以电器机械及器材制造业为主体，包括20多个行业的工业体系。一些产品已具有参与国际市场竞争的能力，全年产品出口创汇达3.1亿美元，居全国县级单位之首。

随着经济的发展，顺德人越来越认识到科学技术对生产力的巨大推动作用。因此，他们紧紧依靠科技进步，并以最快的速度把科研成果转化为商品。1990年，116项科技获奖项目，使顺德的年产值共增加了6.6亿元。顺德生产的风扇打入国际市场并占领了加拿大风扇市场的60%，美国的30%，就是得益于科学技术。与此同时，顺德对科技的载体——人才价值的认识也随之有了进一步提高，变原来的只认文凭为不求文凭资历，唯要真才实学，并根据经济发展的需要培养和引进人才。

2. 树立人力资源新观念，大力开发人力资源与人才潜能，适应经济发展的需要

人力资源存量多少与人才潜能开发是决定经济发展的重要因素。传统的人事机构职能只限于对人员的调转、考核等行政事务管理，很少参与推动生产力发展的人才开发、培训、合理使用等。顺德则认识到人力资源可以扩大，人才潜能可以开发。因此，人事部门确立了以经济建设为中心的为现代经济服务，为基层生产部门服务，为人才服务的宗旨，主动参与促进生产力发展的智力资源开发工作。

（1）改革人事制度，完善引进人才机制。

经济发展急需人才，自1984年以来愿到顺德工作的达3万余人。为尽快引进人才，扩大人力资源，顺德打破了旧有的人事规章制度，大胆改革，实行了一系列灵活措施。

1）简化人才引进手续。人事部门作为用人单位、求职者与供人单位三者联系的桥梁，改变了单纯办理人事调转的职能，简化手续，一切为经济建设服务，以适应商品经济发展的需要。

2）建立人才信息网络，优化人才引进。为广泛网罗所需优质人才，除健全组织机构外，还通过各种渠道建立了人才信息网络，扩大人才来源。其措施包括：建立人才资料库、收集在外地工作与学习的顺德籍人才的资料，作为引进人才的重要渠道之一。1984年以来，已与500多人取得联系，调回200多人，并通过他们又引进了一批急需人才；与高校保持良好的长期合作关系，为顺德代培和输送人才；注意与人才比较集中的科研机构和军工企业建立友好协作关系，聘请急需人才；在全国各地设立人才招聘网点，与外地同行保持联系，互通人才信息。

3）各部门同心协力，共同为人才开发尽力。在我国现阶段，人员调动涉及户口、粮食、工资、住房、家属安排等问题，这些都能得到有关部门的协作和支持，形成了接纳人才机制。

（2）运用各种形式，引进人才与智力，使之发挥最大效益。

顺德打破传统的人才流动制度，采取各种措施，引进人才和智力，借"脑袋"发财，以解当地人才不足的燃眉之急。引进人才主要有两种形式：

1）人、户同时迁入，使之成为顺德人口构成中的一部分。这种形式主要是从外地招聘、调入专业技术人员和接收大中专毕业生。至 1991 年，调入各类专业技术人员 2324 人，其中具有中级职称的 546 人、高级职称 57 人，接收大中专毕业生 5260 人，共占全县自 1978 年至 1991 年人才总增长量的 42.8%。特别是乡镇企业引进的各类专业技术人员的数量直线增加，1987 年引进 850 人，1988 年 894 人，1989 年 1307 人，到 1990 年达 2173 人。如美的公司大专文化程度以上的人员中，80.8% 是从外地招聘来的。引进的人才已成为顺德县乡镇企业发展的生力军。

2）采取人、户分离的智力引进。这是顺德实现依靠科技进步而人才不足，却要使经济崛起的另一个重要措施。其方式有多种：

①选用来自广州、佛山等邻近县市的兼职技术人员，即所谓的"星期六工程师"。这种方式只需双方商定，休息日来，干完就走。由于目标性强，发挥作用快，效益高，所需报酬少，因此，很受中小企业欢迎，这也可充分发挥科技人员的潜能。

②为解决技术难题或创新产品，以借用、短期聘用、合作攻关、顾问等形式引进智力。并由个体智力引进逐步发展为群体智力引进，形成智力横向交流网络，从而使顺德产品不断更新，在市场竞争中立于不败之地。

③请进来派出去引进国外智力资源，实行"洋"为"中"用。或运用外贸加入引进智力筹码；或请华侨、港澳同胞当顾问，或以技术入股智力投资形式共同开发新产品；或请专家讲学，培养技术人员；或派人员出去考察、进修、培训等。该县已先后请外国专家、科技人员共 12560 人次来县讲学和攻关；派出 2160 人次，培养了一批懂得国际先进技术和管理的人才，成为推动外向型经济发展、参与国际市场竞争的骨干力量。

（3）创造条件，最大限度地发挥人才最佳效能。

引进人才只是开发人才的第一步，重要的还在于如何使人才潜能的发挥处于最佳水平。在这一方面，顺德有许多成功的经验。

1）充分信任，发挥专业所长。北滘镇的美的公司的做法颇有代表性，其用人方针是"用人之长，人尽其用"，创造条件让每个人都有充分施展才能的用武之地。截至 1991 年 8 月，已有 60 多有才能的人被提任为副厂长及各级管理干部。信任与尊重使他们为"美的"产品走向世界而竭尽全力。

2）尊重人才与运用激励因素并举。人才是新的生产力的开拓者，为发挥人才资源的最大价值和效能，顺德县充分尊重知识、尊重人才，并为此制定了一系列鼓励发明创造、重奖科技进步和有突出贡献者的政策措施。如 1991 年仅县财政就拨款 25 万元作为奖金，各镇、村企业的不包括在内。运用激励机制调动科技人员的主观能动作用。

3）创造条件使引进的人才尽快融入当地社会，变成"顺德人"。引进的人才来自全国各地，多数人的文化传统和语言、生活习俗都不尽相同。要使这些新移民在思想观念方面适应顺德的改革开放的需要，较快地融合成为当地社会的一分子，不仅需要自身的努力，也需要企业乃至整个社会真心诚意地接纳他们。顺德县人事部门及各用人单位为这种融合做了有意义的工作，使之从客人变成主人，并且落地生根，成为具有顺德风貌与观念的顺德人。这种思想心理素质的转化工作对促进经济发展已产生了巨大的能量。

3. 立足于培养本地人才，提高全县人口整体素质

一个地区的经济发展，引进人才是一个方面。从战略上讲，更重要的则是提高本地区人口的整体质量。顺德县 1984 年经济大步跨进的同时，同年就着手于教育体制的改革，规划普及初中教育，并成立了成人教育办公室，通过多种形式、渠道提高顺德人口的整体质量，为培养未来人才队伍走出了重要的一步，并且已卓有成效。1986 年顺德被评为全国基础教育先进县，1987 年成为广东省普及九年义务教育的两县之一，1991 年又被评为全国少儿工作先进县。成人教育已形成网络，从 1978 年至 1991 年其专业技术人员增加了 17727 人，其中 57.2% 是由当地培训成长起来的。

（1）形成人才成长的环境，大胆使用在实践中成长起来的人才。

据调查，1990 年顺德县村、镇企业共有 3602 家，其第一把手 50% 是初中以下文化程度，包括 14 家超亿元产值的大企业，也无一人有大专或以上文凭。但正是这些没有文凭的昔日的农民和乡镇干部，在实践中边干边学边提高，在商品经济的大学校里增长了才干。竞争意识和开拓精神冲刷了传统农民的陈规陋习和保守思想，对顺德的经济发展起着举足轻重的作用。

（2）通过多种渠道和形式，提高现有各类人员质量。

依靠科技发展经济就必须提高劳动者的质量。顺德把成人教育摆到与经济发展同等重要的位置，认识到培训人才的重要性和紧迫性，逐步做到县、镇、乡统筹经费，统一组织培训。目前，顺德县及下属各镇和骨干企业都针对不同的目标，分类分层次进行了文化技术培训。据 1990 年统计，顺德已有 15260 人获得专业技术职称，其中 1637 人获中级职称，199 人获高级职称，45 岁以下干部教育达标率已达 97%，有 125 名厂长、经理获得合格证书，技术工人基本都

要求持上岗证书上岗。这些对提高顺德劳动人口的文化技术素质、促进经济发展起着积极的推动作用。

（3）大力投资兴办文化教育和卫生保健事业，提高全县整体人口质量。

发展教育是科技进步的基础。顺德在经济发展的实践中深刻认识到发展教育的战略意义，下大决心对教育进行较多投入。1990 年，顺德县用于社会文教福利费的支出占当年全县财政支出的 44.7%。"七五"期间，顺德用于校舍的基建经费达 3.1 亿元，使办学条件与师资水平有了大幅度提高。学生人均建筑面积由 1981 年的 2.0 平方米左右增加到 1990 年的 3.3 平方米，教育设施也趋于完善。小学、初中教师的合格率分别由 1981 年的 18% 和 10% 上升到 1990 年的 79.07% 和 66.98%，从而保证了九年制义务教育在顺德的实施，使顺德成为广东省最早实行九年制义务教育的县级单位之一，为未来劳动人口进一步提高文化素质创造了条件。

在实行九年制义务教育的同时，顺德的卫生防疫、幼儿教育、弱智儿童教育也逐步开展起来，并走在全国的前列，这就为未来劳动力身体素质和文化素质的提高创造了条件，并为经济的发展带来强大的后劲。

4. 顺德人口文化素质和人才构成现状与问题

通过引进人才、开发人才和培养人才，顺德县的人口质量与人才状况较 20 世纪 80 年代初已有很大改观。

（1）人口文化素质有较大提高，但具备高层次文化程度人口仍然不足。

1964 年、1982 年和 1990 年三次人口普查结果表明，顺德县每千人拥有的文盲、半文盲逐步从 225.4 人下降到 134.47 人和 113.56 人；每千人拥有小学或以上文化程度的人口数不断增加，从 471.81 人上升为 733 人至 768.21 人。特别是 1982 年到 1990 年具备大学或相当于大学文化程度的人口数增加了近 3 倍，而只具备小学文化程度的人口数下降了 16.3%，说明人口质量有了一个飞跃。但具有高中和大学文化程度的人口数却比广东省的平均水平分别少 42.3% 和 17.9%，尤其是大学文化程度人口数竟只有全国平均水平的一半。这对顺德经济的发展再上新台阶是极其不利的。

（2）青年及中、老年人口的文化素质提高较多，壮年组人口文化水平还须提高。

人口普查资料表明，具有大学或相当于大学文化程度的人口比重，20～29 岁年龄组 1982 年只占 1.1‰，到 1990 年达 18.2‰；50～59 岁年龄组 1990 年比 1982 年提高了 10 个千分点；40～49 岁年龄组也有所提高。这是近年来大量接收大中专毕业生与调进中、高级专业技术人员以及成人教育的结果。由此可看到引进人才与开发人才对人口素质提高的重要性。

然而，30～39岁年龄组大学或相当于大学文化程度的人口拥有量仅为6.3‰，若不及时改善，将出现人才断层现象。

（3）人才增长速度快，年龄结构渐趋年轻化，单位负责人的文化素质亟待改善。

从1982年至1990年，顺德全县总人口增长19.5%，而具有大学或相当水平的人口却增长了3.73倍；在业人口增长20.3%，其中各类技术人员增长了35.3%，党政机关、党群组织、企事业单位负责人增加了77.4%，这两类人才在总在业人口中所占的比重也分别由1982年的5.16%和1.50%上升到1990年的5.80%和2.21%，这表明随着经济的发展，各类人才也随之迅速增加。

从年龄结构看，各类专业技术人员和党政群企事业单位负责人的平均年龄有所降低。1982年到1990年，在业人口的平均年龄由33.1岁上升到33.7岁；但各类专业技术人员则由35岁下降到34.1岁；有关负责人则由42.7岁下降到41.3岁，这反映出顺德县在引进与培养人才上都注意选择年纪较轻的人。

上述两类人员的文化水平也有较大提高：在各类专业技术人员中，已具有高中以上文化程度的占56%以上，比1982年高出16个百分点；党政群企事业单位负责人具有大学文化程度的比例由1982年的1.76‰上升到1990年的51.4‰。然而，两类人员中尚有文盲半文盲，只有小学文化程度者，在单位管理人中竟高达1/3以上。尽管他们在实践中增长了才干，拥有的非智力素质可以开发，但基本文化素质太低则很难适应当今科学技术迅猛发展的需要。

（4）专业技术人员分布尚有待合理调整。

1990年人口普查结果是，顺德各类专业技术人员中，所占比重最高的是经济业务人员、教学人员和卫生技术人员，共占到88.3%；科研人员仅占0.06%，与产品开发有关的工程技术与农业技术人员只有8.79%，在风扇生产基地北滘镇仅为6.68%。这一比重与顺德依靠科技提高生产力，发展现代工业、开发高值农业、进行国内外市场竞争的目标是不相称的。尽管进行大量智力引进可以解决部分问题，但这方面稳定而必备的人才仍有待补充。

5. 顺德县开发人才促进经济发展实践的启示

顺德县在劳动人口文化素质不高、人才缺乏的情况下，能够成为"四小虎"之首，得力于培养与开发人才、扩大人力资源。他们的成功在以下几点对我们是有启迪的。

（1）以集体经济为主的共同富裕的经济发展模式，为经济发展与人才开发的相互作用、促进、发展提供了条件。

1）顺德以发展集体经济为主。这就决定了顺德有雄厚的经济实力培养与开发人才，并将此项工作放到全社会的战略高度去组织和对待。

2）顺德以发展工业与骨干企业为主。工厂企业规模大，投资多，因此必须紧紧依靠科技进步，面向国际市场，才能立于不败之地，其产品也才能保持名、优、新的竞争能力，这就需要大批高水平的科技人才与经营管理人才。而人才也只有在这种充满竞争的环境中才能更新知识，发挥其智能。顺德经济正是以大办骨干企业为龙头、依靠科技进步与开发人才而迅速发展起来的。

3）对于集体所有制经济，国家给予了许多优惠政策：使它具有公有制的许多优点，而没有国营企业的条条框框和"大锅饭"、"铁交椅"，因此也就避免了私人承包企业及其他类型企业的某些弊端，灵活性大，竞争性强，适于人才交流，优化人才结构。这是顺德转化人才不足矛盾、获得人才开发最佳效益的重要原因。

（2）把竞争机制引入人事管理；变人事行政管理为人力资源开发，使人才开发取得最佳效益。

顺德人多地少，能源和原材料不足，但其经济发展的综合实力却在全省乃至全国独占鳌头。其奥秘之一是把激发人的潜能的竞争机制引入人事管理，变旧的人事行政管理为人力资源开发，尤其是各种形式的智力引进产生了巨大效益。如金龙油墨实业公司以智力入股开发新产品，产值和利润连年翻番，1989年就出口创汇124万美元。这是顺德改革人事制度，进行智力开发的结果。

（3）各级领导班子素质不断提高；尊重知识、尊重人才的社会风尚逐步形成。

方针路线确定之后，干部就是决定的因素。顺德经济的迅速崛起在于有一批有经济头脑、有胆识，勇于开拓创新并具有现代化企业管理才能和善于运筹帷幄的各级领导班子，其整体职能发挥较好。他们"党政同心、目标向上、工作同步"，团结全县，协调各个部门，为发展顺德经济而努力工作。由于各级领导班子本身不少已具有较高素质，对人才价值有了共识，因而对党的"尊重知识"、"尊重人才"的方针理解更深，执行更好，并促使全县逐步形成适于人才成长和才能发挥的良好环境，为顺德经济的腾飞作出了贡献。

（本项研究得到"中山大学珠江三角洲经济发展与管理研究中心"资助。中山大学人口研究所朱云成教授、涂礼忠副教授曾对本项研究提出许多很好的建议，在此表示谢意。）

参考文献：

［1］尹世洪．马克思主义人才观的新发展［M］．北京：北京出版社，1990.

［2］陈玉金．邓小平人才思想研究［M］．北京：解放军出版社，1988.

［3］广东省人才研究会等．综合改革试验区人才开发探索［M］．广州：新世纪出版社，1989.

（责任编辑　王雪松）

（作者单位：中山大学人口研究所）

（十四）在美国的中国女性的婚姻与家庭[①]

陈印陶

随着中国改革开放的深入发展，对外交流日益增多，出国留学、访问、考察和探亲、移民者也逐渐增多。笔者去美一年，与在美的中国女性有较多的接触，对她们的婚姻与家庭方面的状况作一分析与研究，无疑对丰富中国人口国际迁移与中国妇女问题研究是有益的。

1. 早期女移民的婚姻观念与家庭地位

中国早期女移民多数是从夫随子迁移海外，她们的婚姻和家庭，仍然没有摆脱中国封建传统观念的影响。

（1）"从一而终"与"衣食有靠"观念，是女性依附性迁移的主要动因。

在中国以男子为中心的宗法社会里，妇女从属男子，"三从四德"规范严格，"好女不事二夫"，"从一而终"是中国妇女的美德。因此是"嫁鸡随鸡，嫁狗随狗，嫁个猴子跟着满山跑"，丈夫走到哪里妻子也跟随到哪。有的妇女可能连村都没出过，也不得不随丈夫漂洋过海，以保证衣食有靠。有的为嫁个有钱的"金山郎"，在家抱着公鸡拜堂后再出去见丈夫。这些人迁移海外是从夫、随子或依靠其他亲人作依附性迁移。她们多数是贫苦农民、渔民，没有接受过什么教育，到美国语言不通，没有独立的生活能力，不能主宰自己的命运，只能听命于丈夫或其他亲人。例如她们裹着的小脚引起美国人的好奇，就任人摆布，忍受羞辱，让人看一次给几个小钱。不少的女移民则是被骗、抢、拐卖到美国沦为妓女。1870 年美国人口普查时，妓女被公开承认是一种职业，当时在华人聚集最多的三藩市，华妇中有 79% 登记的职业是妓女[②]。早期中国移民美国的历史是一部充满血与泪、受尽屈辱的历史。妇女则更甚，她们虽在文化习俗完全不同的异国他乡，也不能摆脱她们从属、被动的弱者角色，有的甚至是没有家庭、受尽人间凌辱的一群可悲的社会配角。

（2）买卖婚姻与家庭奴仆地位。

中国封建社会千百年来，妇女婚姻是由父母作主，听从媒妁之言。妇女若

---

① 本文载于：①《人口与经济》1994 年第 2 期。②董芍素主编：《角色的困惑与女人的出路》，浙江人民出版社 1995 年版。

② （美）成露西：《美国华人历史与社会》，《华侨论文集》第二辑，广东华侨历史学会，1982 年 2 月版。

是追求婚姻自主，就是大逆不道，为亲属、社会所不容，轻者遭羞辱，重者被处死。妇女不能自主的婚姻，实质上是把妇女当作可以买卖的物品，任家长、媒人讨价还价。这种买卖婚姻使虽身在海外的中国妇女也蒙受其苦。早期的华工，美国移民法禁止他们与异族通婚。有些华工就回国结婚再带出去。华工能回来的都是攒了一点钱的，致使侨乡盛行女方家中索取重金才嫁女。因是花了大钱买来的，这些随夫到海外的妻子，除了替丈夫生儿育女传宗接代之外，就成了包揽家务的奴仆。她们只能呆在家里，有的等孩子长大了，才出去看看外面世界是什么样。现在中、美都有不少历史文献和小说记载，描述她们的这种不幸。

（3）华人社会与女移民受自身因素影响，使其难以发展。

美国每一个大城市中都有唐人街。华工大多是随亲人、同乡、同行作链条式迁移，这种血缘、地缘、行业关系把他们连接在一起形成聚族而居；也因华工多为贫苦劳工，没有文化，语言不通，需要彼此扶持照顾；更为主要的是美国长达60年之久的歧视华人的移民政策，使华人不得不组织自己的社团和聚集地；当然也同中国封闭、保守、家庭祖宗观念很深有关，许多人不是"落地生根"，而是等赚了钱"落叶归根"、"光宗耀祖"，因而自成华人社会，与外界缺少联系，更不谈政、参政，争取华人合法权益。因此，早期华人尽管为美国的建设作了巨大的贡献，不但没有得到应有的回报，反而倍受歧视排挤，从事粗、重、脏、工资最低的劳工服务行业。男移民尚且如此，受歧视更甚、被压迫更深、适应能力更差的女移民的境遇则可想而知。据1860年统计，按人数排列华妇的职业次序是：妓女、妻子、洗衣工、矿工、仆人、劳工、缝衣工、管家、厨师、种菜、开宿舍。一直到1890年妓女才降到第9位[①]。她们不仅要受到种族歧视，还要受到性别歧视；既没有婚姻自由，也没有家庭地位，更没有事业上的发展。这种状况一直延续到20世纪初，随着在美国本土出生的华人数量增多，且文化素质大幅度提高以及经济势力增强等因素才逐步改变。

2. 新一代中国女性的婚姻价值取向

追求自由、实惠，有益自身发展为目标，已成为在美新一代中国女性婚姻价值的主要取向。

（1）中国封建的"从一而终"的传统观念彻底粉碎，不合则离已成为新风尚，但女性再婚仍然难。

任何婚姻观念的形成及其价值取向，都受一定社会经济基础的制约和受一

---

① （美）成露西：美国华人历史与社会，《华侨论文集》第二辑，广东华侨历史学会，1982年2月版。

定的文化思想、道德观念和传统习俗的影响。生活在美国的中国女性，随着美国反对性别歧视，争取自由解放、平等权利的女权运动的开展和性解放、性自由思潮的冲击；加之她们许多人已通晓英语，具有较高的文化水平和专业知识，离开丈夫也可以单独闯天下等诸多因素，使她们开始批判顺从"父母之命"、"从一而终"的封建传统观念；大胆追求婚姻自主，要求实惠、有益自身发展、平等互补，具有伙伴关系而非从属关系的婚姻，否则宁可离婚。不合则离，也已在华人中成为新风尚被普遍接受。

但女性自身条件较差或观念保守者则害怕离婚。她们之所以委曲求全，一是还有离婚难看的封建意识；二是离开丈夫自己缺乏独立谋生的信心和勇气，特别是在餐馆打工或在家中没有工作的女性，而且再婚也难。美国看起来是一个开放的社会，实际上是封闭的。大家上班、上学都是开着汽车来去匆匆；生活节奏紧张，很少有时间与人交往。美国还讲究隐私权，自己不说别人是绝对不会问你什么。华人社交圈子尤其小，年纪稍大的多已结婚；若是单身则要求年轻条件好，再婚选择朋友的机遇不多。因此，在美国华文报上每天有征婚广告。笔者对美国《世界日报》、《国际日报》等中文报刊上的1004名征婚者资料作了统计分析：征婚者写明自己是失婚共137人，其中女性为93人，占失婚者总人数的71%。失婚者年龄结构，30～49岁者占失婚者总人数的73%。说明女性再婚者多于男性，且多数年龄已到中年。据说登报征婚的成功率仅3%～5%，这是困扰女性的问题之一。

（2）婚姻作为一种外迁手段仍然存在，有的甚至已商品化，个别人已作为一种职业。

涉外婚姻是海外华侨与祖国联系的纽带，也是当今青年男女企望到海外寻求发展的一个途径。在改革开放后的出国热潮中，女性想迁移国外，如果本身不具备移民、自费留学或其他出国条件，就只有通过婚姻迁移。不过，现在也有不少男性加入这一行列。

在西方商品化的社会里，许多婚姻具有商品性质，有的则完全商品化，个别的人竟以婚姻为职业，这也是美国商品社会需求关系的产物。在美国新兴一项服务行业，即撮合国际婚姻以开拓财源。据统计，美国在1987年已有100多家这类婚姻介绍所，每家每年收入均在25万～40万美元之间，已有2000～3000个亚裔姑娘通过婚姻进入美国①。这种以婚姻作为手段进行的国际迁移，只要国与国之间有贫富差别存在就不会中止。它是人们期望通过迁移改变自身

---

① 张眉：《美国社会拾零》，《编译参考》，1987年第4期。

境遇的必然产物，是社会生活中的正常现象。有的人把婚姻作为生财之道，则是一种非正常行为了。

（3）与异国通婚者日益增多，但文化的认同仍需要一个过程。

国内涉外婚姻自 1980—1989 年达 165431 对，平均每年达 16000 余对；从 1987 年起每年均在 2 万对以上，其中不少人是去了美国[1]。在美的华人，据有关调查资料显示，华人的异族通婚率在洛杉矶 1975 年为 44%、1977 年为 50%；在夏威夷 1970 年与 1975 年更高达 79%，1976 年也有 76%；1980 年人口普查，纽约市为 10%[2]。华人与异族通婚日益增多，这是美国政府取消种族隔离政策，使各族民众在工作场所和社会环境中能够自由接触互相了解，为异族通婚提供了条件；移民社会各色人种混存、文化习俗的融合与认同，对混婚产生的浪漫兴趣与期望改变境遇，利于自身发展的实惠价值观念等诸多因素，促使与异族通婚者日多，尤其是年轻一代和新移民。

中国的传统文化、道德观念与西方的差异是相当大的，融合与认同还需要一个过程。因这种差异引起的感情冲突，不仅是结婚者本人，还包括双方的父母和亲属。如受美国性解放教育的丈夫就令中国妻子担心；中国妻子安排家庭开支的精打细算，也令有钱就花的白人丈夫受不了；对孩子的教育，一方要求严格管教，一方则认为严格管教会影响孩子的个性发展；对父母，一方希望与父母共享天伦之乐，一方则认为没必要，如此等等，使异婚家庭面临许多新问题。更不用说那种没有感情基础的"邮购"、"介绍"的婚姻了。

3. 令人羡慕的中国家庭

重视家庭责任，敬老携幼的中国传统观念，令西方人士羡慕；中国家庭的天伦之乐，更令西方老年人赞叹！

（1）家庭成员同甘共苦、互相支持的特点特别突出。

美国家庭很少有和成年子女住在一起的，兄弟之间也如朋友，独立、依靠自己的力量是他们的最大特点。中国家庭成员之间的关系则不太一样，互相支持的特点特别突出。也许这是由于中国人迁移海外，除留学生毕业后谋职、专业技术人员移民外，依靠血缘关系作链条式迁移者现在仍占多数。广东省的台山县为全国著名侨乡，其出境移民人数占广东全省出境移民人数的 1/4 以上，而这些人 79.6% 是迁往美国。这些移民中的女性，农民、工人占 76.3%，教

① 中国社会科学院人口研究所编：《中国人口年鉴·1991 年》，中国经济管理出版社 1992 年版。
② （美）宋李瑞芳：《纽约华人异族通婚》，《华人华侨历史研究》，1992 年第 4 期。

师、医生、学生等仅占 10%[①]；多数文化层次低，不会英语。他们移民到美国，不少是开餐馆、洗衣店、杂货店等家庭经营小业小店，美国人称之为"Papa Mama Stores"，即"夫妻店"，需要全家共同奋斗、互相支持开创事业，这是新移民到美国后社会实践生活所要求的。但更为重要的因素是中华民族敬老携幼、重视家庭责任、和睦、共享天伦之乐的传统观念的影响。妻子打工供丈夫读学位，或丈夫工作让妻子读书，姐姐支持妹妹，哥哥帮助弟弟，随处可见；父母帮助儿女看家带孩子更是不少，显示了中国人骨肉情深、互相扶持的传统美德。据美国人口普查局公布的资料，1990 年平均家庭收入亚裔为 38400 美元，高于全国平均 29900 美元，竟高于白人家庭。这是因为亚裔家庭成员多，赚钱的人也多，3 人赚钱的家庭占了 16.8%，远高于全国平均的 10.5%[②]。中国家庭这种同甘共苦共创家庭幸福、共享天伦之乐的传统，令美国社会赞赏，更令美国老人赞叹。

（2）望子成龙，重视教育，培养适于美国社会需要的全面发展人才。

老一辈华人、华侨自己受尽了缺少文化的苦头，十分重视对子女的教育，包括对中国民族文化的继承，一则希望子女能摆脱受屈辱的命运；二则也是希望通过中国传统文化的认同，使华侨社会具有凝聚力，从而延续不断。因此，华侨对教育的重视与投资是十分热诚的。1990 年美国人口普查资料显示，华侨人口具有大学以上教育水平的达 44%，美国成人人口中具有大学教育水平的仅 20%[③]。华侨虽然受教育水平居各族之首，但并不等于他们有能力挤入美国上层社会。同一资料表明，拥有研究生教育程度的 18 万华侨中，只有 67% 进入第一类职业即经理及专业人员职业，但还有近 10000 人没有职业。

为什么华侨的教育程度很高，所得到的教育效益却不能等值呢？究其原因，依笔者在美一年的观察认为：

1）美国的种族歧视仍然存在。

同一报告显示：同是大学毕业的亚裔男性平均年收入比白人少 3500 美元、中学毕业的则少 4800 美元；整个亚裔平均每人年收入 13400 美元，远低于白人的 15265 美元，也低于全国 14400 美元的平均水平[④]。有色人种在以白人为主的美国社会中的竞争和上升，必然会遇到看不见却实际存在的玻璃天花板。

---

① 陈印陶、张蓉：《广东省台山、顺德县女性人口国际迁移及其影响的比较研究》，《中国人口科学》，1989 年第 4 期。

② 余怡菁：《亚太裔人口调查报告出炉》，《世界周刊》，1992 年 11 月 8 日。

③ 李文朗：《华人重视教育，划得来吗？》《世界周报》，1993 年 3 月 17 日。

④ 同上书。

2）儒家为主的传统思想，不适应美国市场竞争社会。

在美国，市场经济的竞争意识无处不在，"我比你行"的自我推销意识从小培养，美国总统竞选演说就是最充分、最典型的反映，也是对全国民众进行如何打败对手的生动教育。这种自我表现、主动积极的竞争意识和中国儒家谦虚忍让是美德的传统教育，是完全不同的两种互相冲突的观念。中国人若是自我表现，就会被指责为骄傲、狂妄，明明自己可以做而且想做的事也要谦虚一番；明明是自己应得到的东西，也要忍让不要，这在中国人认为是虚心谦让、是美德，而在美国人则认为，你对自己都缺乏信心，必然是你不行；你应该得到却不要，一定不是胆小鬼就是傻瓜。在竞争中，受这种儒家熏陶的中国人怎能击败总想打败对手的美国人呢？

3）单纯学技术、专业的教育思想，满足不了美国社会的多种需要。

以前许多父母望子成龙，是希望子女老老实实学一个专业，毕业后有份稳定的工作，将来能过上中产阶级的生活，也就心满意足了。在美国这样一个技术进步、日新月异、社交文化生活极其丰富多样、竞争极其激烈的社会中，许多生意、机会，就是在高尔夫球场上、舞池里、宴会上、参观等各种游乐交谈中完成的，得到的。仅仅有一门专业知识是远远不够的。需要的是，既有扎实的专业知识，又要有丰富的社会生活知识，懂得琴、棋、书、画，会玩多种体育运动；还需能说会道，善于应酬、应变，才会在美国社会中打败各种对手成为佼佼者。现在的中国父母已经懂得根据美国社会的需要全面培养孩子。我认识的一些已有稳定收入的家庭，对孩子教育的精心安排令人深为感动。他们自己的工作都很忙，但夫妻仍要分出时间负责孩子的从周一到周日排得满满的课外教育，绘画、跳舞、滑冰、游泳、练钢琴、拉小提琴、习字、学中文，等等。这些教育有的是要父母陪练，有的是要用车送去专门教师家学习，不仅要花许多学费，更要占用许多时间；此外还要带他们出去旅行，参加各种社交活动增长知识。功夫不负有心人，他们的孩子果然小小年纪就多才多艺、社交礼仪都不错。这一代新人，可以预见，在美国这个崇尚个人才能的天地中，将是真正可以自由腾飞的蛟龙。

（作者单位：中山大学人口研究所）

（十五）在美国的中国女性社会地位的变迁[①]

陈印陶

中国人口国际迁移历史悠久，华人、华侨已遍及世界各地。在改革开放的大潮中，出国学习、考察、探亲、定居的热浪更是一浪高过一浪。不少短期出国者，因各种原因和机会，长期滞留国外逐渐形成一代新移民；或改变身份成为华侨、华人。随着中国社会与经济的发展，他们对沟通中外交流、参与、支持国家建设显示着越来越重要的作用。从不同角度认识，了解与研究这一群体，将是十分有益的课题。女性在这一群体中的地位和作用，随着时代的变迁和她们自身条件的改变，已逐渐被美国社会所接受且显示其重要作用。但目前这方面的研究，似乎尚未引起学者们的注意。笔者赴美国一年，接触不少各种类型的女性，对她们的酸甜苦辣有所体会。希望通过本文的分析，可以稍许填补这方面的不足。本文研究对象包括华人、华侨、留学生和现在滞留在美的女性。

1. 历史上迁移美国的中国女移民

历史上迁移美国的中国女性，虽在异国他乡，生活在完全不同文化习俗的社会中，但仍然不能摆脱中国封建社会男尊女卑的桎梏，扮演着从属丈夫、儿子，没有社会与家庭地位的被动的弱者角色。这种不幸的社会配角，曾使女移民饱尝苦难，历尽艰辛。其主要表现有以下几个方面，这些也是女性移民社会地位低下的主要原因。

（1）迁移方式多数是依附性迁移和被迫性迁移

根据美国移民委员会记录，中国人迁移美国始于1820年，第一名中国妇女随夫到美当佣人是1848年[②]。由于早期到美的华工完全是出卖劳力，充当"猪仔"去淘金、修铁路、开辟种植园，生活极其艰辛，收入低微。因此多数华工虽已结婚，也很少带家眷同往，形成19世纪的华工单身汉社会。

少数从夫随子作依附性迁移的女性，按照中国的传统习俗礼仪，妇女是足不出户的，有的一辈子连村都没出过，却要漂洋过海到异国去，实是出于无奈。是"嫁鸡随鸡"，"夫死随子"的封建传统观念支配的结果。她们既没有在国外

---

① 本文原载于：①《中山大学学报（社会科学版）》，1994年第2期。②沙吉才主编：《当代中国妇女地位》，北京大学出版社1995年版。

② 陈冠中：《美国华侨血泪简史》，《华工出国史料汇编》第7辑，中华书局1984年版。

独立生存的能力和条件，语言不通，不可能与外界有所沟通；迁移方式又是依附于丈夫、儿子或其他亲人，当然只能完全听命于他们，成为家庭的劳工，也就没有什么社会地位可言。

早期的华工单身汉社会，引起了许多社会问题。其中之一，就是这些身强力壮的单身汉没有婚姻生活。当地政府为防止他们与白人通婚，妓女在当时是被政府认可的一种正式职业。唐人街一些不法商人趁机到中国沿海一带，用骗、抢、买的方式把农村妇女弄到美国高价出卖，使她们沦为妓女。这些被迫迁移的妇女，不仅没有文化、言语不通，也没有亲戚朋友的扶持照顾，只能在社会的最底层苦受煎熬。她们不仅没有任何社会地位，还受尽社会的凌辱和唾弃。一些契约劳工，实质上也属于被迫性迁移，许多契约和实际情况不符，不仅劳动强度大，待遇差、生活条件极其艰苦，有的连人身自由也没有，更谈不上有其社会地位。

（2）迁移者男多女少，性别结构极不平衡。

从 19 世纪到 20 世纪初，中国移民美国都是男多女少，性别结构极不平衡，形成长时期华人社区是单身汉社会。1853 年前已有 5 万余华人移居旧金山，但女性仅有 14 人[①]；以后逐年有所增加，但数量也极少。以女性移民为 100，在美国的中国性别构成，1860 年为 1858.1，1900 年为 1887.2，1940 年为 285.3，直到 1980 年才达 102.3[②]，性别结构渐趋平衡。

形成这种性别结构不平衡的原因，除了早期移民到美国，航海只有三只桅帆船，旅途艰辛、危险，造成女性迁移难度大，加上女性自身许多不利因素（如思想保守、恋土难迁、文化层次低、语言不通、缺乏在外竞争、独立生存的能力等）；更主要原因在于迁入地美国移民政策的制约作用。自 1882 年美国通过排斥中国移民法律后，对中国移民进行种种限制与歧视。中国移民没有资格取得美国公民权，也不能与异族通婚，华工妻子也禁止到美，（少数商人可携眷）；中国移民从事的职业多是劳工苦力，而且工资通常只有白人的 1/3，有的更低，因此当时妇女迁移很少，造成华工社会性别畸形。1943 年虽然废除了排华法案，结束了 60 年的官方排华政策，允许华工接妻子到美。但是根据"原国籍法"原则，还是对中国移民进行数量限制（规定移民限额，其他国家移民以出生地为准，唯有中国则不问出生何地，只要祖先和本人有 50% 中国血统，就计限额内）。只有到 1965 年修改后的移民法真正剔除了排华因素，才掀起了华

① 陈冠中：《美国华侨血泪简史》，《华工出国史料汇编》第 7 辑，中华书局 1984 年版。
② 赵景垂：《中国人迁移美国的趋势和特征》，《人口与经济》，1986 年第 2 期。

人迁移美国的高潮，使男女性别比逐渐趋于平衡。

（3）文化层次低，职业多为低阶层行业。

早期女移民多数为沿海农村贫苦农民、渔民，她们根本没有受文化教育的机会，许多人连自己的名字也不会写。1910—1940 年间，美国移民局为刁难中国移民，凡新入境的中国人都要先到三藩市附近、四面环海的"天使岛"上询问，有的竟被关上数年之久，受尽凌辱折磨，妇女上厕所要头上戴上纸袋才能去。为抗议与控诉美国移民局的暴行，他们在墙上写了许多愤怒的诗，现在被保留下来的还有几百首，但没有一首是女性的。女移民所受的磨难和凌辱甚于男移民，不可能没有一个人敢于书写自己的痛苦，原因的合理解释是她们没有文化，不能用文字记下她们的愤怒。

人的职业是其经济生活水平与社会地位的重要标志。由于没有文化，不懂英语，又是依附性或被迫性迁移，使早期的女移民从事的职业除家庭主妇外，多数是在华人社区或在华人开办的工厂、饭店里做帮工当佣人等低阶层的工作，而更多是被迫成为妓女。1860 年中国女移民的职业，如果按人数排列起来的次序是：妓女、妻子、洗衣工、矿工、仆人、劳工、缝衣工、管家、厨娘、种菜、开宿舍。到 1870 年人口普查时，加州 3500 个成年华妇，有 2100 个在行业统计上是妓女；三藩市华妇有 79% 是妓女。1880 年加州 3000 多华妇，仍有 750 人是妓女；三藩市则仍有 28% 是妓女。直到 1890 年妓女才降到职业排次的第 9 位[①]。

华人社会地位的改变从 20 世纪初开始。1900 年已有 10% 的华人是在美国出生的，到 1940 年已达 52%，这些第二代华人接受美国教育、吸收西方文化，有条件和能力进入脑力劳动为主的白领行业，妓女已不再是一种职业。女移民的职业的变化，标志着她们社会地位的改变。据 1940 年统计[②]，女华人从事职业人数所占其就业人数的百分比：办事员、销售员占 26.3，操作人员占 26.3，服务人员占 19.6，家庭服务占 10.1，经理、管理人员占 8.7，专家、工程技术人员占 7.5，工匠、手艺人、劳工、农人共占 0.9。从中可见，女性华人从事需要一定文化事业知识的较高层次的专家、工程技术人员、经理、管理人员已达 16.2%，而劳工服务业只有 30.3%，不足 1/3。这是一个了不起的变化，在美国的中国妇女终于通过自身的努力，开始在美国社会中有了自己的位置和社会迁升的条件与机会。这条人生道路尽管曲折，历尽艰辛，但毕竟走出来了。

---

① ［美］成露西：《美国华人历史与社会》，《华侨论文集》第 2 辑，广东华侨历史学会，1982 年 5 月。

② 同上书。

2. 自强自爱奋发图强的中国妇女

当代在美国的中国妇女有别于她们前辈的最大特点，是她们自强自爱的独立进取精神。这种精神在逐步改变她们从属、被动的地位，虽较缓慢，但已开始被美国社会承认，不少人已从弱者变成生活的强者。其特征主要有：

（1）文化层次越来越高，通过各种途径和方式提高文化水平和 科学知识或技能的人越来越多。

1）美国是一个移民的社会。只有通过竞争才能生存、上升，而竞争的主要条件之一，就是文化科学知识和技术能力的高低。社会的竞争机制迫使人们必须学习专业知识，通过一定的考试获取合格证书才能找到相应的职业。护士、小学教师、会计这些最普通的文职工作，也必须学上几年拿到证书才能被录用。新移民尽管在自己国内已大学毕业，也必须重新学习。因此通过各种途径和方法学习专业知识，是进入美国社会开创一番事业的首要途径。

2）移民政策的制约作用。美国移民政策在限制中国劳工入境时，对给美国社会带来财富的商人和在将来能用知识创造财富的留学生都不在禁止之列。现在更是规定高级专业与技术人员可以优先移民。1974 年亚洲移入美国的这类人员就有 2100 多人。广东省五所高校 1978—1989 年 12 年间，因公、因私出国人员中，正副教授占 10.9%，讲师、助教占 44.3%，技术人员、大学生、研究生共占 35.4%，总计达 91.6%，其中女性占 37.08%，这些高层次的人才，58.7% 是去了美国，而总回流率仅 29.4%[①]。据（美）李哲夫教授估算，一个外国留学生，学成后留美工作，一生至少可创造 50 万美元的价值。1982 年在美的留学生突破 100 万，这些留学生只要有一半留下，那么美国所得到的"人源资金"是 2500 亿[②]。美国拥有世界最先进的科学技术和最多财富，这就是其奥秘之一，这也是在美国的中国人文化层次越来越高的原因之一。

3）在美国本土出生的华人的人数日益增多。他们从小受到美国文化的熏陶，接受系统的西方教育，多数已具有大学以上文化水平。

基于上述因素，当代在美国的中国人文化层次越来越高。1970 年人口普查[③]，25 岁以上人口受教育的平均年龄，白人为 12.2 年，华人达 12.4 年，其中接受大学教育人数在其总人口中的百分比，白人只占 11.6，华人则达 25.6；18～24 岁的华人妇女有 58% 在上学。华人已成为全美教育程度最高的群体。

---

① 陈印陶：《广东高校出国人员调查》，《改革开放与人口发展》，辽宁大学出版社 1990 年版。
② 赵景垂：《中国人迁移美国的趋势和特征》，《人口与经济》，1986 年第 2 期。
③ ［美］成露西：《美国华人历史与社会》，《华侨论文集》第 2 辑，广东华侨历史学会，1982 年 5 月。

1990 年人口普查^①，华侨人口中，25 岁以上具有大学以上教育程度者更达 44%，新移民中近 25% 的人有硕士或博士学位，而美国的成年人口中具有大学以上教育程度的只有 20%。但是，华人中男女受教育是不平等的。1970 年，华人 16 岁以上高中毕业男性为 62%，女性只有 58%；大学毕业者，男性为 25%，女性只有 17%。1982 年^② 25～34 岁中的大学毕业者男子为 27%，女性只 21%。尽管女性受到性别歧视，而且除公派留学生外，其他随丈夫、亲戚迁入者，也包括拿不到资助的自费留学生；她们多数要先打工，挣够学费才上学，或半工半读，白天打工晚上读书拿学分。生活相当艰苦紧张。其中不少人要牺牲自己先供丈夫上学，但是她们与命运抗争，在坚韧不拔地奋斗着，有的已走出了自己的路。华人女性的自强拼搏精神已逐渐被美国社会所公认。

（2）职业从低薪劳工阶层逐渐进入白领阶层。

随着美国社会的发展与变迁，更为主要的是华人女性自身素质，特别是文化水平的提高和传统观念的改变，她们走出家庭，走出华人社区圈子，开始用批判的眼光审视老一辈苦难命运的缘由，已不再满足于妻子、母亲的社会角色，决意摆脱封闭、守旧、顺从的传统规范，变得主动、自信和坚强，要做生活的强者，向命运和男性挑战！她们拼搏努力，使她们的精神面貌和社会、家庭地位发生了喜人的变化。据 1970 年统计^③，华人妇女从事职业人数最多的排序及其所占就业人口的百分比，从事针线业的占 14.5，饮食服务业占 8.4，教师占 4.9，打字员占 4.4，秘书占 4.3。虽然服务业仍占第 1、2 位，但已不是仆人、劳工等最为粗、重、脏、待遇最低的行业了。到了 90 年代初，这种变化则已标志着在美国的中国女性社会地位有了根本的改变。据美国人口调查局 1992 年 9 月公布的资料^④，亚裔女性所从事的行业占其就业人口的百分比：技术、销售、行政人数高达 42.8。专业管理人员占 26.4，服务业占 16.7，操作员和劳工只占 9.4，工艺和修理业占 4.2。亚裔女性就业人口中，华人占绝大多数。这组数字可以反映华人女性就业状况，她们中 60% 以上的人已进入白领阶层，而且不少人已成为充满才华，业绩卓著的女经理、女企业家、女医生、女法官、女教授、女科学家等一代佼佼者。她们已真正摆脱了她们前辈从属、被动的弱者地位，成为生活强者和家庭中的主角。

---

①　［美］李文朗：《华人重视教育划得来吗？》《世界日报》，1993 年 3 月 17 日。

②　［美］布·罗贝：《美国人民——从人口学角度看美国社会》，国际文化出版公司 1988 年版。

③　［美］成露西：《美国华人历史与社会》，《华侨论文集》第 2 辑，广东华侨历史学会，1982 年 5 月。

④　［美］余怡菁：《亚太裔人口调查报告出炉》，《世界周刊》，1992 年第 11 期。

（3）参与政事，争取公正平等权益。

早期华人虽然对美国社会经济发展作出了不可磨灭的贡献，但因诸多因素使他们难以融入美国社会"落地生根"，而是希望有一天"落叶归根"光宗耀祖，因而很少关心政治，参与政治。直到近代，华人人数增多，已占全美亚裔人口的 23.4%，经济活力跃居各少数族裔之首，华人受高等教育程度按人口比例已超过白人，美国第一流的科学家华人占了 1/3 以上[1]，形成了大批通晓英语，了解美国文化，接受了美国思想观念、有能力、有信心的华人。他们在社会实践生活中认识到，老一辈不愿、不敢过问政治参与政治，尽管为美国作出了杰出的贡献，也有一定经济势力却没有政治地位，不能保护自己的合法权益，只有积极参与美国政治生活，华人的民意才能得到重视，才能得到与贡献价值相等的社会地位，从而掀起了华人议政参政的热潮。

女性华人在这一热潮中也开始积极参与，在政界、商界、文化教育界等部门竞选公职，有的已成为在美知名度颇高的有影响的人物。如白宫出口委员会副主席陈香梅、加利福尼亚州亚洲部部长玛奇·芳·于、蒙利帕克市市长莉莉·李·陈寻、联邦海事委员会主席兼交通部副部长赵小兰、加州州务卿余江月桂等；至于在大学、研究机构、公司企业中担任领导职务的已不在少数。她们都为华人，也为妇女争取公正、平等的权益奋斗着。

3. 中国女性要走的路还很长

当代在美国的中国女性，虽然比她们前辈们享有更多的自由和权利，可以通过自己的努力主宰自己的命运。但是，华人在美国只是少数民族。白人、黑人，其他有色人种在美国是不平等的。

据美国人口调查局资料[2]，亚裔平均每人年收入 13400 元，低于白人的 15265 元，也低于全国平均的 14400 元，大学毕业的亚裔男性平均比白人少 3500 元。在 18 万拥有大学以上教育程度的华人中，有近一万人没有职业，25～64 岁的约 86 万华人有 11 万人没有直接经济活动，初中以下教育程度的人口中，有 1/4 没有正式职业。妇女在美还要受到性别歧视。80 年代末[3]，美国女职工的平均收入是男职工的 60%，女科学家的收入也只有男科学家的 76%，年薪在 15000 美元以上的职位，只有 6% 为妇女担任。作为华人中的女性，其遭遇是可想而知的。华人在美升迁会遇到玻璃天花板，女性所遇到的则是双层的。笔者

---

① 陆宇生：《美国华人参政的回顾与前瞻》，《华侨与华人》，1989 年第 1 期。
② ［美］余怡菁：《亚太商人口调查报告出炉》，《世界周刊》，1992 年第 11 期。
③ 芝真：《走向社会的美国妇女》，《羊城晚报》，1982 年 10 月 31 日。

在一对著名大学中颇有名气的华人教授夫妇家中做客，发现他们书桌摆着汉字习帖和习字本，我惊奇他们由台湾来美已 20 多年还有此雅兴，他们说，何来雅兴，只为在外面受了气没处出，用来消气呢！在美已有高级职务的华人尚且如此，作为华人女性要在美寻求成功之路，正如联合国 1993 年三项研究报告所指出的，妇女在政治上、经济上和社会上的完全平等，即使在西方国家也是"遥远的前景"①。摆在在美国的中国女性面前的路还漫长，需要不断地作艰苦的奋斗。

（责任编辑：文慧）

参考文献：

［1］（美）布·罗贝. 美国人民——从人口学角度看美国社会［M］. 北京：国际文化出版社，1988.

［2］（美）乔恩·谢泼德，哈文·沃斯. 美国社会问题［M］. 太原：山西人民出版社，1987.

［3］（美）洛依斯·班纳. 现代美国妇女［M］. 北京：东方出版社，1987.

［4］陈依范. 美国华人［M］. 北京：工人出版社，1985.

（作者单位：中山大学人口研究所）

---

① ［美］洛杉矶时报：《妇女与权利》，《参考消息》，1993 年 8 月 31 日。

（十六）广东连南瑶族育龄夫妇男扎为主的原因及启示①

陈印陶　　徐庆凤

为了配合广东省计划生育工作的深入开展，参与研究广东省计划生育工作存在的问题和今后的对策，中山大学人口所组织了近十人的调查队，在广东省计划生育委员会、广东省人口学会和连南县计划生育委员会的大力支持和配合下，于 1993 年 11—12 月间二次进入广东省连南瑶族自治县进行农村家庭户的生育状况调查，调查中我们意外地发现，连南的结扎夫妇中男扎现象非常普遍。这一现象引起了我们的极大兴趣。若在广大汉族地区也能推广这一绝育技术，将对计划生育工作是一个突破。深入研究其原因，我们应得到有益的启示。

1.　连南县概况

广东省是我国瑶族人口分布的第四大省（仅次于桂、湘、滇），1990 年人口普查时有瑶胞 13.58 万人，占全国总计的 6.35%；而广东省的瑶族人口又主要聚居在连南、乳源两个瑶族自治县和连山壮族瑶族自治县内，但连南县人较多，1990 年连南的瑶胞已达 6.76 万人，占全省瑶胞的 49.79%。

连南县全称连南瑶族自治县，位于粤北山区，东北界连县，南临怀集县，西南界连山壮族瑶族自治县，西北隔山与湖南省的江华瑶族自治县相邻。境内山地延绵，地形复杂，整个地势由北、西、南向东部丘陵倾斜，海拔 1000 米以上的山头有百余座，海拔最高的大雾山为 1659 米，在全县 1231 平方公里面积中，中、低山地合占 61.57%，丘陵占 33.40%，盆谷地，岗台地及水面等合计仅占 5.03%，且主要分布在三江（县城镇）、寨岗、寨南等乡镇及河流两岸。

该县是由瑶、汉两大民族人口组成，1990 年普查全县 13.71 万人口中，瑶族为 6.76 万，占 49.30%；汉族为 6.86 万，占 50.05%；壮族等其他少数民族合计仅为 887 人，占 0.65%。其中汉族人口集中分布在县城三江镇和寨岗镇、寨南乡，仅占全县总面积的 16%，几乎集中了全县所有盆谷地和岗台地，1988 年人口密度达 378 人/平方公里；而瑶族人口分布却广达全县面积的 84% 左右，且均为中、低山区和深山区，人口密度仅 63 人/平方公里。该县的瑶族人口绝大部分为排瑶（又名八瑶），其人口约占该县瑶族人口的 94%，余者为过山瑶

---

①　本文原载《西北人口》，1994 年第 3 期（总第 57 期）。

（瑶族中的另一支，其祖先长期砍山耕种，"食尽一山过一山"，迁徙无常，故名；其语言和生活习惯与排瑶有较大差异）。

新中国成立以来，尤其近年来，该县经济发展非常迅速，已由原来单一的农业县转变为农工商全面发展的县。全县国民生产总值中第一、二、三产业构成，已由 1985 年的 47∶20∶33 转变为 1992 年的 32∶32∶36，但农村社会总产值中三大产业的构成变化却不大，仅由 61∶30∶9 转化为 60∶35∶5。而且各地发展极不平衡，以汉人为主的县城三江镇社会总产值中第二产业比重已超过半数，三大产业的构成为 31∶51∶18，而瑶区经济中以农为主的状况并未根本改变。瑶区与汉区间的巨大差距亦可从其劳动力的产业构成看出，1990 年普查，该县在业人口的三大产业构成为 78.5∶10.1∶11.4，其中三江镇为 44.1∶24.1∶31.8，包括寨岗镇和寨南乡（即汉区）则为 68.0∶14.7∶17.3，但比其余 9 个乡镇（即瑶区）的 91.9∶2.5∶5.6 则要优化得多。

2. 连南县计生工作简况及瑶区男扎为主的现象

（1）连南县计生简况。

连南县计生工作始于 1963 年，当年成立的计生指导委员会主要是培训宣传员广为宣传；1970 年机构更名为计生领导小组，并在汉区设立计生办，除加强宣传外，已在汉区制定了一系列规定，推行计划生育；1981 年开始在瑶区提倡和推行计划生育，并制定了一整套奖罚办法；1984 年机构改名为计生委并层层落实到乡镇，计生工作进一步走上正轨，计生工作在瑶区真正得到推广和落实，使全县计划生育逐渐提高，由 1980 年的 54.8% 提高到 1988 年的 87.8%；80 年代以来，已婚育龄夫妇的节育率始终保持在 80% 以上，1990 年起至今均超过 90%，而且瑶区的计生工作水平也提高了，如瑶族集中聚居的三排乡（详见表 1）。

表 1　连南县及若干乡镇计划生育率及已婚育龄夫妇节育率　（%）

地名	全　县		三江镇		三排乡	
年份	计生率	节育率	计生率	节育率	计生率	节育率
1980	54.8	84.5	68.4	81.1	39.8	9.9
1981	64.8	90.7	73.6	74.8	50.7	15.8
1982	77.6	80.4	66.5	88.4	58.6	86.6
1983	77	90	83.9	81.3	68.4	74.1

续上表

地名	全　县		三江镇		三排乡	
年份	计生率	节育率	计生率	节育率	计生率	节育率
1984	78.5	81.4	69.3	85.5	86.5	70.6
1985	76.1	87.2	69	91.3	78.2	78.1
1986	75.2	84.4	63.5	95.5	72.1	87.1
1987	78.2	88.4	62.7	89.6	80.6	76
1988	87.8	91.2	82.3	94	83.3	87.1
1989	82.2	90.8	81.2	92.7	81	90
1990	84.4	91	82.7	96	89	90.8
1991	84.3		75.4	90.6	85.2	90.9
1992	80.6		76.4	95	78.4	90

资料来源：连南县计生委、三江镇、三排乡计生办提供。

（2）男性结扎是连南县瑶族育龄夫妇最常采取的绝育措施。

随着计生工作的不断深入，连南县已婚育龄夫妇的多项节育措施中，结扎人数比重有所提高，由 20 世纪 80 年代的 60% 以下提高到 90 年代的 65% 以上，而且男性结扎的比重也不断提高，1980 年仅 37.8%，到 80 年代中期以来已超过半数，1992 年已升至 57.9%，而瑶区的比重更高，1990 年和 1992 年分别达 80.1% 和 81.5%（汉区仅分别为 37.1% 和 39.1%），且有上升之势。

另外，从该县 12 个乡镇 1990 年和 1992 年男扎所占比重和 1990 年普查对瑶族人口所占比重的对比关系中，也不难发现，凡瑶区的男扎比重均在 60% 以上，其中，排瑶民族传统特色最浓厚的南岗乡，该比重甚至高达 91% 以上，过山瑶民族传统特色浓厚的山联乡，该比重则相对较低，在 70% 以下。而像寨岗这样的纯汉区，该比重甚至不足 20%（详见表 2）。再从广东省计划生育政策规定：汉区城镇一孩、农村允许二孩，瑶区城镇二孩、农村允许三孩这一实际情况出发，考察 1990 年和 1992 年分孩次不同乡镇的男扎比重，我们发现瑶区三孩及以上已结扎育龄夫妇中，男扎比重明显高于二孩夫妇，但一般也都过半数。我们所调查的连南 120 户农村户中的男扎比例，瑶族达 88.33%。可见，男性结扎，是连南瑶族夫妇中最常采取的绝育手段。

表2　连南县乡镇瑶族人口比重和已结扎育龄夫妇的男扎比重

乡镇名	1990年普查瑶族人口比重（%）	已结扎中男扎比重（%）		已结扎中男扎比重（分孩次,%）					
				一孩		二孩		三孩及以上	
		1990年	1992年	1990年	1992年	1990年	1992年	1990年	1992年
总计	49.3	54.55	57.99	28	36.36	38.03	40.73	60.9	55.53
汉区小计	4.36	37.14	39.13	28	33.33	36.91	37.37	38.31	—
瑶区小计	95.02	80.12	81.48	28	66.67	72.65	75.26	80.29	81.59
三江镇	8.43	67.32	71.57	50	36.36	72.4	73.09	63.16	70.21
（*）	—	56.96	63.17	36.36	25	57.15	51.34	56.9	66.01
大麦山镇	93.27	84.82	83.88	36.36	100	84	73.33	84.85	84
寨岗镇	2.13	19.49	18.98	18.28	0	16.57	20.97	21.65	16.91
山联乡	95.34	67.63	68.64	18.27	0	16.57	20.97	21.66	16.91
寨南乡	16.06	37.18	36.8	42.86	50	35.17	35.18	38.39	38.04
汉区	16.06	38.51	36.95	42.86	50	35.38	35.18	40.88	38.45
瑶区	16.06	23.46	32.43	42.86	50	0	35.18	4.05	32.43
南岗乡	97.72	91.33	91.68	42.8	50	100	100	91.27	91.63
三排乡	97.75	82.14	88.7	42.86	50	40	100	82.49	88.83
涡水乡	96.46	63.08	66.08	42.86	50	45.45	33.33	63.49	66.49
金坑乡	81.36	77.14	75.61	42.86	50	75.76	83.67	77.23	74.91
大坪乡	98.72	78.08	73.91	42.86	50	100	66.67	78.02	73.99
香坪乡	97.42	82.75	87.98	42.86	50	50	40	83.25	88.3
盘石乡	98.55	77.82	79.35	42.86	50	57.14	62.5	78.34	79.8

*三江镇中含县机关

资料来源：①清远市连南瑶族自治县人口普查办公室：《清远市连南瑶族自治县1990年人口普查资料（电子计算机汇总）》，1992年5月，经整理。

②连南县计生委1990年度和1992年度计划生育报表，经整理。

3. 连南县瑶族育龄夫妇男扎为主的原因探析

生育，是人类社会得以延续发展的必备条件。在中国以男性为中心的传统观念中，男子是一家之主。是家庭人口兴旺的希望所在，要男性进行绝育术，人为地终止生育行为，在多数汉族地区是难以接受的。而连南瑶族民众却能欣然接受，究其原因，除男扎有优于女扎的因素外，主要还在于瑶族的社会生产方式、文化思想、传统习俗等诸多因素所致，其中最为重要的是男女平等观念。

（1）共同参与生产劳动，妇女有与男子同等重要的经济地位。

连南县山地绵亘，瑶族人民新中国成立前长期散居在这些高山峻岭中，凭借险阻世代繁衍。长期进行刀耕火种自给自足的自然经济要求家庭男女成员都要参加劳动，团结一致共同奋斗生存，使瑶族妇女在和男女同样参加生产劳动的同时，获得了与男子同等重要的经济地位。现在他们许多人已从深山老林中迁出来，但这种男女共同劳动、共同创造家庭财富的传统并未改变。据香港学者乔健1985年在连南考察瑶族军寮男女分工的调查（表3），除耕田和砍树外，妇女参加所有生产劳动。我们在连南调查时已是11月末，瑶区妇女仍然赤着脚和男子一样在劳动着，经济地位决定着人的社会家庭地位，瑶族妇女用她们勤劳的双手为自己争得了与男子同等的地位，这是瑶族男扎易于接受的根本原因之一。

表3　军寮排瑶男女分工

项目	做饭	洗衣	打扫	看护小孩	缝纫	挑水	拾柴	耕田	播种	插秧	施肥	除草	收割	喂猪	砍树
男	＋	＋**	＋	＋	－	＋	－	＋	＋	＋＋	＋	＋	＋	＋	＋
女	＋＋*	＋＋	＋	＋＋	＋	＋	＋	－	＋	＋	＋＋	＋	＋	＋	－

注：＋＋*表示负担比＋更多责任；**表示妇女衣服除外。

资料来源：（香港）乔健：《广东连南排瑶的男女平等与父系继嗣》，《瑶族研究论文集》，民族出版社1988年版。

（2）自由平等的婚姻与核心家庭为主的家庭结构有利于强化男女平等意识。

瑶族社会和家庭中的平等意识体现在其社会生活的各个方面。

1）表现在婚姻问题上。瑶族男女婚姻无须遵从父母之命，媒妁之言，多以对歌寻侣，男女均可以主动，夫妻年龄差也不是男大女小。这种平等意识也象征性地表现在婚礼中。结婚当日，新娘必须脚穿草鞋，手持一把半开伞，内挂一把剪刀和尺，由双方亲戚陪同步行去新郎家，而且嫁妆中一定要有农具或一份"嫁妆田"（父有田者），以表明她是作为一个具备生产手段和能力的合作者身份而非靠丈夫养活的家属进入新郎家的。瑶族离婚也较容易，男女双方均可提出，经双方代表和中间人协商妥财产分配和子女抚养事项后即可。离婚后，双方各领半数子女。若只有一个小孩而双方都争取先养时则归于离婚中被动的一方，实行计划生育后，节育手术逐渐推广，已实行节育手术者在离婚中有获得子女抚养的优先权，这一习俗对男扎的普遍影响较大。

2）瑶族实行一夫一妻制的小家庭。男子一旦结婚，一般都要与父母分开独立生活。父母把田地、房产、农具等平均分配给独立生活的儿子们，尤其是最小的儿子有赡养，送终的义务；女儿则无财产继承权，也无赡养义务，但女儿婚后仍常回家探望父母。而父母只要尚有劳动能力都是自食其力，即使丧偶也多独居，所以瑶族家庭多为核心家庭。乔健 1985 年在连南军寨调查 456 户资料，有 440 是核心家庭，主干家庭仅 16 户，无一户联合家庭。我们 12 月在连南瑶区调查的 87 户农户中，有 71 户为核心家庭，主干家庭只有 12 户，联合家庭 4 户。核心家庭结构人口少，又是独立的生产单位，不受公婆的影响，家庭大事可由夫妻共同决定，生育行为也可自行选择，使男扎易于接受。

（3）企望人丁兴旺，有保护生育妇女的传统习俗。

瑶族严格遵父系继嗣原则，对生育儿女传宗延嗣非常重视。但对生儿生女则无特别偏好。然而，新中国成立前瑶族人口受经济发展和卫生条件的限制发展缓慢，长期是高出生率伴随着高死亡率，形成很低的自然增长。人丁稀少，使社会形成了妇女生孩子光荣，生得越多越受到尊重的风尚。因此，保护妇女、尊重妇女已成为瑶族传统习俗，如房姓家庭或村寨间的械斗，妇女可自由穿行于械斗场上，双方都不会伤害她们。新中国成立后，瑶族人口发展已高于全国发展水平，但婴儿的死亡率仍高于汉区。1990 年人口普查，15～64 岁妇女平均每人存活子女数与活产子女数人比值，汉区高达 0.945，瑶区仅为 0.864，加上传统崇尚与保护妇女生育的传统，为瑶簇男扎的落实打下基础。实行男扎，可以保妇女生育能力，也是瑶区愿意接受男扎的原因之一。

（4）对受术者，男扎有许多优势。

对受术者而言，男性结扎相对于女性结扎有许多明显优势。

1）男扎手术简便易行。开销少，误的工时也不多，有的今日手术，明日即可返工；而女扎手术较复杂，往往手术前后误掉不少工时，少则数天，多则十几天，还要增加营养，开销较大。

2）输精管吻合手术简便，且成功率较高。同时，男扎复通效果亦很好，早在 1982 年男扎复通的比例就只有 1.88%，虽比女扎复通比例 0.67% 仍高，但与前几年比较差距已明显缩小。男扎的这些优势在无社会习俗阻碍下，对受术者而言，无疑是很有吸引力的。

4. 瑶族夫妇男扎为主对该县汉区的影响

从该县汉区的分布来看，汉族人口集中于县城三江片和县东南的寨岗、寨南片，其中的三江片几乎被周围的瑶族居民区所包围，而且长期作为连南县城，瑶、汉民族间的交往，也非常频繁。20世纪50年代甚至有大量瑶族家庭收养汉族子女。新中国成立后，瑶、汉通婚现象也时有发生，加上随着政府工作的需要和商品经济的发展，很多瑶人进入城镇与汉人杂居，这从三江镇瑶族人口比重明显高于寨岗镇这一点上也可得证。这种相对频繁的人口、经济和文化的交流，对瑶、汉两个民族的思想观念必然会产生一定的影响；与三江片相比，寨岗、寨南片则明显不同，一方面，该片的汉族人口分布相对集中，其中寨岗镇的瑶族人口仅占2.1%，周围仅西、北部和东南角为瑶区，整个东部和南部均与汉区相连，而且在连南建县之前寨岗镇和寨南乡的绝大部分原来在行政上都归阳山县，后者几乎是个纯汉族县，汉族人口达99.4%，以瑶族为主的少数民族人口仅占0.6%，加上长期居住在丘陵、河谷地带，以农为主的经济结构，使该片汉族人口的传统意识特别强烈；另一方面，由于该片相邻的瑶胞大多为过山瑶，居住在偏远山区，以耕山、狩猎、采集山货为主，耕作方法粗放，与汉族的交往多限于物资交换。因此，瑶汉民族的文化交融影响明显小于三江片，尤其是汉族接受瑶族的影响不大。反之，汉族对瑶族的影响则更大些。

以上结论在男性结扎这一事实中也有所体现。1992年末，三江镇的男扎比重高达71.6%，纯汉区的寨岗镇却只有19.9%，汉瑶杂居的寨南乡为36.8%，而寨南瑶区也仅为32.4%，甚至低于汉区的37.0%（详见表4）。

从全县汉区看，1992年以来，连南汉区已婚育龄夫妇的男扎比例达39.1%，不仅大大高于我们此次对比调查的广东省云浮市的6.1%和中山市的22.1%和全国农村平均23.3%的水平，而且也明显高于1988年生育、节育抽样调查的广东省平均水平20.1%，与全国30个省、区、市相比，仅低于全力推行男性结扎，比重居全国首位的四川省（75.3%）和第二的贵州省（40.3%）、第三位的山东省（39.1%）。即使是寨岗镇的男扎比重（19.0%），在全国30个省、区、市中，也只有前9位者能与之相比（详见表4）。可见受瑶胞的影响，连南汉区的男扎比重是很高的。

表4 连南县汉区与云浮、中山市及全国前9位省、区的男扎比重 （%）

地区	连 南 县				广东省（1992年）	
	汉区	三江	寨岗	寨南	云浮	中山
男扎比重	39.13	71.57	18.98	36.95	6.09	22.13
地区	全国前九位省区（1988年）								
	四川	贵州	山东	广西	安徽	云南	河南	湖南	广东
男扎比重	75.35	40.35	39.06	36.52	29.36	29.28	21.04	20.67	20.08

资料来源：①连南县计生委、云浮市计生委和中山市计生委1992年度计划生育报表。②梁济民、陈胜利主编《全国生育节育抽样调查分析数据卷》。③《生育节育》，中国人口出版社1993年版。

5. 启示与意义

综上所述，连南瑶族男扎现象的成因，主要在于其社会经济、文化、传统习俗等诸多因素所致。而这些因素在社会经济、文化进一步发展中和强化宣传教育后还可以进一步促进群众广泛接受男扎。基于同一理由，我们认为汉区也是可以广泛推行的，而且可以从这一工作中得到有益的启示。

（1）加强宣传教育，男扎是可以在汉区推广的。

连南的三江镇是连南县府所在地也是汉族集聚区，但其周围即是瑶族区，汉、瑶交往多，瑶族男扎对三江镇就有明显的影响，三江镇男扎所占比例1980年为52.12%，1984年为60.84%，1988年达66.81%，1990上升到69.88%，1992年已达到71.57%。这一逐年上升的事实说明，只要加强宣传，人们是可以接受男性结扎并逐步推广的。实际上，四川、贵州和山东三省，尤其是四川的成功经验有力地证明了这一点。

（2）男扎优于女扎的事实是教育群众的有利条件。

前已述及，从受术者的角度考虑，男扎明显优于女扎，事实上，从计划生育工作的角度看，男扎也比女扎优越得多。

1）男扎手术比女扎容易施行。连南县计划生育指导站1988年便对计生对象施行男性结扎和输精管吻合手术，而女扎还要到县医院等医疗单位施行。

2）男扎费用比女扎低得多。由于男扎手术简便易行，无须住院，在计生高潮期甚至可以带上医疗器械和消毒用品进村入户施行，既方便了受术对象，又节省了受术者来回车旅费的开支（如四川的做法便可资借鉴）。相反，女扎受术对象不仅要进城住院，增加计生部门的接待负担和车旅费、住宿费开销，而且有些妇女因其他疾病未愈，还要先为其治病再施行手术，使计生部门增加许多额外的开支。据连南县计生委主任介绍，这种情况的连南县比较常见，以致计生高潮时，病房严重短缺。

3）从计划生育的补助费用看，给予男扎的补助也明显低于女扎。以连南县三排乡为例，该乡政府制定的"实施《广东省计划生育条例的若干规定》中明确写出：凡自动自觉自行去落实'四术'者，手术补助女扎每例80元，……男扎每例补助20元……伙食补助每餐2元，报销来回车费"。由此可见，推行男扎，对当地政府也可节省一笔不小的开支，这是于民于国都有利的，值得认真推广。

（3）推广男扎，有利于改变汉族社会中重男轻女观念。

尽管经过新中国成立以来长期努力，新中国的妇女地位已明显提高，但社会男女不平等的现象还时有所闻，父系继嗣造成的重男轻女观念根深蒂固，大男子主义思想仍很强烈，女扎占绝对优势便是这些观念和思想的一种折射。因此，推广男扎也是为推进男女平等做一份努力（考虑到男扎具有的许多优势而言）。实际上在许多女性地位较高的西方国家，男扎的比重已相当高了，如英格兰和威尔士早在1975年男扎比重已达43%，1976年的美国更达50%。

可能有人会认为，由于生育的承受者是女性，只有实行女扎，节育效果才好。事实上，有婚姻关系比较稳定的情况下，男扎的节育效果几乎与女扎是等效的，而我国的婚姻关系非常稳定，1990年普查时离婚人数占已婚人数的比重仅为0.79%，所以相信男扎效果一样会令人满意的。

参考文献

[1]《人口与经济》编辑部. 全国千分之一人口生育率抽样调查分析［J］. 人口与经济专刊，1993.

［2］乔健，谢剑，胡起望. 瑶族研究论文集［D］. 北京：民族出版社，1988.

［3］连南瑶族自治县地方志编委员会. 连南瑶族自治县志（征求意见稿）（上）.

［4］连南瑶族自治县人口普查办. 连南瑶族自治县1990年人口普查资料.（电子计算机汇总），1992.

［5］广东省人口普查办公室. 广东省第四次人口普查手工汇总资料. 1991.

［6］广东省人口普查办公室. 广东省1990年人口普查资料（第一册）［M］. 北京：中国统计出版社，1992.

［7］国务院人口普查办公室，国家统计局人口统计司. 中国 1990 年人口普查资料（第一册）［M］. 北京：中国统计出版社，1993.

［8］梁济民，陈胜利. 全国生育、节育抽样与分析数据卷（二）婚姻、（三）生育［M］. 北京：中国人民大学出版社，1993.

注：黄云卿、潘隆同志参加了此次调查，广东省计生委、连南县计生委等单位对我们的调查给予了大力支持，在此一一致谢。

（作者单位：中山大学人口研究所）

（十七）专业期刊编辑必备素质与培养模式探讨[①]

陈印陶

随着文字的形成和发展，开始有了编辑工作。因为只有把许多单个的文字按照一定的意思有组织地排列组合起来，才能成为可以使人看得懂、能够传播的书。这种文字的排列组合工作，应该说是最早的编辑工作。但当时编辑工作与创作是难以分开的。

中国是一个历史悠久的文明古国，几千年的文化历史之所以能够保留下来并发扬光大，离不开无数编辑人员默默无闻的贡献。编辑工作虽然源远流长，但形成编辑这一独具特点的学科，特别是形成具有中国特色的编辑学却时间不长。编辑人员应具备哪些素质和培养编辑人员的模式，均在探讨之中。本文根据笔者自己的工作实践，对专业期刊编辑必备素质与培养模式作一探讨，以抛砖引玉。

1. 专业期刊的特点

要研究编辑人员必备哪些素质，必须要先了解各类编辑人员从事何种媒体编辑工作。各类媒体编辑大体可分为三大类，一是时效性强，以新闻报道为主的报纸、电视、广播编辑；二是内容不受时间限制的书籍编辑；三是介乎这二者之间的期刊编辑。由于媒体不同，要求特点不同，甚至服务对象也不尽相同，因此对编辑素质的要求有其共同性，也有其特殊性。专业期刊有别于报纸、书籍，其主要特点有：

（1）鲜明的学术性和专业性。

专业期刊是专门刊载阐述或论证社会科学或自然科学领域内某一学科的学术观点，创造发明，发展趋势和传播、交流学术研究、科技成果的一种定期出版物。它的鲜明的学术性和专业性是它的根本特征。专业期刊刊载的内容一定是某一学科范围内的，而且是这一学科内理论与实践的探索和总结，或提出某一见解，阐述某种观点、方法，或根据大量社会调查研究或科学实验剖析某种新现象，预测其发展方向和可能出现的问题，提出解决的方法和设想等等。总之，要有新意和创造性，或是言前人之所未言，或是在前人工作的基础上有新

[①] 本文原载《南方人口》1995 年第 4 期。

的创造发展。优秀的论文应经得起客观实践的检验，具有一定的科学性、可靠性和权威性。高质量的期刊既能及时反映学科的发展动态、研究成果，尚能进而起到引导这一学科健康向前、深入发展的指导性作用。社会科学方面的期刊则直接反映并影响我国的经济、政治、文化教育、社会思潮、道德风范等各方面的发展。能够坚持为社会主义经济基础服务、为两个文明建设服务的优秀期刊，则可成为人民大众的良师益友及社会改革的先锋；反之，则可以毒害群众，贻害社会。

（2）它是阳春白雪，不是下里巴人。

学术的专业期刊与科普杂志既有共同性又有区别，它们之间的关系属于提高与普及的关系。学术性专业期刊是阳春白雪，不是下里巴人。衡量它的水平标志主要看它的学术水平。科普杂志需要通过人民大众喜闻乐见的形式、内容多样化和趣味性、娱乐性吸引读者，达到普及某一学科知识的目的，如《人口与优生》、《人之初》就是此类刊物。而《中国人口科学》、《人口研究》一类学术刊物则是以严肃的学术质量取胜。

要求一个杂志既是学术性又是科普性的，既有科学性、实用性，又具有可操作性和可读性，要数者兼得和谐地统一在一个刊物之中，这是比较难以达到的。这是由于学术性专业期刊不能不受到它是属于以提高为己任这一特征的制约。

（3）读者、作者的局限性。

隔行如隔山。专业期刊既是某一专门学科的学术性杂志，它的读者和作者也就大多局限在本学科有关的从事专门研究和教学，或者有关这一学科领域内的实践工作者，这是由于办刊的宗旨和专业期刊学术性特点所决定的。譬如广东的《南方人口》杂志，是一份立足广东，面向全国的人口科学的专业杂志，虽已是一份向国内外公开发行，并被评为全国核心期刊，在人口学界已有一定地位和影响，它的作者和读者是人口学界的理论研究工作者和广大的计划生育干部。由于它刊载的文章大多数是学术性的论文或调查报告，人口学界认为这是一份办得有特色的刊物；而不少计划生育基层干部则认为，一是刊登的文章多是大理论，好是好，但远水解不了近渴，对解决计划生育工作中的具体问题针对性不强；二是有些文章还看不懂，感到没有用。因而，尽管这个刊物的文章对控制人口数量、提高人口素质的政策，从长远发展和提高计划生育干部素质看，是非常有用的，但订户仍然不多。而另一份以性教育为基本内容的人口科普刊物《人之初》，以其趣味性、可读性、实用性得到了广大读者的欢迎，去年订户已达70万份，它的作者和读者都超越了专业期刊的局限性，这是学术性期刊难以达到的。因此，衡量专业期刊水平以订户多寡为标志是不科学的，也是不公正的。学术专业期刊读者与作者的局限性必然影响读者的广泛性。

2. 专业期刊编辑必备素质

编辑工作是图书、报纸、杂志生产过程的继续，是一种创造性的精神劳动。书籍文章只有通过编辑人员的精心处理，才能使作者所创造的价值被读者接受，得到社会的承认。编辑素质的高低直接影响书刊出版质量。编辑人员的素质包括政治理论素养、职业道德、知识结构、语言文字能力、编辑业务水平以及社会活动公关能力等方面，但各类编辑所必备的素质因其从事的媒体特点不同而有所侧重。作为学术性很强的专业期刊编辑必备素质有以下几点：

（1）政治理论修养与政策水平。

我们的国家是社会主义国家，宣传党的方针政策，向读者传播科学文化知识，进行政治思想教育，为社会主义经济基础和两个文明建设服务是编辑工作的根本任务。作为编辑人员就必须学习马列主义理论，具备一定的政治理论修养，才能提高编辑工作的政策水平。作为社会科学专业学术期刊的编辑则更为重要。因为我们现在建设的是具有中国特色的社会主义，也就是在当前历史条件下，马克思主义理论在中国的伟大实践和发展。党的改革开放路线、方针、政策的制定，正是这种实践和发展的体现。作为专业期刊的编辑，特别是社会科学的专业期刊编辑不具备一定的马列主义政治理论修养，努力学习党的方针政策，就不能在编辑工作中很好地体现与宣传党的方针政策，更不能正确区别处理文稿中出现的政治观点问题和学术见解问题，必然会使编辑方针忽左忽右，使杂志变成墙头草，在大风大浪中不能坚持社会主义方向，正确引导读者。也不能设想一个政治修养很差，不能随着社会的发展及时学习和了解党的方针政策的编辑人员，会很好地执行百家争鸣方针，当然也就不可能迎来学术园地里百花齐放的繁荣局面。人口科学专业期刊是以宣传贯彻控制人口数量、提高人口素质这一人口政策为办刊主要宗旨的，期刊的宣传必须要和计划生育这一基本国策保持一致。但是并不等于我们的理论研究不能讨论国策在执行中产生的问题。因为任何政策都有一个在实践中不断完善的问题，特别是对一些目前尚未能发现而可能在未来产生的问题进行超前性研究是应该的，否则理论研究也就无法总结规律指导实践、推动学科向前发展了。专业编辑人员要具备政治的敏锐性和坚定性，才能在正确贯彻宣传党的方针政策上恰到好处。

（2）知识结构。

作为专业期刊编辑的知识结构可以用三个字概括，即广、专、新。

1）广：这是指当编辑的知识面越广越好，知识越多、越"杂"越好。上至天文，下至地理，三教九流都懂一点，也就是人常称的"杂家"。这样，在处理文稿中才不会出现或少出现常识性的错误。更为重要的，现在是科学技术和社会变革迅猛发展的时代，许多学科的发展是互相渗透交叉，与其他相关学科同步发展的，这种高分化同时又高度综合的特点，要求编辑的知识必须广博，才能在工作中独具慧眼，把刊物办出特色。比如办人口科学专业杂志，由于人口科学是一门边缘性学科，也是一门综合性学科，它的任何研究方向都和其学科相关，人口期刊主编和主任编辑也就必须具备多学科方面的知识。如研究流动人口问题，必须涉及形成人口流动经济的、心理的、社会的，甚至婚姻家庭，以及当时有关人口流动的方针政策等诸方面的因素。评价它的学术价值，首先要看它是否论之有据，言之有理，而这个判断也就要求编辑有经济学、心理学、妇女学、社会学等多方面的专业知识，否则这个判断就不能如实反映文稿的客观实际而导致错误的结论。因此，编辑的知识结构中的"广"是基础。

2）专：作为专业期刊编辑在具备广博的知识面的同时，还特别要求具备所从事的这一期刊的专业知识。一般来讲，这种专业知识在深度上可以比专业研究人员低些，但在广度上则要比专业研究人员要广些，要求广博中求专深。广、专结合，才能处理这一学科中各个方向文稿中的问题，判别其学术质量高低。对于一个专业期刊的编审来说，则要求对这一学科有系统的研究和造诣，有自己的专门著作，是这一方面的专家学者。事实上人口科学方面的许多专业期刊主任编辑就是由有成就的人口学界专家教授担任的。

3）新：是指编辑人员的知识结构要随着时代的发展，科学的进步不断更新、充实、丰富，才能及时、准确地发现、捕捉和反映当代社会政治、经济、文化的新思潮、新特点、新趋势，传播和交流最新的科研成果和技术。当代社会高新技术日新月异，新技术、新学科、新理论不断涌现，旧思想、旧的观念不断改变，知识更新周期愈来愈短，知识的内容越来越丰富，社会变革越来越深化多样。作为传播这些信息的编辑，若在知识结构上不能与时代息息相通又如何能胜任呢？要求编辑人员知识结构新，实是时代与职业的双重要求。

（3）语言文字修养。

语言文字的修养是编辑人员的基本要求，没有坚实的语言文字基础和一定的文字表达能力是不能胜任编辑工作的。作为专业期刊的编辑的语言文字修养主要是其时代性、科学性。

1）时代性。

语言文字是人类文明发展的产物。作为人们思想交流、社会交往和传播信息的工具，必然随着时代的发展、变化而不断丰富、更新，要与时代前进的步伐相适应。作为要有强烈的时代气息的社会科学期刊的编辑，对于社会变革涌现出来的富有时代感的大量新概念、新语言、新词汇，若不能及时理解、掌握，对文稿中语言文字的加工润色也就无从下笔。在改革开放、中外交流中已创造与引进了许多丰富多彩的词汇、语言，但是必然有良莠之分。对于低级趣味的不能迎合，编辑有责任优选，以反映时代精神面貌，推动语言随着时代健康发展。

2）科学性。

根据专业期刊功能特点，在语言文字上不同于文学杂志以优美、形象、有感情色彩为主；也不同于生活杂志以生动活泼、诙谐有趣为主，它要求的语言文字表达准确的概念，逻辑的推理，严密的思维，因而首先要求有科学性，不能含混不清、似是而非；要清楚、明确，论证的问题才能使读者明白、理解。只有在此前提下，才考虑生动性和可读性，使杂志不至于过于严肃而呆板乏味。如："外来打工妹、打工仔"，这是改革开放中出现的新名词，指的是从外地来本地打工的女性、男性流动人口，既有时代特征，也科学准确地概括了这些流动人口流入的目的、职业、性别。尽管是论文，也可以使用。

（4）职业道德修养。

编辑工作是整个出版工作的中心环节，是政治性、思想性、科学性和专业性很强的工作，是艰苦细致的创造性劳动。编辑人员个人的政治、专业素质和职业道德修养，直接影响刊物的质量。但是，这种劳动没有独立的存在形式，既无名又无利，是帮助他人成名成家，因而特别要求编辑树立高尚的职业道德观念，加强自己的道德修养。根据专业期刊编辑工作的劳动特点，主要有以下几方面：

1）要有甘当无名英雄的献身精神。

编辑工作是报刊图书生产的过程的继续，是一种创造性的复杂的加工劳动。一篇文章、一部书稿只有经过编辑的精心处理润色加工，有的还要反复提出修改意见，让作者进行再创造，使之达到可以发表的水平，才能出版，得到社会的承认。这些成果都融含着编辑的无私劳动。但是由于编辑的这种劳动成果，没有独立的存在形式，人们看不见，不能被读者、作者所了解。就像一部好戏，观众只看到台上演出的演员表演多么精湛，却看不到无数后台服务人员的辛勤劳动。从古到今凡保留下来的报章书刊，无不凝结着编辑们的心血，编辑们的名字却无人知晓。因此有人把编辑比作水泥柱中的钢筋，只受力，不露面；有如蜡烛为了照亮别人，甘愿燃烧自己。这正是编辑人员伟大高尚职业道德的写照。当一个好的编辑一定要有默默无闻乐于为人作嫁衣，甘当无名英雄的献身精神。

专业期刊的编辑不少人不仅仅懂得"编"和"辑"，他们本身就是专业研究人员，有的人在某一研究领域还有较深的造诣，专业研究方面大有潜力，但编辑职务要求他花大部分时间和精力为他人作嫁衣。不仅辛苦繁杂琐碎，劳动成果也不被社会直接承认。更有甚者，有些科研单位、大学院校从事编辑工作的同志，虽同在一个单位工作，工作条件、生活待遇、晋升深造机会都不如专业研究人员。广东省每年给科学研究人员补贴，指明其他人员要少10%。钱虽不多，但也说明了编辑人员不被重视的社会地位，如果编辑人员不具备无私的奉献精神，是很难安于现状工作的，尤其是年青一代，因此国务院所作的《关于加强出版工作的决定》中明确要求"要教育编辑人员甘当无名英雄，树立职业道德"。在当前市场经济规律已深入到各个方面的情况下，教育是一方面，如何创造条件使编辑人员安于本职工作，而且乐于做出贡献，也是十分必要的。

2）要有敢作敢当的气魄和做伯乐的精神。

一个编辑是否有敢作敢当的气魄，乐于也勇于做伯乐，是编辑素质的重要表现。

①表现对稿件的取舍上能坚持以质取文。不管是老朋友还是新交，不管是老作者、专家名人还是无名小辈，或与自己有无关系的都能一视同仁，看文不看人。要做到这一点，在当前"向钱看"、"人情大过公章"的不良社会风气下，若没有为社会主义编辑事业的强烈责任感是难以做到的。

②表现在对文稿中新观点的态度上。社会科学中有很多这种情况，某篇文章提出了一个尚未被大众公认可行的观念，属于超前性研究，或正在学术界争论的敏感问题，或是涉及现行方针政策，编辑人员若没有敢担风险的魄力，就会以种种理由将稿件拒之门外，以求得平安无事。这是对读者、作者不负责任的表现，也是有的编辑不能正确贯彻"百家争鸣、百花齐放"方针的根本原因所在。

③表现在文稿修改上。该改就应该大胆地改，不能害怕名家权威，或者主管领导、官员。但也不能任意乱改，要一丝不苟，更不能强加于人。如何掌握恰到好处，这不仅涉及编辑知识是否广博的问题，也和编辑道德素质高低密切相关。

编辑人员，特别是高级编辑人员，要有乐于也勇于做伯乐的精神。许多年轻的作者，如现在的大学生、研究生，他们的文稿大多不够成熟，比较粗糙。但是，由于他们年轻，观察问题敏锐，文稿中虽然可能文理不够通顺，却闪烁着闪光的思想。作为编辑若能有眼力发现、有能力指点、有魄力扶植、乐于也勇于做一个伯乐，一个有前途的作者就可能成长起来。据说世界著名科幻作家托勒·凡尔纳的成名作，曾被 15 家出版社退稿，若没有第 16 家编辑的慧眼和胆识，他也可能就被埋没。这样的例子举不胜举。鲁迅是一个伟大的作家，也是一个著名的编辑，他就发现、扶植培养了不少成名作家。他应是我们编辑人员学习的榜样。如果编辑人员没有这样宽阔的心胸，不能代表人民的利益培植新人，他就不能是一个优秀的受人尊敬的编辑。

3. 专业期刊编辑的培养模式

根据专业期刊的特点与编辑人员必需素质，我们在办《南方人口》杂志的十年中，在实践中摸索了一个编辑培养模式和培养途径。实践证明这是一个合乎专业期刊编辑的成长规律，提高编辑人员素质的好模式，也是一个以最快速度，最有效的办法促进编辑人员提高自身素质的有效途径。

（1）"编辑·学者·公关"三位一体的培养模式。

专业期刊不同于一般科普杂志，也不同于生活或新闻性杂志，它是以某一专业学科为工作对象的，专业性很强。要做一个优秀专业杂志编辑，必须具备既是编辑，又是学者和善于公关三种本领。

1）要求是熟悉，甚至精通编辑全套业务的多面手和专家。

因为专业杂志编辑部工作人员不会多，一般是 3～5 人，分工不会像出版社那么细，必须人人都熟悉掌握从组稿、选稿、审稿、加工润色、版面设计、校对、发排印刷以及发行的全过程，才能胜任编辑任务，保证办刊的质量。因此，我们提出通过实践、自修、补课，向兄弟刊物学习等办法，尽快使自己成为熟悉甚至精通编辑业务的多面手和专家。

2）确立学者地位。

专业期刊特点就是学术性强，而且局限服务于某一学科。人口专业期刊就是为建设具有中国特色的人口科学理论体系和计划生育基本国策服务的。因此，在知识结构上，要求编辑是具有广博知识的"通才"、"杂家"基础上的"专才"学者。人口专业期刊的编辑，对人口科学专业要有较全面的知识，高级编辑还应该在某些方向上有系统的研究和造诣，努力确立人口科学的学者地位。要想知道梨子的滋味，只有亲口尝一尝。天天为人处理文稿的编辑，能亲自参加社会调查，撰写文章等科研活动，并且有所创造，才能尝到撰写文章的酸甜苦辣和艰辛，因而才能加倍珍惜作者的劳动，改稿才能落笔千钧。也只有确立了学者地位，才有可能走出去，参加各种全国性的乃至国际性的学术的、工作的会议，才有机会结识人口学界和计划生育部门的专家学者，既可以得到他们的支持和指点，向他们学习，扩大视野，提高自己；还可以向他们组稿，扩大稿源，提高刊物载文质量；还能广交朋友，扩大杂志的影响。真是一箭多雕。《南方人口》因确立了"学者"这一培养目标，编辑人员因此已受益匪浅。我们编辑部三个人几年来已参加或主持了多个课题研究，去年还独立主持和美国合作进行了调查研究课题，共发表论文、调查报告40余篇。我们除了完成正常的编辑工作任务外，已成为中山大学人口研究所一支重要科研力量。但是，我们搞科研非常明确，是为了提高《南方人口》的编辑水平和质量，使我们能够成为一个精通编辑业务和具有专业知识的优秀专业期刊的编辑。实践证明，我们这条路是走对了。

3）要做公关先生。

如果你是一个精通编辑业务的编辑，又是一个有一定影响的有造诣的学者，再加上你是一位善于公关的先生，则如虎添翼，成为一个成功的优秀编辑人员。要求编辑人员是一位公关先生、社会活动家，这是因为现在我们处在一个竞争的信息时代，也是处在市场经济制约条件下，要在众多刊物中站住脚跟，具有竞争力，除必须办出特色，有自己独特的风格，有别人没有的东西之外，还必须有活动能力，善于处理好各种关系和宣传自己，让各方面了解和支持。而要做到这些，必须要做到以下几点：

①信息要灵通。信息是一种社会化知识，可以创造价值。如人口科学刊物，只有通过各种渠道，及时了解党和政府不同时期的人口政策和各省市结合当地实际计划生育实行情况等有关的最新信息，在处理文稿时才会合乎客观实际，并能及时抓住出现的最新情况与问题；也只有及时了解人口学科发展信息，最新研究成果，才能组织最有新意的稿件在刊物上发表，起到一般刊物难以起到的导向作用，才能在竞争中立于不败之地，具有强大的生命力。尽可能早地掌握和预测人口科学的发展动向和前景，使刊物的文稿能紧密切合政府决策部门和计划生育工作者与人口理论研究的需要；信息不灵通是办不到的。

②要掌握作者和读者最新动向。专业期刊只有每期刊载这一学科领域里有影响的作家的作品，或有创造性、有新意的文章，才能保持刊物的生命力。要做到这一点，就必须通过参加学术会议、工作交流、人际交往、阅读大量有关报纸杂志等办法，及时了解人口学界主要研究单位和重要的研究人员在搞哪些主要课题，做成卡片，形成不同层次、不同地区比较稳定的作者群的信息资料，随时掌握作者动态；并利用一切可能的条件和机会，争取他们的研究成果在自己刊物上发表，使刊物稿源和文稿质量都有保证。编辑工作不仅受社会诸多因素的制约，也直接受读者需求影响。特别是人口科学方面的刊物，面对的读者既有高等院校、科研机关等理论研究人员，又要面对大量的计划生育干部。由

于这两种读者在知识结构，职业特点、工作需要以及个人爱好等方面是不同的，如何协调这种不同需要，编辑和读者之间常常存在着矛盾，是一个很难处理的问题。但是一个刊物要发展下去，如果多数读者不欢迎是不行的。因此，要使读者了解刊物进而欢迎它，了解研究读者不同时期的需求，提高刊物水平，尽可能地满足读者的要求，是每个刊物宣传公关工作的重要内容之一。

③善于处理好多种关系。编辑活动的一个重要特征就是面向社会，为社会服务，必然和社会各个方面有着广泛的联系，需要得到各方面的支持和帮助。只有善于处理好各种关系，利用一切有利因素，才能办好一份刊物。专业期刊首先遇到的困难就是经费极其有限，由于它的发行量少，读者面窄，不可能像其他科普杂志那样可以登广告和其他方法解决经费问题，只有靠主管部门拨款支持，为争取每年经费及时到位，或者随着物价的上涨争取多拨一点经费，则成了刊物一年之初的首要任务。更不用说为了扩大杂志影响，争取参加某些会议，得到有影响人物的支持，以及为了及时把刊物印出来，准时从邮局发出去，都需要进行公关、疏通。如此等等，上上下下、左左右右都得把关系处理好，才能争取以最省钱、省时、省力的办法把要办的事办好。

综上所述，确立"编辑·学者·公关"三位一体的培养模式，应该是培养专业期刊编辑的一种好模式。

（2）培养途径。

从事专业期刊的编辑人员，必须同时具备两种专业知识才能。一是所从事期刊的专业知识，一是编辑业务知识，二者缺一不可。但是由于历史原因，人口科学研究在我国起步晚，兴办人口科学杂志时间不长，因此过去从事人口科学期刊的编辑人员，多数是从其他专业转来的，工作方式多数是在编辑室等稿上门。随着编辑工作内容的多样化，对编辑人员提出了更新更多的要求。在短时间内要适应这种更为复杂的编辑工作，使自己具备"编辑·学者·公关"三种素质，只有通过实践工作中学习，边干、边学、边总结经验，对自己的缺项采取进修补课的办法来弥补。对于人口科学专业知识的掌握，则主要通过学习人口科学理论与参加学科研究课题，向专家学者请教和自己亲自实践，逐步入门和提高。这就要发挥钉子精神，能自觉地在编辑工作的空隙中挤、抢时间去努力了。至于以后进入编辑行列的人员则必须有双学位或具有这种同等资格和水平，也就是既是学习新闻出版编辑专业毕业生，又是某一学科的专业毕业生，才能胜任今后日益发展丰富的专业编辑工作。

（作者单位：中山大学人口研究所）

（十八）挡不住的女性"民工潮"①

陈印陶

自 1989 年以来，每年以百万计的外来民工涌向珠江三角洲，形成势不可挡的"民工潮"。笔者曾专程到东莞市和一些管理区与工厂企业中的女民工群体进行考察，初就此文，以就教于国内外对此有兴趣的朋友。本地人口只有 141万的东莞市，1994 年已在公安局登记的外来暂住女性为 843449 人。若将未进行登记的人口计算入内已达 180 万，其中上百万是女性。

1. 女民工的群体特征

根据东莞市公安局和劳动局提供的资料，1994 年度在东莞市公安局申请暂住户口的有 1390884 人，其中外来劳动力（具备个人身份、结婚证或未婚证、计划生育证，在用人单位或管理区治安队办理了临时户口者）817448 人，其中女民工 524155 人，占民工总数的 66.32%。其群体特征如下：

（1）流出地遍及全国各地，但也相对集中。

云集东莞的外来男女劳动力流出地区遍及全国最边远地区，包括内蒙古、

---

① 本文原载《中国妇运》1996 年第 8 期。

宁夏、青海、新疆、西藏在内的 29 个省、自治区、市，其中以湖南（占总人数的 25%）、四川（占 22.5%）、广西（占 13.7%）三省、自治区最多。外来民工虽仍以广东经济欠发达的周边地区占绝大多数，但已不局限在这些地区。由于民工以自发性流动为主，通过本地信息传播或老乡、亲友介绍寻找工作占多数，因而流入相对集中。如在长安镇的 114750 名女民工中，湖南省的占 29%。在樟木头的 7 万多女民工，四川来的占了近一半，在某些大的工厂更是相对集中，不少是亲朋好友。这种地缘、亲缘特征十分突出。外来民工仍以打工挣钱的农民为主体，但已有不少人并不贫困，而是以学习技术或管理经验为目的，也有相当数量是为发挥自己专业技术才能的高级打工者。说明珠江三角洲包括东莞在内已初步形成全国最大，最具有吸引力的劳动力市场。

（2）年龄构成轻，文化程度多数较低，但要求已逐步提高。

年龄构成很轻，80% 以上处于黄金劳动年龄。其中 16～25 岁达 589640 人，占外来民工总数的 72.13%，26～45 岁的占 22.23%，46 岁以上的占 5.64%。许多工厂招工条件就明文规定只招 16～26 岁的，实际超过 25 岁的一般都不要。26 岁以上还占一定比例，一是进厂多年的老工人，二是有一定技术或文化层次较高的管理人员。无需进行文化教育投资，直接使用最佳劳动年龄段所创造的生产价值，这对东莞的经济建设无疑是一个质优价廉的巨大贡献。

1994 年东莞市外来民工文化程度比较低（其整体素质高于流出地平均水平）。但与 1990 年的外来人口相比已有相当提高。其中大专以上人数提高了 0.58 个百分点，高中人数提高了 9.48 个百分点，而小学人数则降低 6.94 个百分点，基本没有文盲半文盲。可以预料，随着东莞市由劳动密集型工业向技术密集型转移和农业工业化的深入发展，必然从大量吸引外来一般操作工转移到引入文化层次较高的技术人才为主。樟木头镇今年 7 万多女民工中，高中文化程度的已占 70% 以上。只有初中文化程度的已很难在正式的工厂找到工作。

（3）职业分布呈明显的集中性特点。

由于东莞的经济起飞是以乡镇集体所有制的"三来一补"加工工业为主的产业体系为特色，因而所吸收的外来民工职业分布，也随这一经济构成呈现明显的集中性特点。1994 年的外来民工职业 95% 以上为体力和一般装配操作工人。从其职业所属产业结构分布看，集中在第二产业的占 84.82%，第三产业占 13.38%，第一产业仅占 1.8%；从其所属企业类型看，"三来一补"企业占 56.96%，"三资"企业占 29.94%，国内企业只占 13.1%；从其所属企业性质看，集体的占 70.35%，私营占 10.23%，个体的占 9.78%，联合体占 8.34%，国有的只占 1.3%；从行业看，则集中在玩具、鞋业、家电、制衣业、纺织等行业中，这些行业 85% 以上是女工。长安镇的美泰玩具厂有 4400 人，其中 95% 以上是女性。

（4）未婚比率高，生育者少。

据东莞市计生委统计，1994 年在东莞市暂住三月和一年以上的外来育龄妇女达 1000115 人，其中已婚育龄妇女 113968 人，占外来育龄妇女总数的 11.4%。女民工与当地青年结婚的有 2001 人。这组数字说明尽管外来育龄妇女已达 100 万，但 88.6% 为未婚者。这些人按照中国农村婚俗年龄早该女大当嫁，之所以暂不结婚是为了不影响打工挣钱。因为大多数工厂不招已婚女工，更不愿女工怀孕影响生产，这是外来女民工最大的苦衷之一。

外来人口的计划生育管理是计划生育工作中的最大难题。但是，由于东莞市建立了严密的外来人口婚育档案和严格的凭计划生育证才能招工，办营业执照、暂住证、务工证的制度，使外来人口持证率达 85.67%，全年出生人口只有 2675 人。不足的是其中计划外生育者仍有五百余人。这主要是一些夫妻同时流入的无证摊贩和流动性比较大的散工。

2. 女民工的工作、生活状况与心态

东莞农村已早于全国内地先一步进行剩余劳动力的转移，也凭着户籍制度和乡土亲情，绝大多数农民洗脚上田，当上各级政府或乡镇企业的领导与管理人员，或技术程度较高的待遇好的蓝领阶层。外来民工则主要从事苦、脏、累、险，报酬低本地人不愿干的工作，女民工则主要是进入企业当一般操作工。因而从工作条件、各种待遇、生活水平等各方面，本地人与外来民工形成明显差别，从而使外来民工特别是女民工产生许多异于常人的心态。

（1）工作与生活状况

1）女民工的工作（除卫生、伙房等工作外）全部是计件工资。平均每月工资 350 ~ 500 元之间，个别也有 2500 元的。担任班组长、车间主任、经理等管理人员收入在 600 ~ 4000 元之间，技术人员个别达 3000 ~ 5000 元港币。据东莞妇联对 1500 名女工的问卷调查，每天工作 10 小时的占 60%，工作 12 小时的占 21%，只有 19% 工作 8 小时，超时加班现象比较严重。不少周日不休息，有的一个月休息两天，也有的全年只有春节、国庆、五一节共休 7 天。我们调查的美泰玩具厂则根据来厂时间不同，每年有探亲假 10 ~ 30 天，但假期没有工资。福安纺织有限公司在春节则加一个月工资，但这种厂很少。

不少工厂写明不招已婚女工。女工怀孕都要辞退。有些工厂给怀孕女工安排一些轻工作，多数一怀孕就自动回家，没有任何福利。有的女工生育后还会

回来，但不能带孩子同来。

2）在饮食居住方面。总的来说大工厂都比较好，小工厂，特别是个体企业就差得多。大工厂食宿基本上由厂里包，伙食标准2～5元一天，每顿都有一碟带荤的菜，有的还有3～4种菜可供选择。宿舍一般16～18平方米住8～10人，上、下床，每人还有一尺宽的柜放衣物，浴室定时有热水供应，很像大学里的女生宿舍，这是最好的。差的则宿舍拥挤而且通风差，潮湿阴暗。有的厂房简陋，防尘防噪音设备不全，喷漆、电镀、漂染等防护条件差。小贩、杂工、散工等住出租房或简易草棚，有的还男女混居。治安管理、计划生育难以控制，带来很多社会问题，也影响外商投资信心。长安镇在宵边管理区对3000多名散居的外来民工实行集中居住，统一管理，为科学管理外来散居民工探索了一条新路。他们划地80亩，共建住宅43栋210间房，每房36平方米，最多住8人；内有上下水道可以做饭，居住区雇有专人搞卫生，并成立治安分队专门负责住宅区的治安管理。自从1992年集中居住以来未发生过治安问题，民工普遍反映满意，尤其是原来散居的女民工认为现在安全有了保障。

3）在文化娱乐方面。绝大部分女民工几乎是没有的。80%以上的人每天工作10～12小时，除吃饭、洗澡、洗衣外剩下一点时间都睡觉，以消除疲劳。有些大厂如美泰、福安、先威设有卡拉OK厅、乒乓球室，还定期放电影，组织唱歌、球类比赛等，有的还有图书室，但这毕竟是少数。

（2）心态。

东莞女民工的心态可以用喜、怒、哀、乐四个方面来概括。

1）喜：有了和男人一样的同等发展机会。女农民能和男人一样有机会走出农村，改变传统的农民生活方式，进入城市，参与社会经济发展，靠自己的双手在经济上独立、人格上自立，感到了自己存在的价值。对此，她们感到十分喜悦。尤其令她们欣喜的是，她们的劳动得到东莞市政府和社会的承认和重视，政治上也得到关怀，有了自我发展的广阔天地。据东莞市妇联统计，外来女工在各企业中担任经理、副经理、副厂长的有26人，担任车间主任等管理人员和学有一技之长的有200余人，当上班组长的有3000多人。全市已举行了两届外地十佳青年评选活动，已有不少人加入了共青团。

2）怒：一怒是遇到性骚扰，不敢怒也不敢言，只能把愤怒藏在心底。东莞女民工多数相随亲朋好友或老乡进入企业打工，企业之间没有什么联系，也没有形成什么组织为她们代言，民工群体内部也没有什么组织可以依靠。在她们遇到性骚扰时，一怕丢掉饭碗，二怕影响名声，虽然愤怒但也不敢表露。虽有妇女权益保障法，但不知道依靠法律保护自己，也不知道向何处投诉。多数只能把怒气藏在心底，或者另换一个地方。这种情况在旅店、发廊打工的散工中发生较多，在大工厂中则很少发生。

二怒克扣工资和不公平待遇，敢怒不敢言。有的老板报酬不兑现，或是少发，或是拖延时间，或是多扣暂住费；或是强制延长加班时间，增加劳动强度；或是住宿生活条件太差等等。本来可以向有关部门投诉保护自己的合法权益，但是不少女工怕失去工作只能逆来顺受。

3）哀：女民工最大的悲哀，一是解决婚姻问题难。东莞多数乡镇企业是电子、玩具、制衣等适于女性的行业，都以招收女工为主。有4000多人的美泰玩具厂女工占95％。这些女民工生活单调，工作紧张，生存的空间狭窄、封闭，几乎没有和男性接触的机会，而且性比例严重失衡。她们只能和有限的几个老乡互相联系，因此她们在民工中或本地人中都很难找到异性朋友。在家乡也很难解决，一是在外边工作生活后，眼界开阔要求高了，看不上一般农民；二是离家时间长，错过了找异性朋友的最佳年龄段，选择的余地不多。

二是想改变农民身份难。由于语言文化、地域习俗等差异，也因女民工几乎是被封闭在企业内，很少有机会和外界接触的群体，而且处于低人一等的打工妹的社会地位，再加上严格的户籍制度和强烈的本地乡土观念影响下形成的种种行政制度，使女民工与当地人以及当地社会处于一种不平等的割裂状况，彼此很少互相联系和交往。作为外来女民工干得再好，即使当了经理、厂长，但身份仍然只是一个外来民工。只有被选为一年一度的外地"十佳青年"或和本地人结婚才有可能入籍成为东莞人。但十佳青年今年才有两名女性。通过婚姻改变身份是女民工最大的希望，自1990年起每年都有千余女民工和当地人结婚，去年已达2001名。但这些人也要等到结婚五年之后，证明婚姻稳定才能入籍。

4）乐：女民工最大的快乐是自己学到本事，家庭和社会地位有了显著的提高。妇女在家庭和社会的地位主要取决于她们在经济和社会活动中的参与程度。女民工外出打工不仅为了挣钱，更重要的是在商品经济的大学校里学到了生产技术与管理经验，学会了现代文明的生活方式，融合了城乡两种文化传统，变成既有城里人敢闯敢干的开拓精神和头脑灵活的特点，又有乡村人勤劳实干特点的一代女性。她们感到自豪，感到快乐。这是她们坚持打工的重要原因。

3. "民工潮"的发展有待加强引导和管理

在东莞打工的各类女工若以80万计，每人平均月收入400元，每人每月只寄100元回家，寄往家乡的钱一年也可达9.6亿元，这对贫困的乡村无疑是很大的支持。作为一个家庭，一年可收到 1200 元，在贫困地区的农村也是极可观的。湖南长宁打工妹欧美荣赚的钱养活了在农村的一家 5 口。江西外来妹肖喜菊为家乡一家企业引进投资 200 万元，救活了一家企业，受到了家乡人的赞赏和尊敬。这种事例在女工中已不少。经济上的独立，逐渐提高了她们在家庭和社会中的地位，也展示着她们参与社会发展的良好前景。

（1）对"民工潮"的发展应予正确的评价。

"民工潮"现象是改革开放和市场经济深入发展引发的当今中国社会一场深刻变革，也是中国农民对改革的强烈呼唤。"女性民工潮"则是这种呼唤中的呐喊。她们要求冲破一切罗网，朝彻底解放的路上奔跑。就其主流，特别是就其贡献和发展看，是好得很，作为政府决策部门和社会媒体舆论应予以支持，通过疏导使其健康发展。

女民工外出打工，虽尝尽甜酸苦辣，历尽艰辛，但可以预见，这些经过独立谋生锻炼，受到现代化影响，又学会了一定技术或经营管理经验的女民工，回到家乡将成为促进农村经济发展、改变农村重男轻女的观念，推动中国农村妇女运动的巨大生力军。因而也可以说，今天的"女性民工潮"是"妇女自我解放之潮"，也是"改革开放发展之潮"。

（2）需建立有效的专门管理机构。

我国 12 亿人口有 9 亿在农村，其中 4.5 亿是劳动力。据估计今后还有 1.7 亿剩余劳动力需要向非农产业转移。能否利用开发好如此巨大丰富的劳动力资源，是关系到农村经济改革深入发展和中国社会稳定的大事，也是关系到中国改革成败的难题之一。亿万农民向现代化进军的"民工潮"已开始几年了，但从中央到各省市没有专管农民工的机构，尤其是女民工的许多问题得不到解决，权益得不到保护。妇联虽可过问，但因它不是权力机构不便过多过问。为正确有力地引导农村剩余劳动力的转移，建立有效的专门管理机构已势在必行。

（3）户籍制度需要改革，城乡壁垒必须打破。

我国长期形成的城乡分离体制和限制流动的户籍管理制度以及二元经济结构，已经不适应今天市场经济发展的需要。"民工潮"也就是这些矛盾的反映。要建设现代化，深入改革开放，其中重要的内容应该包含着城市化和城乡一体化。不理顺工农关系和城乡关系，这些是无法协调发展的。农民进城打工，许多工种已是城市所不能缺少的，他们促进了城乡共同繁荣。事实上城市也容纳了他们，但却不承认他们，不让他们享受城镇居民的同等权利，使城乡和工农之间产生许多矛盾。不从城乡体制上进行根本的改革，仅仅从一些措施上进行疏导，只能是治标不治本。当务之急是制定法规、政策，以适应人口大流动的新形势。其中改革旧的户籍制度，打破城乡壁垒政策，已是刻不容缓。应该允许一些有稳定职业和一定资产规模的经营者在当地落地生根。也可以有条件地对某些人先发长期居住证，和当地居民享有同等权利，观察一定时间后，择优允许落户。这样做既有利于农村上亿的剩余劳动力顺利进行非农转移，也有利于城乡、工农关系的改善，并由此而影响城市化和城乡一体化等方面的协调发展。"敢为人先"的东莞人，是否也可以对此率先一步呢?!

（责任编辑　吕晋）

（作者单位：中山大学人口研究所）

（十九）打工妹的婚恋观念及其困扰[①]
——来自广东省的调查报告[②]

陈印陶

自改革开放以来，数以千万计的中国农村姑娘走出村门外出打工闯天下，她们多数是年轻的未婚女性。婚恋问题是她们远走他乡追求个人幸福、实现自身价值的重要方面。了解、研究她们的心声，正确引导与处理她们的婚恋问题，已是一个不容忽视的社会问题。

1995 年在广东省公安部门登记为务工、务农、服务、当保姆的打工妹有 4246908 人。笔者于今年 5 月分别对广东省的广州、深圳、东莞和肇庆四市的打工妹进行了随机抽样问卷调查。之所以选择以上四市为调查点，一是由于四市打工妹最多，在全省占了 57.29%。二是各有其代表性的特点，广州市是广东省的政治经济文化中心；深圳是全国最先建设的经济特区，也是全国迁移人口最为集中的城市；东莞市是广东经济发展"四小虎之一"，仅"三来一补"企业就有 6000 多家，打工妹最为集中；肇庆则是以旅游业为特点，但经济发展处于全省中等水平的城市。本次调查共发问卷 500 份，回收有效问卷 401 份。调查采用不记名，在多个行业进行，以保证调查的问题具有较高的真实性与一定的代表性和典型意义。

1. 被调查的打工妹基本情况

被调查者共 401 人，其中在广州市打工者 114 人、深圳 66 人、东莞 120 人、肇庆 101 人，全部为未婚女性。

（1）年龄结构与文化程度：年龄构成绝大多数处于最佳劳动年龄段，文化程度高于流出地与全国的平均水平。

1）年龄结构。被调查者中 15～19 岁者 89 人（占 22.19%），20～24 岁 256 人（占 63.84%），25～29 岁 38 人（占 9.48%），30 岁以上者 12 人（占 2.99%），另有 6 人未填年龄。平均年龄为 21.56 岁。这表明 15～29 岁者占了总人数的 95.5%，比第四次人口普查非户籍女性迁移人口这一年龄段（占

---

① 本文原载《人口研究》1997 年第 2 期（第 21 卷第 2 期）。
② 文中资料未注明出处者，均为广东省公安厅、统计局提供。

63.3%）高出 32.2 个百分点。这些打工妹绝大多数正处于劳动年龄段的黄金时间，也是女性憧憬与追求幸福婚姻的适龄时期。

2）文化程度。识一些字者 14 人（占 3.49%），小学 56 人（13.97%），初中（含中专）218 人（占 54.36%），高中 88 人（占 21.95%），大专及以上者 16 人（占 3.99%），未填者 9 人（占 2.24%）。平均受教育年数为 8.44 年，其中 15～29 岁者平均受教育年数为 9.42 年，比全国第四次人口普查同一年龄组的平均受教育年数（男女合计）7.10 高出 2.32 年，更高出流出地同年龄组受教育年数。具有较高文化程度是打工妹敢于走出村门，跳出"农门"，接受新鲜事物改变婚恋观念的重要原因之一。

（2）职业分布与工资收入。

1）以工人、服务人员占多数。打工妹在家电、制衣、玩具、自行车等行业中从事体力和一般装配工为主的有 239 人（占 59.60%）；在酒店、机关单位共 119 人（其中保姆 4 人），占 29.68%。可喜的是其中已有一定数量的白领人员、技术人员和管理人员，分别有 9 人（占 2.24）、18 人（占 4.49%），其中有四星级酒店中的高级部长、部门主管、公关小姐、工厂部门副经理、车间主任、技术员和班组长等。

2）工资收入均超过全国城镇职工和农村居民纯收入平均水平。她们的工资收入：月平均工资 542.16 元，其中在深圳者收入为 661.36 元、广州 627.41 元、东莞 482.91 元、肇庆 438 元。打工妹的年均工资收入达 6513.12 元，比 1995 年全国农村居民人均纯收入 1578 元高出 3.13 倍，比全国城镇职工年均工资 5500 元也高出[①] 1013.12 元。她们有一定文化素质，在生活和工作的磨炼中开阔了眼界，提高了经济收入，增强了自立能力。从而也提高了她们在家庭中与乡里间的地位，使她们在择偶标准上也有别于农村姑娘的传统价值观念。

（3）流出地分布广泛，以省外为绝大多数。

401 名打工妹来自广东省的贫困山区者有 119 人（占 29.68%），外省 259 人（占 64.59%），另有 19 人未填。来自外省的以湖南为最多（占 22.19%），其次是河南（12.22%），四川（10.94%），广西和陕西均占 4.99%，其余来自其他 9 个省市。被调查者虽只有 401 人，但来的地区广泛，具有一定的代表性。

（4）外出打工的目的是以提高个人发展才能为主。

被调查的打工妹回答打工的目的，居第一位的是"学点技术，发展个人才能"（占 19.2%），第二位的是"希望了解外面世界"（占 18.87%），反映了外

[①]　国家统计局 1995 年统计公报（1996 年 3 月 10 日）。

来妹自我意识的觉醒。有了要在经济上独立，必须有一技之长的长远发展眼光和渴望到外面去开眼界、增长见识的精神需要，新的观念已开始发育。"为了家庭和自己的生活"和"为了赚钱"的单纯为了解决生活问题的打工目的，已退居第三位和第六位；而没有什么明确目的随大流"因为人人都外出打工"的，则只占 3.25% 居第八位；"希望在富裕地区安家"者仅 2.16% 居第九位。从上面的回答可见现在的打工妹打工的主要目的是为了自立、自强。因此，她们要寻找的伴侣，也不是在富裕地区找个有钱的就满足了。当然，不同年龄、不同文化层次和不同收入与不同职业的打工妹，在打工目的上还有所差别。

2. 打工妹婚恋观念的时代特征

经过经济体制改革和市场经济发展的社会变革大潮的冲击，打工生活的磨炼，城乡文化的融合，她们的婚恋观念已不同于她们的母亲一辈，更有异于他们的祖辈，具有强烈的时代特征。

（1）择偶标准已由为终生依靠转为重视感情与个人品德的选择。

婚姻是一种社会现象，择偶标准也必然受到社会环境、时代特征、文化习俗等诸多因素的影响。新中国成立已近半个世纪，但妇女的依附价值观念没有完全消失，反映了社会变革新旧交替的特点。表现在女性择偶标准上不少仍是以自己终生有靠作为基础条件。因而出现了女性追求的理想配偶，在新中国成立初期以党员、团员、干部、军人最吃香；在以阶级斗争为纲的年代里，则以政治条件为首要考虑的条件；改革开放以来，国家以发展生产力为中心任务，加之西方的影响，技术人员、高学历、会赚钱、能出国成了追求的目标。

作为广大农村姑娘，在我国长期形成的城乡分离体制的严格控制下，选择的余地很小。据有关部门调查，农村妇女婚迁范围80%以上不出25公里，婚迁流向95%以上是在农村。因此，她们的最大愿望则是嫁个有城市户口的丈夫，跟着跳出"农门"。根据1990年人口普查10%抽样资料统计，内地经济欠发达的省份因婚姻迁出人口占该省迁出人口比例，云南占51.4%、贵州占50.33%、广西占26.83%、四川占23.80%。而经济比较发达的沿海省份江苏、浙江、福建、山东因婚姻迁入的人口占其总迁入人口均在20%以上，广东也达10.55%。广东省的东莞市1994年当地男青年与打工妹结婚的就有2001人。在改革开放的大潮中，走出农村进入城市的打工妹，在商品经济的风浪里学会了游泳，增长了知识和才干，有的还成了弄潮儿。经济上的独立和城市文化生活的熏陶，使她们在择偶方面开始由追求权势的庇护与生活的保障，逐渐转向注重精神因素，要求人品好和有共同语言，择偶中的依附观念逐渐淡化，财产、门第权势已不是追求的首要目标。从四市调查问卷证明了这一质的变化，反映了历史的进步。

在回答"你选择丈夫的标准是什么？"她们的第一选择是"人品好"占27.27%，第二是"谈得来"占23.19%，第三才是"有技术"占15.88%；至于选择"职位高"、"富裕地区的"、"有钱"仅占1.91%、2.24%和5.74%。当然不同类型打工妹的择偶标准也不完全一样。技术人员则把"有学问"放在第一位；工资收入在1001元以上者，则是除"人品好"之外第二要求是"有钱"。这一调查结果和中国社会科学院1991年"当代中国妇女地位研究"的调查城乡择偶条件，第一位要求"人品"的结果是一致的。

对于丈夫职业的选择也反映了这一转变。回答选择第一位的是"技术人员"和"有一技之长"，第二位是"个体户"，第三位是"军人"，过去吃香的"干部"成了第七选择，"只要是当地人，不论职业"者仅占2.85%，是最末一位。

（2）结婚的目的是要求幸福家庭和事业伴侣。

中国传统观念，妇女结婚的目的或为衣食有靠，或为生儿育女老有所养、或为夫贵妻荣、或为"女大当嫁"习俗的逼迫、或为家族利益的需要。男女双方真正以爱情为基础的结合，在封建社会是大逆不道，大都以悲剧告终。贾宝玉与林妹妹、张生与崔莺莺，生活中的多少有情人都难以终成眷属。

新中国成立已40余年，虽然社会制度变了，政治上男女平等，而且有婚姻法，国家也提倡男女结合要以爱情为基础，不少妇女也因此建立了幸福家庭。但是千百年来男尊女卑，妇女依附丈夫的传统观念的阴影，仍然使不少女性结婚的目的难以实现以爱情为归宿。在封闭贫困农村更是如此。现在的打工妹由于城乡户籍壁垒、城乡生活方式、文化传统、价值观念的差异，以及打工妹自身素质等原因，她们要找个理想的伴侣，实现完全以互相爱慕为前提的婚姻是困难重重的。有一位湖南中专毕业的姑娘，在广州一家四星级宾馆打工，不到三年由服务员提升到了高级部长，月收入近2000元，长得也不错，她希望在大学里找个对象。但就因为她没有广州户口，又是在旅游业中打工，几次谈恋爱却未成功。最后她不得不决定用几年积攒的工资去上学，以改变自身的身份，实现自己的婚姻理想。尽管现实生活如此，但经过风浪摔打的打工妹对结婚目的愿望，多数已摆脱了她们母亲一辈的轨迹，道出了她们渴望"有个事业上的伴侣"、"共同创造一个幸福家庭"的向往。

"你认为结婚的目的什么？"在8个回答问题中为"建造一个幸福的家庭"成了打工妹的第一选择者，占了38.03%；为"有一个事业的奋斗伴侣"是第二选择，占了 23.82%；认为"是自己一辈子的依靠"和"生儿育女以便老来有靠"，分别仅占 9.85% 和 4.24%；没有什么明确目的，只因为"人人都结婚自己也应该结婚"的只占 4.49%；而迫于"女大当嫁""不结婚怕有人议论"而结婚者仅占 2.37%。但是不同层次的打工妹，对结婚的目的则各有追求，反映了她们不同的素质。"识一些字"的打工妹，把"是自己一辈子的依靠"列第二位；有大专以上学历、技术人员和工资有 1001 元以上的打工妹，则无人认为是为"生儿育女以便老来有靠"和"怕人议论"而结婚。

（3）对婚前性行为和插足他人家庭的看法突破了传统观念。

新中国自成立起就实行了一夫一妻的婚姻制度。社会主义的性道德观念不同于西方的性自由，要求男女双方对婚前性行为进行自我约束。因此，插足他人家庭和婚前发生性行为都会受到社会的谴责，严重的还会受到有关的惩处。这对严肃性生活、净化社会道德、维护家庭的稳定起着良好的作用。

这应该是我国社会主义社会所提倡的公德。但是，打工妹的问卷反映持这种观点只占微弱多数。"你对婚前性行为的看法"，"反对"者仅占 50.37%；"你对插足他人家庭的看法"，"反对"者也只占 60.85%。而对二者表示"无所谓"前者达 34.66%，对后者也达 21.95%；认为"可以理解的"，前者占 6.23%，后者占 6.98%；对婚前性行为表示"赞成"者有 3.49%；认为"做二奶也可以"的，也有 1.75% 公然表示赞同。根据中国未婚女性羞于正面回答有关婚恋问题的心态（农村姑娘更是如此），这组数字表明对婚前性行为持宽容与肯定态度的会高于实际人数。过去认为插足他人家庭是不道德的，现在竟有近 30% 人表示"无所谓"或认为"可以理解"。以上数据一方面反映了当前打工妹中婚恋方面存在不少问题。有的竟把妇女的性权利当成了商品，甘愿充当二奶甚至沦为妓女的真实情况。据广州一家妇教所的调查，[①] 因生活困难而卖淫的仅占 2%，被他人所迫占 1.5%；其他虽原因不同，但基本都是自愿的。另一方面，也反映了打工妹勇于冲破中国的性禁锢、性神秘，特别是对以男性为中心而形成的只要求妇女贞洁的不合理，也不道德的传统观念敢于进行挑战。一位打工妹对婚前性行为看法在问卷上写道，"对于热恋中的人们应该予以理解。若只是游戏人生，我们坚决反对"。还有一位写着"女人也应该有和男人一样有爱的权利"。充分反映了在现代社会变革中，妇女在婚恋问题的自我意识的醒觉。应该说是妇女思想解放的一种标志，也是社会进步与环境时代特征的反映。

---

① 张萍：《中国妇女的现状》，红旗出版社 1995 年版。

3. 打工妹在婚恋问题中的困扰与期待

婚恋价值观念是人生观的反映，受到时代风尚道德规范、经济发展水平、文明和进步以及本人所处社会地位、生活环境等诸多因素的影响。打工妹进入城市打工，参与社会经济发展活动，经济的独立与对家庭的贡献，提高了她们的家庭与社会地位，增强了实现自我价值的自强自立意识。生活、思维方式也开始逐渐摆脱农村因循保守的模式，她们的婚恋价值观念和品味也随之有了提高。她们也企盼自己有一个像城里人一样平等互爱、情投意合、能为共同的美好前途携手奋进的伴侣和家庭。但是，长期形成的城乡分离体制与二元经济结构，使贫困落后的农村人口要改变农民身份是十分困难的。

因此，打工妹虽然进了城，为繁荣城市的经济建设作出了贡献，但她们仍然是乡里妹子，哪怕是已经当了"长"，也还是农民身份，享受不到城镇居民的同等权利和待遇，有时还要受到某种歧视。她们身为农民，却置身于城市物质文化生活之中的矛盾，反映在她们的婚恋问题中，高质量的理想婚姻期望，与现实生活难以或只能实现部分的矛盾，而形成种种困扰。作为有了打工生活锻炼，勇于自我解放的打工妹，多数并不会因此向命运低头，停止她们的追求，她们将在奋斗中期待美满的婚姻。打工妹的调查问卷回答了这些问题。

（1）打工妹在婚恋问题中的困扰。

城乡文化物资生活与经济发展水平的差距以及由此形成的价值观念、道德规范、传统习俗和语言的不同，使虽然进入城市的打工妹，在思维方式、生活习惯上还一时难以完全融合。尤其是文化程度、思想素质以及从事苦、脏、累、险、报酬低的工作的社会经济地位，很难被城市青年接纳。由于行业不同的工厂企业，工人性别比较集中，工作单位也未有意提供男女交往的机会，加之每天工作平均达10小时，很少再有机会和外界或老乡异性交往。同时已经相当城市化的她们，要降低标准又不甘心，从而使她们在婚姻上遇到许多矛盾和烦恼，处于进退两难的境地。

"在婚恋问题上你的烦恼？"问题中有10项，打工妹认为第一位的烦恼是自己文化低、条件差，第二是语言和习俗不同影响互相交往，第三是只怨自己命不好，最后一位才是只恨自己是乡下妹。从问卷问答可以看到打工妹能够面对现实，认识到第一原因是自己的不足，第二才是客观原因，第三才是埋怨命运。但对自己是乡下妹这点的原因，虽然实际上是最根本的（其他原因都是因为是"乡下妹"这个身份派生出来的），但却将它摆在最末一位，表明了打工妹对这种城乡不公平境遇不服气、不低头、不愿在口头上承认，而实际在心里是最大难解的情结。这种矛盾与无奈，还会有一个较为漫长的过程。时代虽在变革，但传统与偏见并不会立即随之变更。只有在经济发展到相当水平，城乡各种限制与差别真正消失，实现了城乡一体化之后才有可能完全实现。

（2）打工妹在婚恋问题上的期待。

1990 年人口普查，女性到 25 岁有 95.70% 的人都已结了婚。打工妹中绝大多数正处于婚姻适龄期，她们渴望美好的爱情，但现实生活中种种人为的因素，限制了她们获得理想爱情的机遇。中国男大不婚、女大不嫁是要受到社会议论的。这种舆论的压力，她们自身生活的劳累、单调、孤寂与性成熟的要求，都使她们烦恼、忧郁、失望，甚至愤怒，但却无奈。面对现实，有的只好降低自己的要求，有的则决定先多赚钱，婚恋事待以后再说。个别的承受不了这种境遇而误入歧途，以致造成种种社会问题。但多数人仍然对追求理想婚姻充满希望与期待。特别可喜的是，她们把这种幸福的获得，首先立足于自己的努力，充分反映了在市场经济大风浪中经过锻炼的打工妹，已具有竞争意识中最宝贵的自强精神。

问卷中，关于"你希望如何解决婚恋上的障碍"一项中，共有 8 个方面。回答居第一位的是"要提高自己的文化技术，创造条件"占 22.19%，超过 1/5，再加上居第三位的是"自己要大胆利用一切机会"和"要努力多挣些钱"，居第四位要求"对表现好的准在当地落户"，居第六位的选择，共计所占百分比达 56.03%。这些选择都是基于靠自身的努力，也是靠自己创造条件，说明对自己的努力争取幸福充满信心。这种靠自己改变命运的自主观念，不仅是当前打工妹的主流思想状态，也是中国妇女自我解放的特点。

作为个人，打工妹实现美满婚姻主要靠自己的努力。但是若没有国家政策的支持，和社会舆论与所在单位的关怀，她们的愿望也是难以实现。因此，打工妹在对问卷回答中，有近一半的人希望得到各方帮助与支持，充满了热切的期待。她们呼唤着"希望社会舆论改变对打工妹的看法"，她们"希望妇联、工会为我们创造条件"，"希望单位提供和男性接触的机会"。有一位在问卷上写道："这张调查表说明社会在开始关心我们。我感谢你们！"道出了打工妹期待社会理解与支持的心声！

4. 思考与讨论

（1）正确认识打工妹婚恋价值观念的重大意义。

在私有制的阶级社会中，以男子为中心的宗法礼教，使妇女依附男子成了会说话的私有财产和传宗接代的工具。恪守贞节"从一而终"，是禁锢妇女的最冷酷的无形枷锁。新中国建立了在男女平等基础上的新的婚姻家庭制度，颁布了婚姻法，从政治上保护了妇女的婚姻合法权益。但是千百年形成的旧的婚恋观念并不因社会的变革而立即消失。尤其是受害最深的妇女本身，因种种因素的影响更难摆脱这种阴影。现在择偶中商品化了的"郎才（财）女貌"婚姻价值观，没有爱情"凑合过"的家庭，不都是"夫荣妻贵"、"嫁鸡随鸡"的依附丈夫传统观念在新的条件的反映吗？

打工妹择偶标准选择头三位依次是"人品好"、"谈得来"和"有技术"，她们结婚的目的是"为了建立一个幸福的家庭"和"有一个事业上的奋斗伴侣"。她们看重的已不完全是基于"有个终身依靠"，而是个人的品质，才能和感情交流。她们不再认为结婚的主要目的是为终身有靠和生儿育女。她们要求冲破旧思想旧传统的一切罗网，实现自我的人生价值，其中包括以爱情为基础的合乎道德的幸福婚姻，这是妇女思想解放上质的飞跃在婚恋观中的反映，是改革开放给予妇女可喜机遇的结果。

恩格斯讲过"在任何社会中，妇女解放程度是衡量普遍解放的天然尺度"。[①] 我们只有把打工妹在婚恋上的呐喊与她们的彻底解放联系起来，才会认识到可以说改革开放给予妇女的机遇和醒觉，是中国妇女运动史上继新中国之后的第二次解放。我们唯有认识这一问题是如此之重要，从而才能予以充分理解，热情关怀，以致积极行动给予必要的支持。

（2）热情关怀打工妹婚恋中存在的问题。

打工妹是一个拥有以千万计的社会群体，以后还有不少人进入这一队伍，她们分布在全国各个角落，只是因为经济发展水平不同而有多有少。据东莞市计生委统计，1994 年本地人只有 141 万，在该市暂住三个月以上的外来育龄妇女却达 1000115 人。1995 年在深圳务工、务农、服务和当保姆的打工妹就有 1407062 人。这还只是有关部门登记的数字。打工妹已成为建设广东的重要力量，对流出地的发展也功不可没。据统计每年约有 100 亿资金流入劳工输出地，其中打工妹汇出的占 65%～70%。更为重要的是经过独立谋生锻炼，受到现代文化影响，多数还学会了一定生产技术和企业管理经验的打工妹，将是促进农村经济建设、改变农村落后面貌与推动妇女运动发展的生力军，是中国实现现代化中宝贵的劳动力资源。但是，只有在多方热情关怀引导教育之下，特别对妇女有左右力量的婚恋问题能够正确认识与处理，这一资源才能发挥它应有的积极能量。

---

① 《马恩文集》第 20 卷，人民出版社，第 285 页。

1）国家要成立专门机构管理与立法。

中国因外出打工而流动的人口之多，相当于几个欧洲国家人口之总和。关系到国家建设与稳定的大局，完全有必要成立国家、直到县一级的外来劳工（或暂住人口或流动人口）管理委员会（或类似机构、职能与权力和其他国家部委等同），对流动人口与外来劳工进行合理组织，科学管理，宣传教育。应尽早结束目前挂靠劳动部门，形成管理不力和大家管，大家都不管或管不好的混乱局面。打工妹在婚恋中遇到的问题才有组织机构来关心与处理。

随着市场经济体系的确立，许多新的社会关系需要依靠法律来调整，国家应该及早出台有关的法律、法规，以保障外来劳工的权益，当然也就包括了打工妹的权益。如侵犯女工人权的让男保安对女工人进行搜身；管理人员的性骚扰；或以谈恋爱为由或以增加工资、帮迁户口不解雇等为诱饵，进行性引诱和欺骗，有的甚至公然威迫当情妇或强暴。只有立了有关法规，遇到这种情况的女工们，才可以依靠法律保护自己。

法规中应特别规定，达到一定人数、规模的"三资"、私营、乡镇工矿企业中，应建立工会和妇女委员会，以保证在这些单位有工人，特别是有女工的代言人。我们是社会主义国家，不能以牺牲工人权益为代价去换取经济上的某些收益。对丧失原则一味迁就的单位和犯法违纪的外商，政策要采取有关惩处措施。到1994年6月为止，广东省在符合条件的8884家外商投资企业中已组建工会4381个，组建率达49.3%，也采取了保护劳动力的一些措施，仅珠海市劳动局，1989年6月—1994年就替外来工追回合法报酬1135万元。

2）有关部门要积极为解决打工妹的婚恋问题创造条件。

根据打工妹在婚恋中遇到的问题及其原因，要解决这些问题，主要是打工妹所在地单位和政府青、工、妇组织要重视打工妹的婚恋问题，有目的提供机会、创造条件。如组织各种男女工人联欢会，文体娱乐和技术竞赛活动；举办文化夜校和各类技术培训班，提高文化技术知识；从政治上关心提高外来劳工的社会地位，如珠海、佛山、东莞等地开展的评选"同是广东建设者"，"外来劳工十佳青年"活动；东莞等地对外来劳工与当地青年结婚五年后准落户等政策，特别是广东省关于暂住人口满足有关条件可在当地申请入户，以及珠海等地放宽外来人口入户条件等措施，已引起暂住人口的普遍欢迎。尤其是打工妹看到了只要自己努力就有奔头，为她们解决婚恋问题创造了条件。

此外宣传媒介要引导社会舆论改变对打工妹的看法也十分重要。如电影《打工妹》引起反响就很强烈。用艺术形象既指出了打工妹实现人生价值的正确途径，也宣传了打工妹对社会建设的贡献，为改变社会对打工妹的看法起到了良好的引导和教育作用。

3）打工妹在婚恋问题上要面对现实，立足于提高自身素质努力争取幸福。

现在社会对打工妹婚恋上的价值取向褒贬不一。打工妹进入城市打工后，随着经济地位的改变，城市生活的影响以及知识面的开阔，使她们对自己实现人生价值充满信心，对婚恋价值取向也有所提高，这是妇女思想觉悟的进步。但是在思想仍然保守的农村，老年人认为她们学坏了，青年人认为她们靠不住。城市青年则受城乡差别与两种文化的影响，看不起乡下妹，认为她们文化低，缺乏城市姑娘的气质，语言和生活习惯也不一样，而且娶了她们，有了孩子也入不了城市户口、上学困难等原因，难以被当地青年接纳。这是目前一切只有靠自身的实力进行竞争的中国社会现实，打工妹应该有面对现实的勇气。一方面要立足于提高自身素质，创造条件；另一方面也要认识到打工者无论是事业的发展，还是建立家庭，绝大多数人最终还是要返还家乡去的，对自己的婚恋要求，也应根据实际情况予以调整。否则会进入进退两难的境地而拖人婚龄，造成更大苦恼。

我国社会正处在改革开放商品经济迅速发展的社会体制转型时期，在"金钱至上"的影响、性观念的畸变、淫秽物品的侵蚀下，使一些人是非不清而误入歧途，甚至犯罪。1991 年查获卖淫女是外省的广州市占 91%，深圳市占 95%，而这些人中不少以前是打工妹或是为打工而来的。打工妹必须首先努力提高自己的素质，用行动树立自立、自强、自尊、自爱的现代妇女现象。

（对广州、深圳、东莞、肇庆计划生育委员会和人口学会，给予本次问卷调查的大力支持和帮助，在此表示衷心的感谢！）

（责任编辑：姜向群　收稿时间：1996 年 12 月）

（作者单位：中山大学人口研究所）

（后记：此文发表后，《中国妇女报》、《南方都市报》进行了转载和报道。有打工妹还致信作者，感谢对她们命运的关心。）

（二十）全国首届人口社会学研讨会在杭州举行[①]

由杭州大学人口研究中心等五个单位发起，得到中国人口学会支持与资助的全国首届人口社会学研讨会于 1988 年 11 月 16 日至 18 日在杭州大学举行。出席研讨会的 35 名代表分别来自华东、华北、中南、西南、西北、东北六个大区的高等院校、社会科学院、党校、计生委四大系统，对人口社会学有研究与兴趣的专家学者。代表中有中国人口学会副会长、中国社会学会副会长陈道，国家民族事务委员政法司司长杨一星，浙江省计生委主任徐爱光以及各地人口研究所、社会学研究所所长副所长 9 人和人口学专业杂志的主编、副主编、编辑部主任 6 人。杭州大学副校长董如宾、谢庭藩分别参加了大会开幕式与闭幕式。湖南省委党校副校长毛况生致闭幕词。大会收到了田雪原、沙吉才教授的贺信和论文 19 篇。

大会就人口社会学的产生与发展进行了回顾，对其研究对象、理论体系、研究任务和方法及其学科地位和各种人口社会问题进行了广泛的热烈的深入讨论。学者们认为我国首届人口社会学研讨会的召开，是中国人口科学向更为深化广阔、更高层次发展的重要阶段，也是人口社会学作为一门独立学科研究已有较大发展的标志。1986 年中国第一部人口社会学专著已问世，现有几本人口社会学即将出版，已有几所大学和社科院的人口研究所开设了人口社会学课程，越来越多的人口学、社会学及其他社会科学工作者对人口社会学研究感兴趣，说明人口社会学研究在我国已得到一定程度的发展。可以预见，这门当前还不太成熟的学科，随着社会主义初级阶段社会政治、经济体制的改革与发展，它的理论意义和实践作用将逐渐被人们所认识而必然迅速发展起来，一支人口社会学的科研队伍也将逐步形成壮大。为进一步推动人口社会学的发展与确认其在人口科学中的地位，大会讨论决定正式成立全国人口社会研究会筹备组，报请中国人口学会认可开展工作；明年以"人口与社会发展"为主题，在江西召开全国第二届人口社会学研讨会；大会论文得到四川大学《人口与发展》杂志的支持，由其在明年 2 月出版《全国首届人口社会学研讨会论文集》。

大会期间，《人口研究》、《人口与经济》、《人口——研究与报道》、《人口与发展》、《南方人口》和《浙江人口通讯》的主编、副主编、编辑部主任召开了座谈会。大家一致认为人口刊物要推进人口学术研究，并对我国现实人口问

---

① 本报道原载《南方人口》1989 年第 1 期。

题进行探讨，为当前计划生育这一基本国策服务。在过去的几年里，人口刊物已在这方面做出了巨大贡献，引起了我国学术界和各级计划生育部门的高度重视。但是，人口刊物的作用尚未充分发挥出来，难以做到既能为繁荣人口科学研究作出贡献，又能满足广大计划生育工作者的需要，究其原因是多方面的，主要有：一是经费困难，许多人口刊物无固定经费来源，即使有也数额不多，而纸张印刷费用上涨，处境艰难，生存与发展堪为忧虑；二是信息闭塞，一般大型的人口学术讨论会和计划生育工作会议，本应通知有影响的人口刊物参加，以有利于学术研究和计生工作的开展，然而这个问题没有引起有关领导的重视，人口刊物很少被邀请。为了进一步发挥人口刊物在推进人口研究与宣传人口政策方面的重要作用，上述六家人口刊物建议全国人口刊物应该联合起来，向社会各方呼吁，争取国家和各级党政领导、计生委以及人口学界，甚至联合国人口基金组织的重视与支持，解决维持刊物出版的经费问题；同时，为了开阔视野，增加信息量和学术交流，及时报道国内科研成果和计划生育工作经验，要求给予人口刊物参加有关学术和计划生育工作会议的机会。六家刊物负责人设想建立一个人口学术刊物协作组织，在中国人口学会下成立杂志刊物组，指导与联络全国人口刊物开展工作，以利刊物之间相互交流经验，相互促进提高。

这次会议很有改革精神的特点。参加研讨会代表是通过单位直接邀请对人口社会学有研究或有兴趣的人，不同于过去由单位派，增强了会议学术讨论的质量；邀请了全国一些人口学杂志的既是编辑又是学者的同志参加，提高了研讨会的宣传效果；会议时间短成效高，仅仅三天时间，研讨会和杂志编辑座谈会都取得了积极成果；会议经费由五个发起单位集资与中国人口学会资助部分，共同协商使用。经费虽少，会议未送任何礼物，但招待周到，服务热情，还能及时出会议文集，大家都很满意。用陈道同志在大会闭幕时的话说："这次大会开得很好，开得很及时，开得很成功。"

（作者：陈印陶，单位：中山大学人口研究所）

（二十一）开展超前研究迎接"银色浪潮"的挑战
——记中国人口老龄化国际学术讨论会[①]

人口年龄结构老龄化是人类社会发展过程中的普遍规律，也是严重困扰当今人类社会的重要问题之一。目前我国人口结构已开始进入成年型，20 世纪末将步入老年型，到下世纪三四十年代达到老龄化严重阶段。届时，按照党的十三届五中全会提出的经济发展目标还是小康水平，人口老龄化进程快与经济发展水平还不高的矛盾必然尖锐化，从而造成许多社会问题。为迎接这一挑战，开展超前研究，中国社会科学院人口研究所承担了"七五"国家社会科学重点项目"中国老年人口调查和老年社会保障改革研究"，在联合国人口基金的支持下，进行了全国 60 岁以上老年人口抽样调查，在此基础上于 1989 年 12 月 2～6 日在北京召开了"中国人口老龄化国际学术讨论会"。

科学无国界，尽管中国人口老龄化有自己的特殊性，但仍具有人口年龄结构变动一般规律的共同性，为更好借鉴国外经验，交流学术成果，互相学习，共同探讨中国人口老龄化问题，这次大会云集了国内外专家学者 70 余人，其中有 18 位来自其他 7 个国家和地区。中共中央政治局常委宋平同志出席了开幕式并讲了话。应邀出席会议的还有联合国人口活动基金驻华代表处主任拉奎恩博士以及国家计生委、统计局、经贸委、中国老年学会、中国人口学会等方面的负责人。

国内外学者就中国老年人口的现状和特征；中国老年人口的婚姻与家庭，文化素质、性别、生育状况，再就业等问题；中国老年人口的供养和社会保障问题；老年立法问题；中国人口老龄化趋势及其对策等问题进行了热烈的讨论。美国普查局国际研究中心中国处主任班久蒂根据预测，中国城镇 65 岁及以上的老年人口到 2040 年将达 33%，她建议中国应调整城镇生育率和人口迁移以改善这一状况；日本大学黑田俊夫教授根据日本人口老龄化方面的经验，对比中国的相关问题进行了发言；拉奎恩博士分析了中国人口老化速度快，老龄人口绝对量大，绝大部分在农村，老年妇女占多数，老龄人口依存率高等五方面特点后，对中国人口老龄化的一些政策提出了自己的看法。

通过讨论，与会代表认为人口老化的问题已成为全球关注的重大问题。对这一问题持悲观消极无所作为的态度是不必要的，持盲目乐观听其自然的态度

---

① 本报道原载《南方人口》1990 年第 1 期。

也是不可取的，只要我们认识其发展规律，未雨绸缪，采取积极的措施和对策，"银色浪潮"的冲击也是不可怕的。

（作者：陈印陶，单位：中山大学人口研究所）

二、年谱与证件

（一）年　谱

年份	我的主要经历
1935 年	三月初三（阴历）出生，母亲王月萼，娘家贫寒，不识字；父亲陈芸田 我两岁腰长一包，叔伯哥是军医，回家休假，为我手术救了一命 我三岁多，父母离婚。我去姑妈家住
1940 年	父亲与黄友华结婚（叫她娘娘）。我五岁，到家和父亲、后妈一起住 开始了我苦难的童年生活，稍有不如意娘娘就惩罚我
1943 年	在小学念书
1948 年	春天，我考上了远离长沙的南岳国师附中读书，终于离开了"家" 终生难忘张妈的送别
1949 年	留在学校迎接新中国成立，终生最好的亲人和朋友：李岳生和张之炯
1950 年	冬天，十五岁的我决定参军抗美援朝，永远离开了这个家，自立成长 参军被分配到武汉第四军械学校，因女同志不适合搞军械，改分到中南军区后勤部搞整理文件、材料等 到广州部队工作 回到武汉部队当文化教员。中间因腰椎长骨刺在部队咸宁疗养院治疗近六个月
1954 年	朝鲜战争结束，转业到吉林大学人事处工作
1955 年	五一节前夕，与岳生结婚；同时有伍卓群、唐奉怡一起举行婚礼
1956 年	3 月 16 日生女儿晓黎
1957 年	给校长匡亚明贴大字报反"右派"
1958 年	考入东北师范大学中文系，其间因病休学一年 岳生开始患哮喘，至 1974 年调到中山大学后逐渐治愈

续上表

年份	我的主要经历
1963 年	从东北师范大学毕业 分配到长春市第十二高级中学，当高中一年级班主任，任语文老师
1964 年	6 月 22 日生儿子华刚
1968 年	12 月 22 日生儿子怀东
1971 年	4 月 7 日，在长春十二中被评为五好教工
1974 年	因岳生哮喘厉害，与他一起调到广州中山大学；在校图书馆负责分类编目工作
1984 年	调到中山大学人口研究所，负责《广东人口》杂志工作
1985 年	《广东人口》由内部刊物改为《南方人口》，公开发行
1986 年	3 月 25 日，任《南方人口》编辑委员会副主任委员
1987 年	7 月 1 日，任中山大学人口研究所编辑职务
1988 年	11 月，任中山大学人口研究所副编审职务
1989 年	4 月，评为广东省社会科学学会先进工作者（广东省社会科学学会联合会） 12 月，获优秀论文奖（广东人口学会）
1994 年	10 月，取得中山大学副编审任职资格
1995 年	9 月 15 日，获联合国第四次世界妇女大会中国组委会嘉奖证书；在第四次世界妇女大会中国组织委员会的研讨会上宣读了《中国农村妇女运动的一股激流》论文
1996 年	获中山大学 1995 年度东亚安泰奖励金奖励
1997 年	6 月，取得中山大学研究员资格证 从中山大学退休；我实际到 2002 年才退休。当时规定研究员都工作到 65 岁才退，当时因我的工作没有人接，多干了 2 年
1998 年	3 月 16—25 日，应海峡两岸学术文化交流协会邀请，参访台湾。3 月 22 日，在台湾大学人口研究中心，在"改革开放与广东省的人口国际迁移学术演讲会"上主讲，由海峡两岸学术文化交流协会理事长丁一倪教授担任主持人
1999 年	2 月 3 日，被聘任为广东省计生委第二届人口专家委员会委员 10—11 月，与周光复等访问英国莱斯特大学社会学系劳动力市场研究中心

（二）证　件

（1）1956年11月1日，中国人民解放军转业军人证明书，中南军区后勤部政治部，中华人民共和国元帅国防部长彭德怀。

所载简历：1943年在小学念书

1951年在湖南衡山中学念书

1951年1月—1953年10月，在中南军区后勤部第一速成小学任文化教员

1953年11月—1954年6月，在部队养病

1954年7月—1954年9月，在中南军区后勤部第一速成小学任文化教员

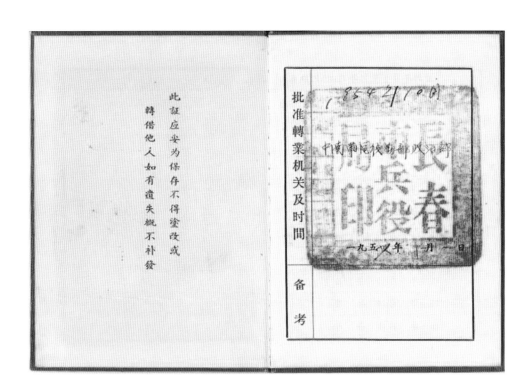

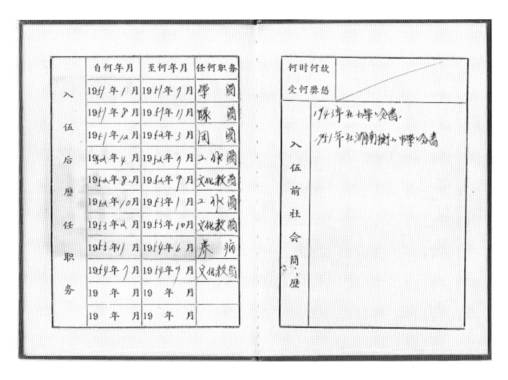

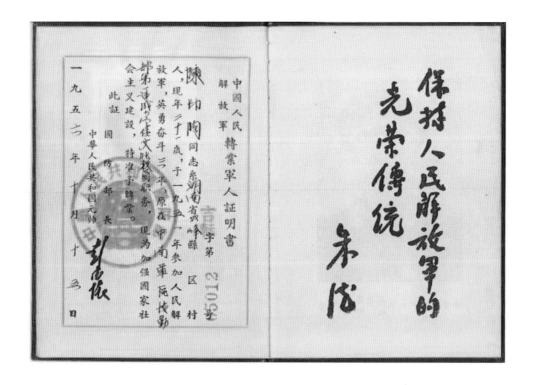

中华人民共和国元帅 副主席朱德像

毛 主 席 像

（2）1963 年 8 月 3 日，吉林师范大学毕业文凭，吉林师范大学校长黄彦平。其中：1958 年 9 月 1 日入学，中文系学习四年（1960 年 9 月至 1961 年 9 月因病休学 1 年）。

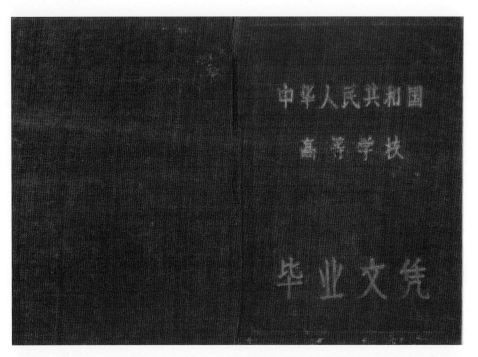

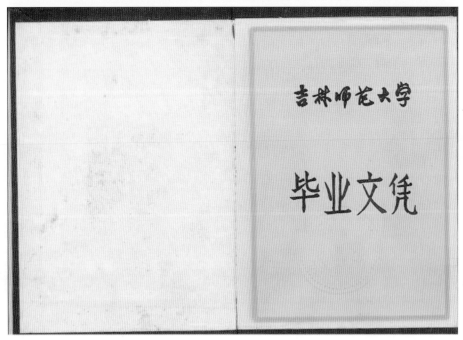

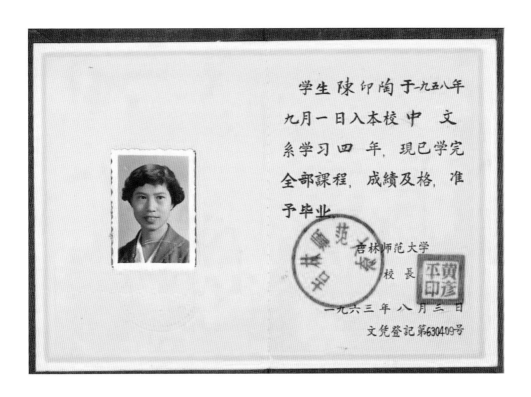

（3）1971 年 4 月 7 日，奖状，五好教工，长春十二中革委会。

（4）1986 年 3 月 25 日，聘书，《南方人口》编辑委员会副主任委员，广东省人口学会中山大学人口研究所。

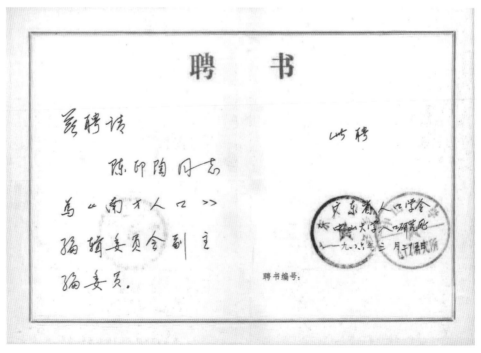

（5）1987 年 7 月 1 日，中山大学聘书，人口研究所编辑职务，中山大学人口研究所所长朱云成。

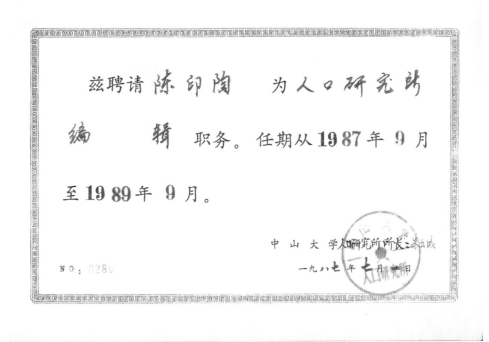

（6）1988 年 11 月，聘书，人口研究所副编审职务，中山大学李岳生。

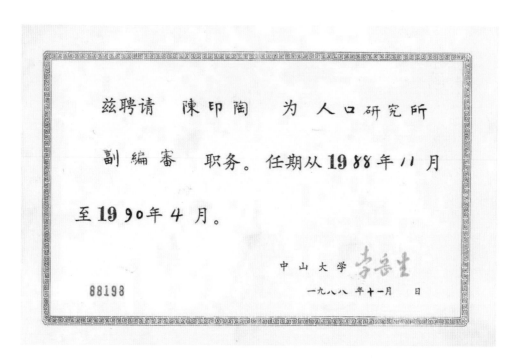

兹聘请　陈印陶　为　人口研究所

副编审　职务。任期从 1988 年 11 月

至 1990 年 4 月。

中山大学　李岳生

88198

一九八八 年 十一 月　日

（7）1989 年 4 月，广东省社会科学学会先进工作者，广东省社会科学学会联合会。

陈印陶　同志被评为 1986—1987 年

度广东省社会科学学会先进工作者。

特发证书，以资鼓励。

广东省社会科学学会联合会

一九八九年四月

（8）1989 年 12 月，优秀论文奖，广东人口学会。

（9）1994 年 8 月 11 日，证书，《试论职业女性的社会与家庭双重角色的和谐统一》荣获优秀论文奖，黑龙江婚姻家庭研究会。

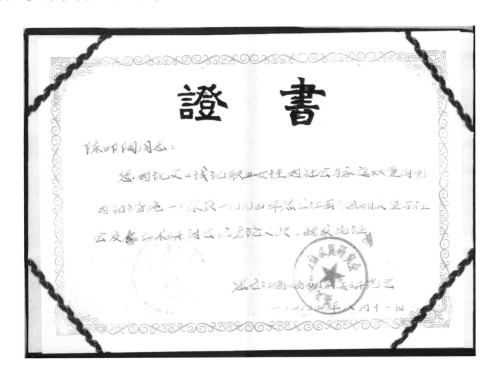

（10）1994年10月，中山大学专业技术职务资格证书，副编审任职资格。

姓　名：陈印陶

性　别：女

出生年月：1935.4

工作单位：人口研究所

证书编号：FG—053152001

经中山大学 _____
专业技术职务评审委员会评
审通过，**陈印陶** 同志具备
_____职务任职资格。

任职时间从 年 月计起

中 山 大 学

一九九 年 月

发证单位（印章）：

签发人署名：_____

签发日期： 1994年10月

说　明

1. 本资格证仅供本人使用；
2. 本资格证加盖钢印及发证单
   位印章方有效；
3. 本资格证涂改无效；
4. 本资格证遗失须向发证单位
   申请重新补办。

（11）1995 年 9 月 15 日，联合国第四次世界妇女大会中国组委会嘉奖证书，第四次世界妇女大会中国组织委员会。在会上作了《中国农村妇女运动的一股激流》的报告。

 同志

在参加联合国第四次世界妇女大会
工作中，做出显著成绩，特予嘉奖。

第四次世界妇女大会
中国组织委员会
一九九五年九月十五日

（12）1996 年，荣誉证书，1995 年东亚安泰奖励金奖励，中山大学校长王珣章，东亚安泰奖励金评审委员会主任郭斯淦。

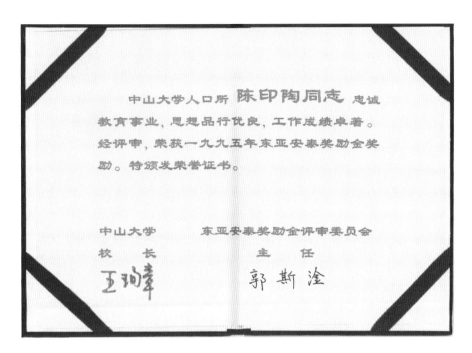

（13）1997 年 5 月，荣誉证书，《培养人才成功之路》被确定为全国市场经济与开发区建设学术研讨会入选论文，中国市场经济与开发区建设学术研讨会。

（14）1997 年 6 月，研究员任职资格证，中山大学。

姓　　名：陈印陶

性　　别：女

出生年月：1935 年 4 月

工作单位：人口理论研究所

证书编号：ZG—960612518

经中山大学 教师

专业技术职务评审委员会评审通过，陈印陶同志具备研究员职务任职资格。

任职时间从 96 年 12 月计起

发证单位（印章）：

签发人署名：＿＿＿＿＿＿＿

签发日期：1997 年 6 月